DER TALENTIERTE SCHÜLER UND SEINE EWIGEN FEINDE

Gewidmet allen noch unentdeckten Talenten.

Leserhinweis

Um die Lesbarkeit des Buches zu verbessern, wurde darauf verzichtet, neben der männlichen auch die weibliche Form anzuführen, die gedanklich selbstverständlich immer mit einzubeziehen ist.

Alle Geschichten in diesem Buch sind wahr. Für die im Buch abgekürzt verwendeten Namen, die auf Wunsch der Betroffenen anonymisiert wurden, liegen dem Autor Gesprächsprotokolle vor.

Inhalt

Vorwort: Die Feinde des talentierten Schülers leben noch – Darum habe ich dieses Buch neu geschrieben

Die Feinde des talentierten Schülers leben noch und erfreuen sich bester Gesundheit. Sie zerstören die Talente unserer Kinder und werfen viele von ihnen chancenlos ins Leben. Jeder fünfte 15-Jährige kann nach neun Jahren (!) Pflichtschule nicht sinnerfassend lesen und versagt an einfachsten Mathematikaufgaben. Wenn Schüler nach ihrem Schulabschluss die Fläche eines Rechtecks nicht ausrechnen können, dann stimmt etwas nicht. Universitätsprofessoren beklagen sich über das teilweise katastrophale Niveau von Studienanfängern. An gewissen Pädagogischen Hochschulen scheitert fast die Hälfte der Lehramtskandidaten bei den Aufnahmeprüfungen wegen mangelnder Rechtschreibkenntnisse und kann diese später aber durch einfache Zusatzkurse »nachholen«. Die Ursachen dafür liegen sicher nicht darin, dass Generationen von Schülern zu »blöd« für das Schulsystem sind oder diese Dummheit geerbt haben von ihren Eltern, die in ihrer eigenen Schulzeit unter den gleichen Problemen zu leiden hatten wie heute ihre Kinder.

Wer sind die Feinde des talentierten Schülers? Das bedauernswerte Missverständnis, das mein Buch *Der talentierte Schüler und seine Feinde* bis heute bei jenen auslöst, die es nicht gelesen haben, ist der Glaube, dass die Lehrer als Feinde des talentierten Schülers gemeint sind. Nein, der größte Feind des talentierten Schülers sind all jene, die sich zufriedengeben mit dem ungemein niedrigen Anspruch an unsere Schulen, den sie in keinem anderen ihnen wichtigen Bereich akzeptieren würden.

Stellen wir uns einen Autohersteller vor, von dem jedes fünfte neu ausgelieferte Auto einfach nicht fährt. Oder gar eine Fluglinie, bei der jedes fünfte Flugzeug abstürzt. Aber jedes fünfte Kind kann nach neun Jahren Schule nicht sinnerfassend lesen? »Kann man halt nichts machen« oder »Selber schuld«, meinen die Feinde des talentierten Schülers.

Die Fakten, die seit dem Erscheinen meines Buches im Jahr 2008 das Versagen unseres Schulsystems dokumentieren, sind bis heute fast unverändert, trotz aller teuren Maßnahmen wie der Senkung der Klassenschülerhöchstzahlen, der Einführung der Neuen Mittelschule (NMS) mit verpflichtend zwei Lehrern in den Hauptgegenständen, der Schulautonomie, den Bildungsstandards, der Zentralmatura usw. Ein öffentliches Schulsystem, das seinen Schülern in neun Jahren Pflichtschule nicht Lesen, Schreiben und die Grundrechnungsarten vermitteln kann, hat sich selbst aufgegeben.

Dabei sind die Herausforderungen gewaltig. Mehr als jeder zweite Volksschüler in Wien spricht nicht mehr Deutsch als Umgangssprache, in den NMS liegt dieser Anteil bei 77 Prozent! Dabei handelt es sich zum Großteil um in Österreich geborene Kinder, die in den Kindergarten und ein Jahr in die Vorschule gegangen sind und trotzdem fast kein Deutsch können. Österreich ist eines der wenigen OECD-Länder, wo die Kinder der dritten Migrationsgeneration die Landessprache schlechter beherrschen als die der zweiten. Andererseits erbringen Schüler aus Osteuropa und Asien teilweise bessere Leistungen als österreichische Kinder. Es geht also nicht um Migranten- versus österreichische Kinder, sondern um das Auseinanderklaffen von gebildeten und bildungsfernen Eltern. Dieser Graben ist auch daran erkennbar, dass gerade bildungsaffine Migranten ihre Kinder zunehmend in private und nicht in öffentliche Schulen geben.

Die Probleme wurden jahrelang verdrängt oder aus falsch verstandener politischer Korrektheit schöngeredet

Statt tabulos die Ursachen dieser Fehlentwicklungen zu analysieren, wurde über das Heil oder Unheil der Gesamtschule der 10- bis 14-Jährigen gestritten. Dabei wird übersehen, dass die Allgemeinbildende Höhere Schule (AHS) im städtischen Bereich längst die Gesamtschule für die Bildungsschichten ist. Über 50 Prozent der Wiener Schüler gehen in eine AHS-Unterstufe, in Bezirken wie dem 1. oder dem 13. sind es über 80 Prozent. Die sogenannte Neue Mittelschule, jetzt wieder in Mittelschule umgetauft, wird für die Bildungsfernen, darunter viele Migranten, immer mehr zum B-Zug der ehemaligen Hauptschule. Eine Entwicklung, die sich auch auf den ländlichen Raum auszuweiten droht, wo die Eltern der Bildungsschichten alles tun, um ihr Kind in eine oft weit entfernte AHS zu schicken. Das heißt, während linke und konservative Ideologen noch immer den Religionskrieg über die Gesamtschule führen, ist diese längst verwirklicht – in der schlechtmöglichsten Form: nicht leistungsorientiert und sozial diskriminierend.

Zyniker behaupten, dass das lebenslange Lernen in Österreich dank seines Schulsystems garantiert sei. Die Mama lernt, der Papa lernt, der Opa lernt, die Oma lernt, nur der, um den es eigentlich ginge, der Schüler, kommt mittags oft ziemlich »lernbefreit« nach Hause. Wer Müttern zuhört, wie sie über Schule reden (»Wir haben einen Dreier in Englisch bekommen« oder »Wir haben die Nachprüfung in Mathematik bestanden«), fühlt sich bestätigt, dass unsere Schulen den Charakter von Fernlerninstituten mit Anwesenheitspflicht für die Schüler am Vormittag und Nachlernpflicht für die Eltern am Nachmittag haben. Eltern erhalten per E-Mail den gesamten Schularbeitsstoff mit genauen Seitenangaben des Lehrbuches mit der freundlichen Anrede: »Liebe Eltern, liebe Schüler, viel Spaß beim Lernen …« Deshalb schlage ich schon lange vor, dass Eltern, die selbst keine Matura haben, aber zumindest ein Kind zur Matura bringen, für ihre Leistungen ebenfalls mit einem Maturazeugnis belohnt werden sollten – sie haben sich dieses redlich verdient.

Zynisch ist es aber auch, von Lehrern zu verlangen, die individuellen Talente in einer Klasse mit 25 Schülern, von denen ein Großteil nicht die deutsche Sprache beherrscht und bei denen es zu Hause kein einziges Buch gibt, zu erkennen und zu fördern.

Der Zusammenhang zwischen Talent und Glück

Dass es auch anders geht, beweist Kanada, wie Österreich ein Einwanderungsland, wenngleich mit einer wesentlich klügeren Migrationspolitik. In Kanada sprechen viele Kinder von Einwanderern nach Abschluss ihrer Schulzeit besser Englisch als die in Kanada geborenen Sprösslinge. Im französischsprachigen Teil des Landes ist diese Zahl bei Weitem schlechter, was einmal mehr zeigt, wie entscheidend das System ist. Vom legendären Management-Denker Peter Drucker stammt das Zitat: »Wann immer Sie einen hervorragenden Menschen gegen ein schlechtes System antreten lassen, wird stets das schlechte System gewinnen.«

Absolut gleiche Chancen in einer offenen Gesellschaft halte ich für eine Illusion, weil Kinder aus funktionierenden, gebildeten Familien immer einen Startvorteil haben werden. Das erreichbare Ziel, das sich ein Schulsystem setzen kann, lautet Chancengerechtigkeit. Das bedeutet, dass soziale Startnachteile möglichst ausgeglichen und nicht noch verstärkt werden. Dafür würde es reichen, ein Prinzip in unserer Verfassung zu verankern und es damit von jedem Bürger einklagbar zu machen: Jedes Kind hat ein Recht darauf, dass seine Talente in der Schule maximal gefördert werden. Wie das geht? Maria Montessori und Helen Parkhurst haben das bereits vor über 100 Jahren vorgemacht und heute gibt es viele Schulen, die das praktisch umsetzen: Nicht zentrale Lehrpläne über Kinder stülpen, sondern individuelle Lehrpfade für jedes Kind entwickeln. Einheitsgrößen funktionieren bei Socken, nicht bei Kindern. Wie das mit den heutigen digitalen Medien sogar noch leichter möglich wäre, werde ich im Kapitel »Die digitale Revolution erreicht das Klassenzimmer – Warum wir nicht Handys verbieten, sondern die Chancen des neuen Lernens nutzen sollten« anhand konkreter Beispiele aufzeigen.

Der wichtigste Grund, warum wir uns ehrlich mit unseren eigenen Talenten und jenen unserer Kinder auseinandersetzen sollten, ist das persönliche Glück. Für ein erfülltes Leben brauchen wir das Gefühl, dass unsere Talente wertvoll sind und anerkannt werden. Voraussetzung dafür ist, dass diese Begabungen richtig erkannt und wir nicht zum Opfer von Täuschungen unserer Eltern, Lehrer, Vorgesetzten oder von uns selbst werden.

Die Kluft zwischen dem, wie wir heute die Begabungen unserer Kinder erkennen und fördern könnten, und dem, wie wir in der Schule tatsächlich damit umgehen, ist riesig. Das führt zu Fehlurteilen und Gleichgültigkeit, die falsche Weichenstellungen für junge Menschen zur Folge haben.

Der blinde Fleck und das menschliche Maß

Mir ist durchaus bewusst, dass die ständige Kritik am Schulsystem zur Abstumpfung und zur Resignation vieler Lehrer und Eltern geführt hat. Die Gegenmacht zur notwendigen Kritik ist die Kraft der Inspiration. Inspiration zu erlangen ist wohl ein bisschen so, als wollte man einen Sonnenstrahl einfangen: Nichts ist derart kraftvoll und dabei so flüchtig. Inspiration kann man nicht von oben verordnen, man kann sie lediglich herbeiwünschen, um dann zu sehen, wie sie – ähnlich einem Funken – auf die Menschen überspringt. Wurde unsere eigene Schulzeit nicht von solchen magischen Augenblicken geprägt, an die wir uns noch heute gerne erinnern? Statt sich in endlosen Strukturdiskussionen zu verlieren, sollten die Entscheidungsträger unseres Bildungssystems alle Energie auf eine vernachlässigte Frage konzentrieren: Wie schaffen wir Schulen, die Kinder und Lehrer so inspirieren, damit sie jeden Tag gerne hingehen?

Zwei Hinweise, wo sich Antworten finden ließen: Ein blinder Fleck, der Inspiration verhindert, ist die Verdrängung der Körperlichkeit aus unseren Schulen. Elemente wie Bewegung, Singen, Tanzen, Berührung, Sport oder Naturerlebnisse an der frischen Luft haben an guten Volksschulen noch Raum, gehen später ab der Mittelstufe völlig verloren. Schulen in Österreich und Deutschland sind so gebaut, als ob Menschen ab dem zehnten Lebensjahr keinen Körper mehr hätten. 2014 litten weltweit 850 Millionen an Unterernährung, aber mehr als 2,1 Milliarden Menschen waren übergewichtig. Für 2030 geht man davon aus, dass die Hälfte der Menschheit Übergewicht haben wird. Auch bei uns werden Kinder immer dicker – trotzdem scheitern wir daran, die tägliche Turnstunde zu verwirklichen.

Das fehlende menschliche Maß in vielen unserer Schulen: Das menschliche Maß ist das Verhältnis zwischen dem Individuum und der notwendigen Organisationsstruktur, die dafür sorgt, dass Ziele erreicht werden können. Auch hier haben die Volksschulen den Vorteil, dass der Volksschullehrer seine Schüler über vier Jahre sehr gut kennt und sie daher sowohl in ihren menschlichen als auch fachlichen Qualitäten gut beurteilen und fördern kann. Mit dem Übertritt in die weiterführenden Schulen nimmt die Komplexität der Administration gewaltig zu. In den folgenden fünf bis neun Jahren beurteilen auf einmal bis zu 25 Lehrer ein Kind. Zwangsläufig können sie das nur aus der engen Perspektive ihres Faches und nicht aus der Gesamtpersönlichkeit des Kindes. Das führt zu Entfremdung und Zerstückelung der Lernerfahrung.

Die inspirierende Schule erkennt in ihren Schülern Wesen mit einem Körper und macht das geeignete menschliche Maß zur obersten Richtschnur für alle organisatorischen und pädagogischen Entscheidungen.

Jedes Kind ist einzigartig

Der genetische Unterschied zwischen Menschen beträgt 0,1 bis maximal 0,5 Prozent. Der Nobelpreisträger unterscheidet sich bei den Leistungsvoraussetzungen genetisch vom Sonderschüler daher nur im Promillebereich. Das hört sich zwar ganz wenig an, bedeutet allerdings in seiner Auswirkung sehr viel, weil ungemein viel Information in der DNA gespeichert ist. Die ungleichen genetischen Veranlagungen zeigen sich aber nur dann in Leistungsunterschieden, wenn sie auch genutzt werden, vor allem durch individuelle Anstrengung und durch das soziale Umfeld zum Beispiel fördernder Eltern und motivierender Lehrer. Es wird klar, dass daher das Einzigartige, das Innovative in den Unterschieden zwischen uns Menschen liegt. Wie geht unser Schulsystem mit dem Besonderen um?

Ich habe einen dicken Ordner mit Briefen und E-Mails, in denen mir Eltern von ihrem Kampf für das Talent ihres Kindes gegen ein bürokratisches System berichten. Da versucht man Schülern einen SPF (Sonderpädagogischen Förderbedarf) aufzudrängen, weil die Schule dadurch mehr Ressourcen erhält; man will einer hochintelligenten Schülerin den Weg in die AHS versperren, weil sie an Legasthenie leidet. Nie vergessen werde ich den Anruf einer Mutter aus Kärnten, deren Tochter schon vor Schuleintritt lesen und schreiben konnte. Das ist nicht der Regelfall, kommt aber immer häufiger vor. Sie nahm daher Kontakt mit der Direktorin der Volksschule auf, in die ihre Tochter gehen sollte, und fragte die Leiterin, wie sie gedenke, mit der Situation umzugehen, dass ihre Tochter eben schon Lesen und Schreiben beherrschte. »Machen Sie sich nichts draus, das wächst sich schon aus«, antwortete die Direktorin in ausgeprägtem Kärntner Dialekt.

Vor allem in den höheren Schulen regiert noch oft die Osterhasenpädagogik: Der Lehrer versteckt das Wissen vor seinen Schülern, und die müssen danach suchen, »so als ob« es Ostereier wären. Andere verteilen seit Jahren die gleichen lieblosen Arbeitsblätter, »so als ob« durch deren stupides Ausfüllen Neugierde entfesselt werden könnte. Es darf daher nicht verwundern, dass die Schüler dann »so tun, als ob« sie aufpassen würden und bei Prüfungen simulieren, dass sie etwas verstanden hätten.

Verfolgt man die Schuldebatte der letzten Jahrzehnte, gewinnt man den Eindruck, dass unser Schulsystem nur aus der AHS bestünde. Berufsschulen, Polytechnische Schulen, Sonderpädagogische Schulen, berufsbildende mittlere und höhere Schulen und noch viel entscheidender Kindergärten und Volksschulen kommen in der öffentlichen Diskussion bestenfalls als Randthemen vor, obwohl die Mehrzahl der Kinder diese Schulformen absolviert. Gerade wenn man davon ausgeht, dass das Schulsystem in Österreich auf absehbare Zeit ein differenziertes bleiben wird, müssen wir das Gießkannenprinzip, nach dem derzeit die Ressourcen verteilt werden, durch ein bedarfsorientiertes ersetzen, wenn wir nicht jene Schulen, die mit enormen sozialen Problemen kämpfen, weiterhin im Stich lassen wollen. Insgesamt sind drei Maßnahmen dringend:

1. Die besten Kindergärten und Volksschulen

Wenn wir einen nationalen Konsens darüber erreichen, die besten Kindergärten und Volksschulen zu schaffen, so hätten wir mit ziemlicher Sicherheit in zehn Jahren eines der besten Schulsysteme der Welt. Es gibt keine andere Maßnahme, die mit einem vergleichsweise geringen Aufwand einen derart positiven Effekt auf unser Bildungssystem hätte. Die Bildungs- und Gehirnforscher sind sich einig darüber, dass die Investition in kompetente frühkindliche Pädagogik jene Maßnahme ist, die den maximalen langfristigen Bildungsnutzen bringt. Der Gehirnforscher Gerald Hüther sagt: »In den ersten drei Jahren lernen wir mehr als im Rest unseres Lebens.«[1] Das Fördern

1 Vortrag von Gerald Hüther in der Urania in Wien am 20. März 2017.

von Neugier und Lernfreude, das Lernen von sozialen Regeln, Konfliktfähigkeit, Sprachkompetenz und vieles mehr lässt sich in den Kindergärten mit einem geringen Aufwand wesentlich positiv beeinflussen. Österreich ist derzeit neben der Slowakei das einzige Land in der EU, das seinen Kinderpädagoginnen eine universitäre Ausbildung verweigert. Dabei müssten wir unsere Kinderpädagoginnen endlich akademisch ausbilden und die Gruppengrößen halbieren. Kanada zahlt seine Kinderpädagoginnen genauso gut wie seine Oberstufenlehrer. Genau das sollten wir auch tun.

Woher soll das Geld kommen? Österreich hat das zweitteuerste Schulsystem innerhalb der EU. Im Kapitel »Die Macht der Torheit – Absurdes und Kurioses in unserem Schulsystem« wird dokumentiert, wie Hunderte Millionen Euro völlig sinnlos vergeudet werden, nur weil man nicht bereit ist, dringend notwendige Fehlentwicklungen abzustellen, die von Lobbys eisern verteidigt werden. Motto: Zahlt ohnehin der Steuerzahler.

2. Die gleichrangige Förderung von sozialen und kognitiven Kompetenzen

Im Gegensatz zum Intelligenzquotienten (IQ), der sich nur wenig steigern lässt, können wir unsere sozialen Kompetenzen wesentlich verbessern. Eine Vielzahl von aktuellen Studien beweist, dass der Grad der individuellen Selbstdisziplin kein Schicksal ist, sondern sich im Laufe des Lebens wie ein Muskel trainieren lässt. Eigenschaften wie Frustrationstoleranz, Beharrlichkeit, Sorgfalt und Geduld können unabhängig vom IQ und der sozioökonomischen Herkunft signifikant verbessert werden. Die systematische Förderung von sozialen und kommunikativen Kompetenzen in der Schule wäre eine der sinnvollsten Aufgaben. Wie das geht? Die Einführung des Maturagegenstands »Kommunikation und Sozialkompetenz«, von den Schülern liebevoll »KoSo« genannt, war ein zentrales Element für den Erfolg der Sir-Karl-Popper-Schule. Diese hat übrigens 20 Jahre nach ihrer Gründung trotz intensiver Bemühungen von Bernhard Görg, Walter Strobl, Kurt Scholz und mir noch immer keine Nachahmer in den Bundesländern gefunden. Den Bürgermeistern Michael Häupl und Michael Ludwig sei gedankt dafür, dass sie zumindest in Wien unumstritten ist.

Genauso wichtig wie die Vermittlung der Kulturtechniken Lesen, Schreiben und Rechnen sowie einer umfassenden Allgemeinbildung wäre es auch, die sportlichen, künstlerischen und sozialen Talente in Zukunft regelmäßig systematisch zu erfassen und ständig weiterzuentwickeln. Das erste Land der Welt, das dies schafft, wird das beste Schulsystem der Zukunft kreieren.

3. Ein modernes attraktives Berufsbild des Lehrers

Im Kern kommen die Vergleichsstudien über Bildungssysteme zu einer übereinstimmenden Grundaussage: Es sind die Lehrer, die die Qualität eines Bildungssystems ausmachen. Ein Schulsystem kann nicht besser sein als die Summe seiner Lehrer. »Die Lehrer« gibt es natürlich nicht, genauso wenig wie es »die Ärzte«, »die Politiker« oder »die Priester« gibt. Trotzdem wird in der öffentlichen Diskussion, vor allem bei Missständen, immer über ganze Berufsstände diskutiert, ohne genau zu differenzieren. Daher verstehe ich natürlich, dass sich gerade bei Kritik an »den Lehrern« oft die Falschen angesprochen und unfair beurteilt fühlen. Unbestritten ist allerdings, dass das Ansehen des Lehrerstandes in einzelnen Ländern sehr davon abhängt, wie Lehrer ausgewählt werden.

Gelingt es einem Land, den Lehrerberuf zu einem der drei attraktivsten Berufe für Studenten zu machen, dann aus der Vielzahl der Bewerber die besten auszuwählen, diese praxisnah auszubilden und regelmäßig auf hohem Niveau weiterzubilden und sie dabei zu unterstützen, damit sie den bestmöglichen Unterricht leisten können, so werden die Schulen dieses Landes Weltklasse sein. Diese einfache Erkenntnis umzusetzen schaffen allerdings nur ganz wenige Staaten, beispielsweise Kanada, Singapur oder Finnland, während Österreich und Deutschland weit davon entfernt sind. Wir brauchen ein neues Lehrerbild, das dem 21. Jahrhundert entspricht. Lehrer leisten ihre Arbeit acht Stunden pro Tag an ihrer Schule an einem modernen Arbeitsplatz. Das lässt sich am besten durch ein faires Jahresarbeitszeitmodell umsetzen. Es ist hoch an der Zeit, das seit mehreren Legislaturperioden angekündigte Mittelmanagement an größeren Schulen zu realisieren. Damit würde der Leistungsgedanke gestärkt und besonders engagierte Lehrer hätten erstmals Aufstiegsmöglichkeiten.

Eine für alle Lehrer verpflichtende hervorragende Fortbildung ist das Fundament, auf dem jedes Schulsystem aufbauen müsste. Engagierte Lehrer berichten glaubhaft, dass das Niveau der angebotenen Fortbildungen an den Pädagogischen Hochschulen oft sehr schlecht ist. Niemand leidet mehr unter schlechter Fortbildung als exzellente Lehrer.

Viele dieser hier angeführten Maßnahmen standen zumindest ansatzweise im Programm der im Dezember 2017 angelobten ÖVP-FPÖ-Regierung. Überschäumender Optimismus, dass die neue Regierung das Immunsystem des Schulsystems gegen jede Art von Reform schnell überwinden werde, war nicht angesagt.[2] Denn die ewigen Feinde des talentierten Schülers sind unabhängig von der jeweiligen Regierungskonstellation aktiver denn je: Die Länder streiten mit dem Bund um mehr Geld und boykottieren jeweils Maßnahmen, die ihnen nicht passen, von echten Ganztagsschulen bis zur Deutschpflicht. Die Lehrergewerkschafter fürchten hinter jeder Maßnahme Mehrarbeit und hyperventilieren beim Wort »Leistungsorientierung«. Ideologische Fundamentalisten verhindern jede faktenorientierte Diskussion und bekämpfen sich lustvoll an Nebenfronten. Medien

2 Im Mai 2019 zerbrach die ÖVP-FPÖ-Koalition am »Ibiza-Skandal-Video« und es wurden Neuwahlen für September 2019 beschlossen.

verbeißen sich in Nebenthemen wie Herbstferien, Noten, Strafen oder Schulschwänzen. Die einzig relevante Perspektive, die des talentierten Schülers, wird weiterhin völlig vernachlässigt. Seien wir ehrlich: Ein Schulsystem, das sich daran orientiert, Schüler dabei zu unterstützen, ohne Angst und Langeweile, mit Freude zu lernen, würde ganz anders aussehen.

Warum ich dieses Buch neu geschrieben habe

Der talentierte Schüler und seine Feinde hat seit dem ersten Erscheinen im März 2008 eine breite öffentliche Diskussion über unser Schulsystem ausgelöst. Das ist gelungen, weil das Buch den Nerv der Zeit mit einer einzigen Frage getroffen hat: Wie gehen wir mit den Talenten unserer Kinder in der Schule um? Aussagen wie »Wir müssen die Stärken unserer Kinder stärken, statt uns in ihre Schwächen zu verbeißen« sind heute Allgemeingut.

Ich habe für das Buch damals einige der klügsten Köpfe der Welt wie den Harvard-Professor Howard Gardner, den Glücksforscher Mihaly Csikszentmihalyi, den MIT-Lernforscher (Massachusetts Institute of Technology) Peter Senge, den langjährigen Chefredakteur der *Harvard Business Review* Alan Webber oder meinen spirituellen Mentor, den Benediktinermönch David Steindl-Rast lange interviewt. Dazu kamen Nobelpreisträger, wie zum Beispiel der leider verstorbene Günter Blobel, der mir die Ehre erwiesen hat, das ursprüngliche Vorwort zu schreiben. Ich wurde für den *Talentierten Schüler* sowohl zum »Autor des Jahres« als auch zum »Kommunikator des Jahres« gewählt. So weit, so gut.

Eines hat das Buch leider bis heute überhaupt nicht geschafft: Dass jene pädagogischen Prinzipien, die wissenschaftlich eindeutig erforscht und in einigen herausragenden Schulen täglich umgesetzt werden, Eingang in die Unterrichtspraxis unseres Schulsystems finden. Dabei hätten alle Schüler ein Recht auf einen Gegenstand »Kommunikation und Sozialkompetenz«, einen persönlichen Coach, auf selbstbestimmtes Lernen in Lernbüros, auf individuelle Lernziele zusätzlich zum Zeugnis, auf fächerübergreifende Fallstudien im echten Leben und vor allem auf exzellente Lehrer, die in Teams arbeiten. Die lebendige Schule könnte ein Ort sein, wo Kinder mit Freude lernen, ihre Welt jeden Tag ein bisschen besser zu verstehen.

Was ist neu in dieser Neuauflage?

Ein Buch kann kein Schulsystem verändern. Es kann aber sehr wohl Eltern, Schülern, Lehrern und Direktoren Mut in ihrem Kampf gegen ein mittelmäßiges Schulsystem machen. *Der talentierte Schüler* ist nach sechs Auflagen seit zwei Jahren weder als Hardcover noch als Taschenbuch erhältlich. Seine Mission ist leider noch nicht beendet. Deshalb habe ich mich entschlossen, das Buch komplett zu überarbeiten. Dafür habe ich fünf neue Kapitel geschrieben:

- Die Bildungsfernen rücken immer näher – Wenn 80 Prozent einer Klasse dem Unterricht nicht folgen können
- Die digitale Revolution erreicht das Klassenzimmer – Warum wir nicht Handys verbieten, sondern die Chancen des neuen Lernens nutzen sollten
- Die Macht der Torheit – Absurdes und Kurioses in unserem Schulsystem
- Tatort Schule – Meine merkwürdigsten Fälle als Schüleranwalt
- Warum wir endlich echte Ganztagsschulen einführen müssen, statt uns über die Gesamtschule zu streiten

Anstelle des mittlerweile veralteten Kapitels von vorbildhaften Schulen in Österreich und Deutschland biete ich Eltern einen Kriterienkatalog für die Auswahl der richtigen Schule für ihr Kind an. Selbstverständlich habe ich alle Zahlen, Daten, Fakten aktualisiert, viele neue spannende Geschichten eingefügt und präsentiere den neuesten Stand der Bildungsforschung in leicht lesbarer Form.

Gestrichen habe ich das ursprüngliche Kapitel »Warum die PISA-Debatte den richtigen Stein ins Rollen gebracht hat, dieser aber in die falsche Richtung rollt«. Die traurige Tatsache, dass Deutschlands und Österreichs Schulsysteme abgeschlagen hinter der Spitze liegen, ist kein eigenes Kapitel wert. Den bescheidenen PISA-Ergebnissen widme ich daher im Kapitel »Die Macht der Torheit« nur ein paar Zeilen. Die Inhalte des bisherigen Kapitels »Der Feind in uns selbst« habe ich in komprimierter Form in andere Abschnitte eingearbeitet.

Die Hoffnung stirbt nie – es geht um jedes einzelne Talent

Eltern können viel dazu beitragen, damit ihre Kinder zu den Lernern gehören. Das beginnt mit dem Fördern von Neugier und Lernfreude, dem Vorlesen von Märchen und, ganz wichtig, der Wahl der richtigen Schule. Lehrer beeinflussen die Schicksale ganzer Generationen.

Umfragen unter Schülern über ihre Lieblingslehrer zeigen, dass diese sie ziemlich fordern, ihnen aber mit Respekt begegnen. Eines sei klar gesagt: Ab einem bestimmten Alter ist jeder selbst dafür verantwortlich, ob er ein lernender Mensch ist.

Die Welt wird sich in Zukunft noch deutlicher in die Lerner und Nichtlerner teilen. Letztere werden zu den großen Verlierern gehören. Sollte nicht eine grundlegende Reform gelingen, wird sich der Abstieg unseres öffentlichen Schulsystems fortsetzen. Jeder, der es sich irgendwie leisten kann, wird sein Kind in eine Privatschule geben. Das tun übrigens schon jetzt viele Politiker und Promis, die öffentlich von der Gesamtschule schwärmen. Im öffentlichen Schulsystem werden schließlich die Kinder der bildungsfernen Schichten übrig bleiben. Die Zukunft für ein kleines Land wie Österreich mit seinen 1,2 Millionen Schülern kann nur in einem öffentlichen Schulsystem liegen, das die Talente seiner Kinder fördert und nicht systematisch zerstört, nur weil sie in die »falsche« Familie am »falschen« Ort geboren wurden.

Schüler, Lehrer, Direktoren und Eltern können erkennen, dass nicht sie die Gegner sind, sondern wer ihre wahren Feinde sind. Wenn sie sich an ihrer Schule verbünden, dann werden sie viel erreichen. Solange dagegen die Kanäle zwischen Menschen durch Gleichgültigkeit und Misstrauen verstopft sind, werden sie einander nicht verstehen. Wertschätzung kann sich nur aus Vertrauen entwickeln. Eltern, die das große Glück haben, dass ihr Kind in eine lebendige Schule mit engagierten Lehrern geht, dürfen sich damit nicht zufriedengeben, sondern sollten diese gute Nachricht nach außen tragen. Damit erhöhen sie die Motivation der besonders engagierten Lehrer und das wird auch ihrem Kind förderlich sein. Die guten Lehrer und Direktoren sollen nicht länger im Verborgenen blühen. Es ist die Bringschuld von uns allen, sie aus der Anonymität zu holen. Die lebendigen Schulen vermehren sich durch die Verbreitung von Hoffnung. Über den Mut aufzubrechen gibt es ein wunderschönes Zitat von Stefan Zweig:

> *»Die größte Leistung von Christoph Kolumbus war nicht, dass er in der neuen Welt angekommen ist und Amerika entdeckt hat – sondern dass er den Mut hatte aufzubrechen.«*

Andreas Salcher
September 2019

PS: Ich freue mich sehr, wenn Sie mich wissen lassen, worin Sie dieses Buch bestärkt hat und welche Erfahrungen, Erfolge oder auch Rückschläge Sie auf dem Weg zur Entwicklung von lernenden jungen Menschen erlebt haben. Bitte schreiben Sie mir an meine persönliche E-Mail-Adresse: andreas@salcher.co.at.

Die Tabus in unserem Schulsystem

Die Talentvernichtungsindustrie oder Warum wir uns die systematische Zerstörung der Talente unserer Kinder in der Schule nicht mehr länger leisten können

Es gibt zwei Arten von Kindern: kluge Kinder und dumme Kinder. Kluge Kinder sind solche, die in der Schule erfolgreich sind, und dumme jene, die in der Schule scheitern. Diese Grundannahme ist tief in die Festplatten der Eltern, Lehrer und des Gesamtsystems Schule eingraviert. Auch viele Kinder glauben das. Es ist einfach, einleuchtend, seit Generationen weitergegeben – und so falsch wie die Behauptung, dass die Erde eine Scheibe ist.

Wenige Kinder werden als Genies geboren. Aber alle Kinder haben eine Vielzahl von Talenten. Wenn wir ein Neugeborenes betrachten, sehen wir kein dummes oder kluges Baby. Es gibt keine Eltern, die zu ihrem Kind, das beim Versuch, ein Zimmer auf zwei Beinen zu durchqueren, immer wieder hingefallen ist, sagen: »Du bist zu dumm, um ein Zweibeiner zu werden, du kommst in die Klasse der Vierbeiner.« Laufen lernt man durch Hinfallen. Kinder lernen nach dem Trial-and-Error-Prinzip: Ausprobieren – Fehler machen. Das funktioniert großartig, wenn man bedenkt, was Kinder alles von ihrer Geburt bis zu ihrem sechsten Lebensjahr lernen: Krabbeln, Brabbeln, Sprechen, Singen, Tanzen, Sandburgen bauen, Drachen steigen lassen, Fahrrad fahren und vieles mehr. Daher kann es nur die Aufgabe einer entwickelten Gesellschaft sein, jedem Kind die maximale Chance auf die Entfaltung seiner Talente zu geben. Das Denkmodell, auf dem unser gesamtes Schulsystem aufgebaut ist, basiert aber auf der industriellen Massenproduktion. Die Geschwindigkeit des Fließbandes erlaubt nur eine Sortierung nach der Norm oder auszusonderndem Ausschuss.

Gillian Lynne galt in der Schule als ein hoffnungsloser Fall. Ihre Eltern waren der Meinung, dass Gillian eine Lernstörung habe. Sie konnte weder ruhig sitzen noch sich auf etwas konzentrieren. Ihre Mutter brachte sie zu einem der damals verfügbaren Spezialisten für Lernstörungen und erzählte diesem von all den Problemen, die Gillian in der Schule hatte, dass sie keine Hausaufgaben machte und dauernd störte. Gillian saß dabei 30 Minuten auf einem Stuhl auf ihren Händen und sprach kein Wort. Der Doktor hörte der Mutter geduldig zu und sagte dann zu Gillian, dass er mit ihrer Mutter allein reden müsse und daher mit ihr nach draußen gehen werde. Bevor sie den Raum verließen, schaltete der Doktor das Radio ein. Kaum hörte Gillian die Musik, sprang sie auf den Tisch und begann zu tanzen. Nach einer Weile zeigte der Doktor auf Gillian und sagte zu ihrer Mutter: »Frau Lynne, Ihre Tochter ist nicht krank. Sie ist eine Tänzerin.«

Die Mutter hörte auf den Rat des Experten und gab ihre Tochter an eine professionelle Tanzschule. Gillian Lynne sagte später: »Es war wunderbar für mich. Lauter Menschen wie ich, die nicht still sitzen konnten. Menschen, die sich bewegen mussten, um denken zu können.« Gillian Lynne wurde eine umjubelte Ballerina am Royal Ballet und spielte in Filmen mit Errol Flynn. Sie gründete ihre eigene Tanzgruppe und lernte Andrew Lloyd Webber kennen. Für ihn schuf sie unter anderem die Choreografien für *Cats* und *Das Phantom der Oper*. Sie wurde ein Weltstar und eine Multimillionärin.

Gillian Lynne wurde im Jahr 1926 in Großbritannien geboren und nicht am Beginn des 21. Jahrhunderts in Deutschland oder den USA. Heute hätte man bei ihr wahrscheinlich ein Aufmerksamkeitsdefizit- beziehungsweise Hyperaktivitätsstörungssyndrom (ADHS) diagnostiziert und sie mit Ritalin beziehungsweise Prozac behandelt, um ihre Hyperaktivität zu reduzieren. Die Menschen wussten damals nicht, dass es so etwas gibt. Heute weiß niemand, wie viele Kinder in den USA Ritalin bekommen, um sie angepasster und braver zu machen. Die Schätzungen differieren zwischen ein bis acht Millionen Kindern! Sogar bei Kindern im Vorschulalter nimmt die Einnahme von Ritalin immer mehr zu. In Deutschland heißt das vergleichbare Medikament Prozac, und immer mehr Fachleute warnen Eltern vor dem oft viel zu sorglos diagnostizierten ADHS und der Verschreibung von Prozac. In Österreich liegt dieses Problem noch im Bereich von Dunkelziffern. Neuere Studien zeigen, dass ADHS oft bei besonders kreativen Kindern diagnostiziert wird. Schöne neue Welt – Aldous Huxley lässt grüßen.

»Töten unsere Schulen die Kreativität?«

Die wunderbare Geschichte von Gillian Lynne erzählte der britische Kreativitätsexperte Ken Robinson bei der TED-Konferenz 2006 in Monterey in Kalifornien. TED steht für Technologie, Entertainment und Design und gilt als eine der innovativsten Konferenzen der Welt. Obwohl vor Robinson große Namen wie Al Gore oder die Google-Gründer Sergey Brin und Larry Page auftraten, war seine 17-minütige Präsentation mit dem Titel »Töten unsere Schulen die Kreativität?« der meistdiskutierte Beitrag. Sein Vortrag wurde inzwischen von weit über 100 Millionen Menschen gesehen. Sollten Sie ihn bisher noch nicht gehört haben, lohnt es sich, das jederzeit auf *YouTube* oder *www.ted.com* nachzuholen.

Ken Robinson brachte bekannte Fakten sehr bildhaft auf den schmerzhaften Punkt: Jedes Schulsystem auf der Welt hat die gleiche Hierarchie von Gegenständen. An der Spitze stehen immer Mathematik und Sprachen, dann folgen die Naturwissenschaften und ganz am Ende kommen, wenn überhaupt, die künstlerischen Gegenstände. Übrigens sind Musikerziehung und Zeichnen jene Fächer, die nach einem ungeschriebenen Gesetz bei Budgetproblemen immer als erste gestrichen werden. Das Streichen von Mathematikstunden würde einen nationalen Aufstand der Eltern, von denen die meisten diesen

Gegenstand selbst in der Schule gefürchtet haben, auslösen. Das Weglassen von ein paar Musikstunden erregt vielleicht ein paar Einzelkämpfer.

Es gibt kein Land auf der Welt, das Kinder Tanzen mit der gleichen Priorität wie Mathematik lehrt. Warum eigentlich? Mathematik ist wichtig. Tanzen ist auch wichtig. Wir haben alle einen Körper. Wenn Kinder aufwachsen, starten wir mit ihrer Bildung von der Hüfte aufwärts und konzentrieren uns später ausschließlich auf ihre Köpfe. Denkt man einmal darüber nach, was das ideale Endresultat unseres öffentlichen Bildungssystems ist, so muss man zu dem Schluss kommen, dass der ideale Output aller Schulen der Typus des Universitätsprofessors ist. Manche Universitätsprofessoren leben ihr Leben lang primär in ihren Köpfen. Sie sind komplett von ihren Körpern getrennt, sie sehen ihre Körper als Mittel, um ihren Kopf von einem Ort zu einem anderen zu befördern, sagt Ken Robinson, der selbst Universitätsprofessor ist und über einen durchaus massiven Körper verfügt, der leider von Kinderlähmung gezeichnet ist.

Viele kreative Kinder, die über ganz andere als die einseitig hoch bewerteten intellektuellen Fähigkeiten verfügen, scheitern in diesem System schon sehr früh und haben nie die Chance, an eine Universität zu kommen. Ihre Talente gehen daher unserer Gesellschaft auch für immer verloren.

Warum sind unsere Schulen eigentlich so, wie sie sind?

Der Einfluss des Industriezeitalters, in dem wir nach wie vor leben, ist uns gar nicht bewusst, ebenso wenig wie dem Fisch das Wasser, in dem er schwimmt. Wir packen die Schultaschen mit 10 bis 20 Kilogramm voll, weil unsere Kinder sonst nicht die vielen Prüfungen schaffen können. Viele Lehrer sehen die Schule ausschließlich aus der Bauchnabel-Perspektive ihres Faches und sprechen sich nicht ab. Sie stellen nur ihre isolierten Leistungsanforderungen, ohne über die

Summe nachzudenken, die sie im wahrsten Sinne des Wortes den Kindern aufbürden. Auch die Eltern zu Hause sind oft so in ihrem eigenen Stress verhaftet, dass sie entweder gar nicht auf die Idee kommen, welcher Druck an manchen Tagen auf ihren Kindern lastet, oder – noch schlimmer – sie diesen sogar für eine gute Vorbereitung auf die harte Realität des Lebens halten. Motto: Lernen muss richtig wehtun.

Das ist auch eine Kernaussage von Peter Senge, Professor für lernende Organisationen am weltberühmten Massachusetts Institute of Technology (MIT) in Boston in seiner überzeugenden Analyse, warum unsere Schulen heute noch immer so sehr den Fabrikhallen der industriellen Revolution gleichen. Senge entschlüsselt die DNA unseres Schulsystems und legt damit das Grundproblem unserer Schulen offen:[1]

Schon Friedrich der Große war fasziniert von dem Gedanken, seine Soldaten möglichst zu perfekt funktionierenden Einzelteilen in einer großen Militärmaschine zu machen. Dieser Zweck prägte die Ausbildung in den preußischen Kadettenanstalten, und diese Idee ist bis heute nie ganz aus unserem Bild von Schule verschwunden. Maria Theresia nahm sich jenes Modell ihres großen Rivalen Friedrich II. übrigens als Vorbild bei der Gründung des österreichischen Schulsystems, weil sie, nach einigen verlorenen Schlachten gegen die Preußen, offensichtlich erkannte, dass besser gebildete Soldaten auch effizienter kämpfen können.

Mit dem Trend zur Massenfertigung, der Ende des 19. Jahrhunderts einsetzte, wurde die Idee geboren, Fabriken wie eine einzige große Maschine zu gestalten. Der wichtigste Protagonist dieser Ära, Frederick Taylor, sah keinen grundlegenden Unterschied zwischen der Gestaltung der menschlichen Arbeit und der Gestaltung von Maschinen.[2] Die Erfindung des Fließbandes durch Henry Ford, das effi-

1 Peter Senge: Schools that Learn. New York 2000.

2 Harry Braverman: *Die Arbeit im modernen Produktionsprozeß*. Frankfurt am Main/New York 1977. Dieses Buch bietet eine ausführliche kritische Auseinandersetzung mit Taylor und seinen Schülern.

zient gleiche Produkte fertigte, war die logische Konsequenz dieser Entwicklung. Davon leitete sich auch der Ansatz ab, Menschen möglichst schnell als produktive Fabrikarbeiter zu qualifizieren. Das war genau die Zeit, in der die öffentlichen Schulsysteme in der uns heute bekannten Form geschaffen wurden. Es darf daher gar nicht verwundern, dass die Massenfertigung den Schöpfern dieses Schulsystems als Vorbild diente. Ja, Schulen sind daher wahrscheinlich überhaupt jene von Menschen geschaffenen Institutionen, die am stärksten den Fließbändern ähneln.

Das ganze System baut auf getrennten Stufen auf, die man Klassen nennt, und in die man Kinder streng nach Alter getrennt einteilt. Es wird erwartet, dass jeder Schüler in der dafür vorgesehenen Zeit Stufe um Stufe aufsteigt. Jede Klasse hat einen zugeteilten Aufseher, der in der Schule Lehrer heißt. Zu bestimmten, genau festgelegten Zeiten bereitet man in den Klassen zwischen 20 und 40 Schüler auf Prüfungen vor. Die ganze Schule ist danach konstruiert, in einem ganz fixen Zeitschema zu arbeiten, das durch Glocken, exakt festgelegte Erholungspausen und strikte Arbeitszeiten zentral vorgegeben ist. Jeder Lehrer weiß genau, was von ihm erwartet wird, damit sich das Fließband in der vorgeschriebenen Geschwindigkeit bewegen kann. Das Resultat jenes vom Maschinenzeitalter geprägten Modells waren Schulen, die total vom täglichen Leben der Menschen isoliert, von autoritärem Verhalten geprägt und mit einem einzigen Ziel geschaffen wurden: ursprünglich leicht austauschbare Soldaten in »der großen Maschine« Friedrichs des Großen und später möglichst standardisierte, schnell einsetzbare Arbeitskräfte zu produzieren. Natürlich lieferte dieses Modell von Schule sehr effektiv viele Menschen, die die wichtigsten Dinge wie Lesen, Schreiben und Rechnen auf einmal beherrschten, was durchaus einen Fortschritt gegenüber dem dumpfen Analphabetismus des Agrarzeitalters darstellte. Dieses industrielle Modell von Schule trug aber bereits den Keim aller Probleme in sich, mit denen wir heute kämpfen. Es selektierte in dumme und kluge Kinder und verkannte die

Individualität jedes Menschen. Jene, die nicht genau in der vorgeschriebenen Zeit lernten, wurden entweder ausgesondert oder gezwungen, in einem für sie unnatürlichen Tempo zu lernen. Heute bezeichnet man diese Kinder als »lerngestört«. Dabei hat man ihnen oft sehr früh ihre natürliche Neugier ausgetrieben und sie damit ihrer Lernfreude beraubt.

Wir hören ständig in politischen Sonntagsreden davon, dass wir mehr Innovation und neue Ideen brauchen, um in der Zukunft wettbewerbsfähig zu bleiben. Doch unser gesamtes Schulsystem ist auf die Normierung ausgerichtet. Alles, was außergewöhnlich oder besonders sein könnte, isolieren, bekämpfen und begrenzen wir.

Bescheidenheit ist für unsere Schulen keine Tugend

Warum stellen wir eigentlich so bescheidene Ansprüche, was das Niveau unserer Schulen betrifft? Berücksichtigen wir etwa auch nur die unterschiedlichen Entwicklungssprünge von Mädchen und Burschen in ihrer Persönlichkeitsentwicklung? Das Fehlen jeder ernsthaften Diagnose am Beginn der Schullaufbahn schafft Weichenstellungen mit Folgen für die nächsten 60 Jahre. Und noch viel wichtiger: Interessiert das überhaupt irgendjemanden in einem System, das wie ein Fließband auf Knopfdruck anspringt, um vorgefertigte Teile zu produzieren? Hat man in Ihrer Schulzeit auch noch Linkshänder gezwungen, Rechtshänder zu werden? Oder waren Sie selbst sogar ein Opfer? Obwohl Linkshänder heute nicht mehr als abnorm gelten, werden aus vielen unbewussten Linkshändern bereits in Kindertagen Pseudo-Rechtshänder, was zu schweren gesundheitlichen Schäden führen kann.

Hat die Entdeckung der Begabungen jedes einzelnen Kindes nicht mehr Aufmerksamkeit und Sorgfalt verdient, als wir sie bei der Neuanschaffung eines Autos oder eines TV-Gerätes aufwenden? Nun, im Gegensatz zu unserem täglichen Verhalten als Konsumenten, wo wir möglichst beste Qualität zu niedrigen Preisen suchen, kommen wir bei unseren Schulen offensichtlich überhaupt gar nie auf die Idee, uns als Kunden zu fühlen. Das hat einen einfachen Grund: Wir sind nichts Besseres gewohnt.

Zurück in die Zukunft

> *»Schule war für uns Zwang, Öde, Langeweile, eine Stätte, in der man die ›Wissenschaft des nicht Wissenswerten‹ in genau abgeteilten Portionen sich einzuverleiben hatte … Ihre wahre Mission im Sinne der Zeit war nicht so sehr, uns vorwärtszubringen als uns zurückzuhalten, nicht uns innerlich auszuformen, sondern dem geordneten Gefüge möglichst widerstandslos einzupassen, nicht unsere Energie zu steigern, sondern sie zu disziplinieren und zu nivellieren.«*

Diese Zustandsbeschreibung der Schule aus Stefan Zweigs im Jahr 1944 erstmals erschienenen Lebenserinnerungen *Die Welt von Gestern* mag in dieser Radikalität heute übertrieben klingen. Aber in Wirklichkeit gehen wir alle seit 100 Jahren in die gleiche Art von Schule. Das ganze System ist darauf ausgerichtet, genau jene Schulen wiederzuerschaffen, an die wir uns noch aus unserer Kindheit erinnern. Und genau in diese Schulen gehen dann unsere Kinder jeden Tag. Deswegen verstehen wir auch die Geschichten so gut, die sie uns erzählen.

Stellen wir uns vor, wir würden einen Chirurgen mit einer Zeitmaschine um 50 Jahre in einen Operationssaal zurückversetzen und von ihm verlangen, dort einen Menschen zu operieren. Jeder verantwortungsvolle Arzt würde das wohl empört als Aufforderung zur fahrlässigen Tötung zurückweisen, weil die Geräte völlig veraltet wären. Ein Lehrer, den wir mit derselben Zeitmaschine um 50 Jahre zurück in ein Klassenzimmer schickten, könnte, ohne große Unterschiede zu erkennen, sofort mit seinem gewohnten Unterricht fortfahren. Das Klassenzimmer sieht mit Tafel, Kreide, Tischen und Sesseln unverändert gleich aus, der Platz des Lehrers ist vor der Klasse stehend. Es riecht sogar wie heute.

Vergleichen wir die Fotos von Büros, Bankfilialen oder Autofabriken vor 50 Jahren mit heutigen, so sehen wir den beeindruckenden technologischen Fortschritt. Machen wir diesen Vergleich mit Fotos von Schulen vor 50 Jahren und von heute, werden wir mit Ausnahme von neu gebauten Schulen kaum einen Unterschied erkennen können. In keinem anderen Bereich unseres Lebens klafft die Lücke zwischen dem erzielten wissenschaftlichen Fortschritt und dessen tatsächlicher Nutzung zum Wohl der Menschen so weit auseinander wie in unseren Schulen.

Ich werde in diesem Buch eindrucksvolle Beispiele aufzeigen, wie die Schule der Zukunft tatsächlich aussehen könnte. Viele jener Beispiele sind gute öffentliche Schulen. Sie kosten nicht mehr als schlechte Schulen, die Lehrer sind besonders engagiert und verdienen auch nicht mehr als ihre Kollegen in schlechten Schulen. Umso größer ist der Skandal, dass wir unseren Kindern den erzielten wissenschaftlichen Fortschritt gerade dort vorenthalten, wo er für sie am wichtigsten wäre. Dieses Übel lässt sich auch nicht dadurch rechtfertigen, dass wir die Kinder mit dem Zweithandy und dem neuesten Computer für die tägliche Langeweile oder gar die Angst in der Schule zu entschädigen suchen. Denn in Wirklichkeit sollte gerade der tägliche Schulbesuch für unsere Kinder keine Zeitreise in die Vergangenheit, sondern eine in die Zukunft sein. Wir müssten ständig darüber nachdenken, welche Werte, Inhalte und Fähigkeiten Menschen in 30 bis 40 Jahren haben sollten. Unsere Schulen sollten mehr Zukunftslabors als Museen gleichen.

Oder wie es PISA-Koordinator Andreas Schleicher auf den Punkt bringt: »Wenn wir die Kinder des 21. Jahrhunderts von Lehrern mit einem Ausbildungsstand des 20. Jahrhunderts in einem Schulsystem unterrichten lassen, das im 19. Jahrhundert konzipiert wurde und sich seitdem nur graduell verändert hat, dann kann das so nicht funktionieren.«[3]

Sauteuer, aber schlecht

Der Wirtschaftsnobelpreisträger Milton Friedman hat einmal gesagt, dass jenes Land die beste Zukunft haben werde, das als erstes das Schulsystem aus den Händen des Staates befreit. Aber auch ohne die Hauptverantwortung des Staates für das Schulsystem prinzipiell infrage zu stellen, kann man bemerken, dass es der Politik bisher überall auf der Welt gelungen ist, ihr Monopol auf die Schulen mit Zähnen und Klauen erfolgreich zu verteidigen. Und die Konsequenzen von Monopolen sind immer die gleichen: schlechte Qualität zu hohen Kosten.

Im Schulsystem reagieren Menschen so wie in allen Märkten, die ihre Bedürfnisse – in diesem Fall eine ausgezeichnete Ausbildung ihrer Kinder – nicht erfüllen können. Jene, die genug Geld haben, verweigern überhaupt das öffentliche Schulangebot und geben ihre Kinder in Privatschulen. Der Markt an Privatschulen explodiert mittlerweile. In Deutschland ist die Anzahl der Privatschulen seit der politischen Wende 1989/90 um 40 Prozent gestiegen. Der Trend in Österreich verläuft ähnlich, so geht in Wien bereits jedes fünfte Kind in eine Privatschule. Studien zeigen aber, dass Privatschulen nicht prinzipiell leistungsfähiger sind, wenn man die soziale Herkunft berücksichtigt.[4] Die »kleinen Leute« versorgen sich auf dem Schwarzmarkt für Nachhilfe mit Lehrern, die gegen teures Geld das tun, was offenbar das mit ihren Steuern finanzierte öffentliche Schulsystem nicht leisten kann: ihren Kindern zumindest Deutsch, Mathematik und Fremdsprachen in jener Mindestqualität beizubringen, damit sie die

3 »Schneewittchen und die Bildungsreformen«. Interview mit Andreas Schleicher. In: *SPIEGEL Online*, am 30. Dezember 2007.

4 Katja Barthels: »Sind Privatschulen besser?« In: *Die Zeit* 43/2007.

geforderten Prüfungen bestehen können. Der Schwarzmarkt für Nachhilfestunden wächst exponentiell und es gibt wohlweislich bisher keinerlei offizielle Statistiken, sondern nur Schätzungen dazu. Viele Eltern gehen als unfreiwillige Nachhilfelehrer selbst nochmals in die Schule, ohne sich dessen bewusst zu sein. Sie fragen am Sprechtag daher den Lehrer durchaus schlüssig: »Was haben *wir* auf die Mathematikschularbeit bekommen?«

Erfolgreiche Unternehmen basieren darauf, dass »der Kunde König ist«. Diese Geisteshaltung versucht jeder Generaldirektor seinen Mitarbeitern täglich einzuimpfen. Deshalb setzen sich langfristig im Prinzip jene Organisationen durch, die die Bedürfnisse ihrer Kunden erfüllen, ihre Servicequalität steigern, und das zu konkurrenzfähigen Preisen. Genau das Gegenteil tun wir in unseren Schulen. Unser öffentliches Schulsystem hat, wie bereits erwähnt, von der Marktwirtschaft das industrielle Fließbandsystem und vom Staat das Quasimonopol der Hoheitsverwaltung übernommen. Eine unheilige Allianz. So fühlt man sich dort auch als Kunde. Der Schüler steht im Mittelpunkt – und dort steht er im Weg, könnte man sarkastisch sagen.

Robert ist siebeneinhalb Jahre alt, sehr lebendig und bewegungshungrig. Er wurde in der Schule von Links- auf Rechtshänder »umgeschult« – ja, das gibt es entgegen allen Beteuerungen in Einzelfällen noch immer. Das Kind kommt mit dem Frontalunterricht der Volksschullehrerin nicht zurecht und hat große Probleme mit dem Schreibenlernen. Einfache Buchstabenübungen, die das Kind zu Hause problemlos lösen kann, scheitern in der Schule. Versuche der Mutter, mit der Lehrerin in ein Gespräch zu kommen, sind aussichtslos: »Sie können sich bei mir einen Termin vor Weihnachten geben lassen, aber ich sage Ihnen schon jetzt, das Kind schafft es nicht.« Robert wird in der Folge von der Nachmittagsbetreuung ausgeschlossen. Die verzweifelte Mutter geht zur Direktorin. Die stellt sich voll hinter die Lehrerin und beendet das Gespräch mit den Worten: »Solche Kinder brauchen wir hier nicht.«

Diese Geschichte zeigt, wie mit der ganz spezifischen Situation eines Kindes und den Anliegen der Eltern umgegangen wird. Niemand hat Schuld, aber das System ist so. Warten, Unsicherheit, Warten, Intervenieren, Warten, Unsicherheit, falsche Entscheidungen, Revidierung der Entscheidung. Fast fühlt man sich an seine eigene Schulzeit erinnert, wo Franz Kafkas Roman *Der Prozess* auf fast allen Maturalisten stand. Heute gibt es nicht einmal mehr Leselisten für die Deutsch-Matura, dafür soll irgendwie gegendert werden und die Aufsätze dürfen ja nicht zu lang sein.

Die Schule verbeißt sich in unsere Schwächen

Wenn in Österreich ein Schüler mit drei schlechten Noten in Englisch, Deutsch und Französisch und einer ausgezeichneten Note in Physik nach Hause kommt, dann wird man alles tun, damit er in den drei schlechten Fächern zumindest durchschnittlich wird, und in Physik wird man gar nichts tun, weil er dort ohnehin gut ist. Auf die Idee, dass es sich um einen Menschen mit einer naturwissenschaftlichen Begabung und keiner für Sprachen handelt, wird niemand kommen.

Noch viel grausamer wird diese Konzentration auf die oft einzige Schwäche eines Schülers, wenn sie offenkundig und für alle erkennbar ist. Erinnern Sie sich noch an den »Bladen« oder das »Dickerl« in Ihrer Klasse? In fast jeder Klasse gibt es sie oder ihn. Alexander hieß er in meiner Klasse. Ein sensibles, hochintelligentes Kind, das oft von seiner Mutter abgeholt wurde. Sehr schweigsam, weil mit einem leichten Sprachfehler ausgestattet, aber bei schriftlichen Schularbeiten immer einer der Besten der Klasse.

Ich sehe das Bild heute noch vor mir. Im Turnsaal stand Bockspringen auf dem Programm. Unser Turnlehrer, selbst nicht gerade untergewichtig, war jener Typus von Mensch, der seinen Sadismus nur als Unteroffizier im Bundesheer oder eben als Turnlehrer ausleben konnte. Wir stellten uns nach dem Alphabet geordnet auf und alle schafften den Bocksprung mit mehr oder weniger Eleganz. Dann kam Alexander an die Reihe. Jedem, inklusive dem Turnlehrer, war völlig klar, dass er das mit seinem Körper, der weit übergewichtig war, nie schaffen konnte. Er lief los, krachte in den Bock hinein und warf ihn mit der Masse seines Körpergewichts um. Wir lachten alle schallend. Ich schäme mich heute noch dafür, wenn ich jetzt daran denke. Erstens dafür, dass ich auch mitgelacht habe, aber noch mehr, dass ich, im Prinzip durchaus mit Zivilcourage ausgestattet, damals nicht aufbegehrt habe. Aber das ist wohl eher die sentimentale Sehnsucht in mir, mich im Nachhinein als Helden erleben zu wollen. Denn Zivilcourage und Mitgefühl standen schon damals nicht auf dem Lehrplan eines Realgymnasiums für Zwölfjährige. Alexander besuchte auch in den folgenden Tagen, offensichtlich unter großen Schmerzen, die Schule und kam auch mutig zur nächsten Turnstunde. In der Umkleidekabine sahen wir alle, dass fast sein ganzer Körper ein einziger blauer Fleck war.

Bei mir bleibt nur der Gedanke zurück, wie man Alexander, der sicher Bewegung gebraucht hätte, die Freude daran, wahrscheinlich für den Rest seines Lebens, brutal ausgetrieben hat. Schmerz und Scham sind wohl die Gefühle, die er lange mit dem Turnunterricht verbunden hat. An Mut hat es Alexander nie gemangelt und ich hoffe, dass er später in seinem Leben Menschen gefunden hat, die ihm die Freude am Sport und an der Bewegung vermitteln konnten. Vom Turnlehrer weiß ich nur, dass er Jahre nach meinem Ausscheiden aus der Schule Direktor an einer anderen Schule wurde. Kenner des heutigen Schulalltags, denen ich diese Geschichte erzählt habe, haben mir versichert, dass so etwas heute nicht mehr passieren könnte. Das hätte ich gerne geglaubt, wenn ich nicht in meiner Zeit als *Kurier*-Schüleranwalt mit folgendem Fall konfrontiert worden wäre. Ein Volksschullehrer zwang Kinder seiner Klasse, die ihre Turnsachen vergessen hatten, zum Exerzieren vor allen anderen im Turnsaal. Die Burschen mussten als »Ersatzkleidung« Miniröcke tragen. Mehr darüber und ähnlich erschütternde Fälle finden Sie im Kapitel »Tatort Schule«.

Ich habe diese Geschichten erzählt, weil ich glaube, dass es kein Zufall ist, dass sie in Österreich passiert sind. Nach Deutschland hätten sie auch gut gepasst. Denn im Schulsystem gerade unserer beiden Länder steckt noch immer der Geist der Militärakademien von Friedrich dem Großen und Maria Theresia. Der kalte Angstschweiß vor den berüchtigten Drills in den preußischen Kadettenanstalten ist leider oft noch bis heute als Mief in vielen Klassenräumen hängen geblieben. In den Zeiten Friedrichs II. starben mehr Soldaten in seinen Armeen durch den Drill in Friedenszeiten als in seinen Kriegen. Das sei besonders all jenen gesagt, die der Meinung sind, dass die Hauptaufgabe der Schule die Vorbereitung der Kinder auf die Härten des Lebens sei. Wie leicht konnte doch der mittelmäßige Lehrer in Erich Maria Remarques Roman *Im Westen nichts Neues* in die Rolle des sadistischen Unteroffiziers schlüpfen, als der Erste Weltkrieg ausbrach.

Der ehemalige Wiener Vizebürgermeister und IBM-Manager Bernhard Görg hat mir einmal erzählt, welch anderen Zugang Amerikaner hinsichtlich der Schwächen von Schülern haben. Görg beobachtete auf dem Sportplatz der Amerikanischen Schule in Wien den Sportlehrer, der die Schüler im Eckballschießen beim Fußball trainierte. Ein offensichtlich fußballerisch wenig begnadeter Schüler hatte auch beim dritten Versuch, einen Eckball zu schießen, den Ball erbärmlich hinter das Tor versenkt. »Sehr gut, Joe, versuche es gleich noch einmal«, feuerte ihn sein Trainer an. Bei aller Kritik am amerikanischen Schulsystem vermittelt die dort herrschende Mentalität den Schülern das positive Gefühl, dass sie es schaffen können. Anlässlich eines Jubiläums der Amerikanischen Schule wurde ich eingeladen, im Wiener Rathaus die Festrede zu halten. Ich schilderte unter großem Gelächter, dass mich Eltern von Schülern der Amerikanischen Schule immer wieder fragten, ob denn dort das Niveau hoch genug sei, weil ihre Kinder so gerne in die Schule gingen – da müsse doch etwas faul sein …

Die Folgen dieses prinzipiell unterschiedlichen Umgangs mit den Stärken und Schwächen von Kindern in den USA und Österreich zeigt das folgende Beispiel. Als Henry A. Grunwald im Jahr 1997 zum neuen US-Botschafter bestellt wurde, ersuchte der damalige Wiener Bürgermeister Helmut Zilk um einen persönlichen Vorstellungstermin. Grunwald wurde als Heinz Anatol Grünwald in Wien als Sohn des Operettenlibrettisten Alfred Grünwald geboren. 1938 musste seine Familie vor den Nationalsozialisten fliehen, und es gelang ihr, über Frankreich und Marokko in die USA auszuwandern. Dort begann Grunwald seine Karriere als Botenjunge beim weltberühmten Nachrichtenmagazin TIME, die ihn auf dem Höhepunkt bis zum Herausgeber des TIME-Magazins brachte – eine im wahrsten Sinne des Wortes filmreife Geschichte. Helmut Zilk beauftragte seinen persönlichen Referenten Kurt Scholz, genau zu recherchieren, um ein Begrüßungsgeschenk für die Begegnung mit Grunwald mitzubringen. Scholz fand heraus, dass Grunwald in das Gymnasium Stubenbastei gegangen war, und entdeckte sogar den Katalog der sechsten Klasse aus dem Schuljahr 1937/38, in dem die Schullaufbahn Henry A. Grunwalds dokumentiert war. Die Idee von Scholz war zwar überzeugend, aber Zilk reagierte trotzdem eher zögernd, weil die dominierenden Noten von Grunwald »Genügend« und »Nicht genügend« waren. Als Zilk den Katalog dann doch bei seinem Antrittsbesuch Henry A. Grunwald überreichte, war dieser zu Zilks Überraschung amüsiert und lachte herzlich. Grunwald sagte schließlich: »Hier in der Schule in Österreich hat man sich immer auf das konzentriert, was ich nicht konnte, in den USA hat man darauf geschaut, was ich gut konnte.«

Was können wir nach der Schule wirklich?

»Ich bin nie gerne in die Schule gegangen. Aber ich habe immer gerne etwas Neues gelernt.« Haben Sie diesen Satz schon einmal gehört oder vielleicht sogar selbst gesagt? Was lernen wir denn eigentlich in unserer Schulzeit, oder vielleicht ein bisschen härter gefragt, was können die meisten Schüler nach Abschluss der Pflichtschule wirklich? Zumindest dürfen wir uns wünschen, dass die Schüler nach neun langen Jahren in der Lage wären, deutsch zu sprechen, zu lesen und vielleicht sogar einen einigermaßen verständlichen Aufsatz zu schreiben. Unser öffentliches Schulsystem ist dazu offensichtlich nicht in der Lage. Alle internationale Vergleichsstudien kommen genauso wie die nationalen Bildungsstandards mit Schwankungen stets zum gleichen Befund: Bis zu 21 Prozent der 15-Jährigen »absolvieren« das Schulsystem als sogenannte funktionale Analphabeten, die selbst einfache Texte nicht sinnerfassend verstehen können. Handwerksbetriebe beklagen sich, dass Bewerber um Lehrstellen die Fläche eines Rechtecks nicht berechnen können, Restaurantbetreiber müssen feststellen, dass Kochlehrlinge mit dem Multiplizieren beim Einkaufen von Lebensmitteln überfordert sind.

Unser auf dem Denkmodell der Massenfertigung aufgebautes öffentliches Schulsystem fährt mit dem Rasenmäher über die unterschiedlichen Talente junger Menschen drüber, aber selbst die Qualität dessen, was übrig bleibt, wird immer schlechter. Oder ein bisschen sachlicher formuliert: Die Produkt- und Servicequalität unseres Schulsystems steht in keiner Relation zu dem immer größeren Aufwand, den wir hineinstecken. Wie in jedem planwirtschaftlichen System versucht man, dieses Problem durch die Erhöhung der Schlagzahl zu lösen. »Nachdem wir das Ziel endgültig aus den Augen verloren hatten, verdoppelten wir unsere Anstrengungen«, würde Mark Twain dazu sagen.

Natürlich werden jetzt einige argumentieren, dass unser Schulsystem nur schlechtgeredet wird und die grundlegenden Anforderungen nach wie vor sehr gut erfüllt. Für viele der angesprochenen Probleme sei nicht unser Schulsystem verantwortlich, sondern gesellschaftliche Veränderungen wie der hohe Migrantenanteil, die Auflösung der traditionellen Familie und die damit verbundene Überforderung der Eltern. Etliche Reformschulkonzepte, insbesondere die antiautoritäre Erziehung, hätten sich eben nicht durchgesetzt. Die Unzufriedenheit vieler Eltern beispielsweise mit bestimmten Rudolf-Steiner- oder Montessori-Schulen, in denen Zwölfjährige noch immer nicht einigermaßen korrekt schreiben könnten, sei kein Geheimnis. Der alte Witz, wo sich die Kinder in einer Alternativschule bei der Lehrerin beklagen: »Müssen wir heute wieder lernen, was wir wollen?«, sei eben wahr. Ja, ganz im Gegenteil: Nicht der Mangel an Freiraum, sondern fehlende Disziplin und Achtung vor dem Lehrer sind die Hauptprobleme in unseren Schulen. Gab früher der Lehrer einem Schüler ein »Nicht genügend«, dann hatte der Schüler ein Problem. Heute habe der Lehrer ein Problem, weil er sich vor den Schulbehörden und den Eltern endlos rechtfertigen müsse. Das führe dazu, dass Lehrer positive Noten aus Resignation herschenken.

Manche dieser Argumente haben durchaus etwas für sich. Warum ein Lehrer einem Schüler, der immer wieder gegen Regeln verstößt, ständig stört oder ihn sogar ordinär beschimpft, nicht von Aktivitäten wie zum Beispiel Eislaufen ausschließen darf, ohne sich als Vertreter der Prügelstrafe beschimpfen lassen zu müssen, ist vielen zu Recht unverständlich. Zwischen »Schwarzer Pädagogik«, die Kindern Angst macht, und dem konsequenten Aufzeigen von Fehlverhalten und entsprechenden Konsequenzen liegen allerdings Welten.

Lehrer, die um ihre Autorität fürchten, sollten sich aber eingestehen, dass sie seit der Verbreitung des Internets ihr Monopol als alleinige Inhaber und Vermittler von Wissen unwiderruflich verloren haben. Während Lehrer Generationen von Schülern allein ihre Sicht der Geschichte vermitteln konnten, hat heute jeder Teenager mindestens so viel Zugang zu Information wie seine Lehrer oder Eltern. Ja, in den meisten Fällen ist er diesen sogar überlegen. Er beherrscht das Web technisch oft weit besser und ist zusätzlich in dieser virtuellen Welt mit unzähligen anderen Informationshungrigen vernetzt, mit denen er sich in kürzester Zeit austauschen kann. Wollte eine Schülerin früher ihrem Lehrer beweisen, dass er selbst etwas Unrichtiges behauptet hatte, war sie darauf angewiesen, das selbst mühsam zu

Hause in einem Lexikon herauszufinden, um ihm ihre Erkenntnis einige Tage später, so sie in der Zwischenzeit nicht den Mut oder das Interesse verloren hatte, in der nächsten Stunde vorzutragen. Hat der Lehrer heute Pech, braucht die Schülerin das Thema nur ganz schnell unter der Bank mit ihrem webfähigen Handy bei Wikipedia zu googeln und sie weiß in Sekundenschnelle mehr als ihr Dozent. Das betrifft natürlich nur Fakten wie Jahreszahlen und nicht tieferes Verständnis von geschichtlichen Zusammenhängen. Umso wichtiger wäre es, dass sich Lehrer nicht auf einen sinnlosen Wettbewerb um die Vermittlung von Fakten einlassen.

Lernen braucht Gemeinschaft

Die Lösung kann daher wohl nur in einem neuen Verständnis von Lernen und Schule liegen. Schüler freuen sich nicht auf Gegenstände, sondern auf Menschen, die für sie Vorbilder sind. Schüler lernen am besten von Lehrern, die sie mögen und von denen sie inspiriert werden. Lehrer erbringen die besten Leistungen in Teams. Lehrer verstehen ihre Rolle nicht mehr als Vortragende einer objektiven, unangreifbaren Wahrheit, sondern als erfahrene Weggefährten beim Lernprozess. Die Schüler und der Lehrer werden gemeinsam offene Probleme diskutieren, googeln, und der Lehrer wird den Schülern durch geschickte Fragestellungen dabei helfen, in Gruppen herauszufinden, dass auch nicht alles stimmt, was sie bei Wikipedia finden. In den meisten der von mir im Buch vorgestellten positiven Beispiele für die Schulen der Zukunft ist dieses Verständnis von Lernen mittlerweile selbstverständlich. Es entspricht auch den Anforderungen, die wir an die Schulabsolventen stellen sollten. Wir brauchen glücklicherweise immer weniger Industriearbeiter, weil es in Zukunft zwar nicht weniger Fabriken, aber weniger Menschen in diesen geben wird und jene auch anspruchsvollere Aufgaben als die monotone Tätigkeit am Fließband haben werden. Neue Erkenntnisse der Reformschulen oder von innovativen Schulmodellen setzen sich wider alle Fakten deshalb so schwer durch, weil große Teile unserer Gesellschaft selbst noch sehr im Industriezeitalter leben und denken. MIT-Professor Peter Senge sagt dazu: »Wenn wir unsere Welt verbessern wollen, dann brauchen wir Schulen, die auch selbst lernfähig sind.«[5]

Die drei wichtigsten Dinge, die unsere Kinder in der Zukunft lernen sollten

Ich treffe Mihaly Csikszentmihalyi in seinem Haus in Claremont, Kalifornien. »Csiks«, wie ihn seine Studenten nennen, ist der führende Glücksforscher der Welt und Entdecker des Flow-Effekts, auf den ich in diesem Buch mehrmals zu sprechen kommen werde.

Csíkszentmihályi erzählt mir gleich zu Beginn unseres Gesprächs von einer großen Studie, die er über die Frage der Lebenszufriedenheit von Kindern gemacht hat. Er hat dabei Zehnjährige nach ihren Träumen und Wünschen gefragt und die Antworten auf einer Skala zwischen materiellen Werten wie ein schnelles Auto, viel Geld oder ein großes Haus und immateriellen Werten wie Freundschaft, Gesundheit oder Frieden aufgetragen. Das Ergebnis seiner Untersuchung zeigte, dass jene Kinder, die sich nach immateriellen Werten sehnten, langfristig glücklicher und zufriedener waren also solche, die nach kaufbaren Dingen strebten. Csíkszentmihályi ist der festen Überzeugung, dass Materialismus und übersteigertes Konsumdenken für Kinder absolut schädlich sind. Die hohe Anziehungskraft, die Marken auf Kinder ausüben, kommt von ihrer Sehnsucht, Teil von etwas zu sein, wo dazugehören zu wollen. Ein Bedürfnis, das in vielen Familien leider keine Erfüllung mehr findet.

Was sind seiner Meinung nach die drei wichtigsten Werte, die er seinen eigenen Kindern beibringen würde, um sie bestmöglich auf

5 Peter Senge: *Schools that Learn*. New York 2000.

die Zukunft vorzubereiten? Nach der Vorbemerkung, dass Mathematik und Sprachen natürlich immer eine wichtige Rolle spielen werden, antwortet Glücksforscher Csíkszentmihályi klar:

1. Zwischenmenschliche Fähigkeiten: Teamlernen, das Verständnis eigener und fremder Gefühle, Arbeiten und Führung in Gruppen.
2. Verantwortung: Damit meint er nicht strafende Moralpredigten, sondern die Aufgabe, schon Kindern beizubringen, dass jede Handlung Konsequenzen hat. Tut man etwa dem Bruder oder der Schwester etwas an, so hat das bestimmte Folgen, genauso wie bei den Eltern, aber auch bei jedem Eingriff in die Natur.
3. Wir sind nicht allein auf diesem Planeten: Damit meint er die Vermittlung eines systemischen Verständnisses dafür, dass wir auf der Erde alle Teile eines gemeinsamen Ganzen sind. Auch hier geht es ihm um ein auf der Vernunft basierendes Konzept, das Kindern schon früh klarmacht, dass wir alle nur gemeinsam überleben können in einer Welt mit bald neun Milliarden Bewohnern.

Lassen wir die Kinder selbst herausfinden, wie die Zukunft der Welt aussehen soll. Wenn wir ihnen Verantwortlichkeit und soziales Verständnis für ihre Mitmenschen beibringen, dann wird es leicht sein, dass sie selbst die Konsequenzen ihres Handelns richtig verstehen lernen.

Individuelle Begabung als Störfall oder Warum Schule versucht, aus talentierten Sprintern schlechte Marathonläufer zu machen

»Richtig sieht man nur mit dem Herzen; das Wesentliche ist für das Auge unsichtbar.«
Antoine de Saint-Exupéry

Sehen, Tasten, Hören, Riechen oder Schmecken? Wenn Sie entscheiden sollten, auf welche dieser fünf Sinne die nächste Generation verzichten müsste, welche Wahl würden Sie treffen? Wie würde wohl eine politische Diskussion verlaufen, in der wir darüber streiten, ob wir der nächsten Generation von Kindern das Augenlicht, das Gehör, den Tastsinn, den Geschmackssinn oder den Geruchssinn aus Effizienzgründen leider streichen müssten?

Dass wir Kinder beim Eintritt in das Schulsystem durch die einseitige Fixierung auf das rationale Lernen auf einmal ihrer Sinne berauben, mit denen sie bis dahin die Welt erfasst haben und damit auch ungemein schnell die verschiedensten Dinge lernen konnten, nehmen wir offensichtlich als notwendigen Kollateralschaden in Kauf. Die meisten von uns können Fahrrad fahren, aber nicht alle wären in der Lage, die physikalischen Gesetze zu erklären, die dahinterstehen. Schwimmen erlernen wir, ohne zuvor die Gesetze des Auftriebs verstanden zu haben. Während es ganz offensichtlich ist, dass wir zum Erlernen einer Fähigkeit all unsere Sinne brauchen, begründet sich unser traditionelles Lernen in der Schulklasse auf der Theorie, dass wir alles mit dem Verstand lernen können – und das ist ein Kardinalfehler des Systems. Schon das Wort »etwas *begreifen*« macht ganz deutlich, dass wir unsere anderen Sinne und den Körper nicht an der Schulgarderobe abgeben können.

Sobald man eine Schule betritt, fällt einem der abrupte Wechsel zwischen Totenstille und Höllenlärm auf. Unmittelbar nach dem Schrillen der Pausenglocke herrschen Schreien und Herumrennen. Durch den Zwang zum Stillsitzen in der Bankreihe wird einem Kind die Herrschaft über seinen Körper genommen. Das wirkt sich bei Kindern unterschiedlich heftig aus. Ein Drittel hat von Natur aus einen geringen Bewegungsdrang, ein Drittel bringt seine Energie primär durch Reden und Gesten zum Ausdruck, und das eine Drittel mit starkem Bewegungsdrang fühlt sich regelrecht eingesperrt. Diese aufgestaute Energie bricht dann in den viel zu kurzen Pausen aus, oft aber auch mitten im Unterricht. Wie uns das Beispiel von Gillian Lynne im Kapitel über die Talentvernichtungsindustrie gezeigt hat, können manche Kinder überhaupt nur denken, wenn sie sich bewegen. Durch das tief verwurzelte Vorurteil unserer Gesellschaft, Lernen habe primär im Klassenzimmer während der vorgegebenen Unterrichtsstunden innerhalb von 45 bis 50 Minuten stattzufinden, negieren wir völlig die vielen Orte und Gelegenheiten im Alltag von Kindern, wo Lernen tatsächlich passiert: Spielplätze, die Straße, den Park, den Sportplatz, das Kino, das Theater, das Museum oder den Zoo.[1]

Kinder sind nicht nur Wesen mit einem Körper, sondern haben in der Früh ein Schlafbedürfnis, das in unseren Schulen völlig ignoriert wird. Jeden Tag werden Kinder meist um sechs Uhr, in ländlichen Gebieten oft schon um fünf Uhr aus dem Tiefschlaf gerissen, um dann noch immer schlaftrunken ab halb acht, in manchen Schulen sogar noch eine Viertelstunde früher, lernen zu müssen. Daher habe ich einmal im »Ö3-Wecker« vorgeschlagen, dass der Unterricht erst um neun Uhr beginnen sollte, wie das von vielen Gehirnforschern gefordert wird. Meine Idee wurde von den Schülern euphorisch, von den Leh-

1 Peter Senge: *Schools that Learn.* New York 2000.

rern mehrheitlich positiv und von den Eltern ablehnend aufgenommen. Das Hauptgegenargument der Eltern war, dass sie es nicht schaffen würden, ihre Kinder vor Arbeitsbeginn in die Schule zu bringen. Das mag für einige durchaus zutreffen, in modernen Firmen und im öffentlichen Dienst setzt sich dagegen die Gleitzeit immer mehr durch. In der Mittel- und Oberstufe fahren die meisten Schüler selbstständig in die Schule und sind daher nicht von den Arbeitszeiten der Eltern abhängig. Wirklich verblüffend war die Reaktion von einigen Bürgermeistern und Landespolitikern: »Ein Schulbeginn um neun Uhr geht nicht, weil da fahren bei uns keine Schulbusse mehr.« Sie hatten offenbar völlig verdrängt, dass eigentlich die Steuerzahler entscheiden sollten, wann Schulbusse zu fahren haben.

Sollen wir die Kinder in die Zwänge der Arbeitswelt hineinpressen, selbst wenn das nachweisbar zu ihrem Nachteil ist, oder schaffen wir eine Gesellschaft, die sich vermehrt an ihren Bedürfnissen orientiert? In Skandinavien ist mein Vorschlag Realität, die Schüler erbringen deutlich bessere Leistungen als in Österreich und die Wirtschaft ist deshalb auch nicht zusammengebrochen.

Warum der IQ wichtig ist, Intelligenz aber mehr als der IQ ist

Ohne auf die Problematik der Messung der kognitiven Begabung mittels des Intelligenzquotienten (IQ) einzugehen, sollte man klar festhalten: Der IQ ist in hohem Maß genetisch vorgegeben und nicht wesentlich veränderbar. Und der IQ ist zumindest in unserer Leistungsgesellschaft für beruflichen Erfolg eine wichtige Voraussetzung, allerdings mit abnehmendem Grenznutzen. Ein IQ von 120 reicht völlig aus, um in Organisationen Karriere zu machen oder ein Unternehmen erfolgreich zu führen. Ein IQ von 160 macht keinen entscheidenden Unterschied – außer man will unbedingt einen Nobelpreis. Mit einem unterdurchschnittlichen IQ, also deutlich unter 100, wird man dagegen höchstwahrscheinlich sowohl in der Schule als auch im Beruf keinen nachhaltigen Erfolg haben. Für den Karriereforscher und Professor an der Wirtschaftsuniversität Wien (WU) Johannes Steyrer zeigen Langzeitstudien, dass der IQ signifikant mit Schulleistungen korreliert. Diese Korrelation ist deutlicher als jene zwischen dem IQ und Einkommen und Karriere. Selbst wenn das einige nicht gerne hören wollen: Nicht allen Schülern ist es von ihren kognitiven Fähigkeiten her möglich, zum Beispiel Integralrechnung zu begreifen. Bei aller berechtigten Kritik an unserem Schulsystem sollte man sich eines eingestehen: Wenn man Lehrer immer vehementer dazu drängt, zu versuchen, gleiche Ergebnisse trotz unterschiedlicher kognitiver Voraussetzungen zu erzielen, können diese nur scheitern.

Die gute Nachricht: Der nach dem Politologen James R. Flynn benannte Flynn-Effekt scheint durch Testergebnisse in 14 Nationen zu beweisen, dass sich die IQ-Werte zwischen 5 und 25 Punkten pro Generation gesteigert haben. Ob die Ursachen dafür in Verbesserungen in der Bildung, Ernährung, Gesundheitsversorgung liegen oder genetisch bedingt sind, ist noch nicht genau erforscht. Freuen wir uns einfach, dass wir klüger werden.[2]

Entscheidend wäre es zu erkennen, dass es vielfältige Intelligenzen gibt, die die Schule fördern könnte. Howard Gardner, Psychologe an der Harvarduniversität, hat herausgefunden, dass alle Menschen auf mindestens sieben Arten in der Lage sind, die Welt zu erfahren.

Wir können sie mithilfe

- der Sprache,
- des logisch-mathematischen Denkens,
- des räumlichen Vorstellungsvermögens,
- des musikalischen Denkens,

---

2 Korrekterweise muss man darauf hinweisen, dass es aktuelle Untersuchungen gibt, die zeigen, dass der IQ in Industrienationen seit einigen Jahren im Durchschnitt wieder sinkt, nachdem er lange gestiegen ist. Vgl. den Artikel von Nataly Bleuel, Nike Heinen und Tanja Stelzer: »Intelligenzquotient: Wir waren mal schlauer«. In: *Die Zeit* 14/2019.

- der Verwendung unseres Körpers,
- des sozialen Verständnisses andere Menschen
- oder des Verständnisses für uns selbst

verstehen und begreifen.

Ob es sich nun genau um diese sieben Intelligenzen handelt oder eine mehr oder weniger und wie man diese abgrenzt und bezeichnet, ist eine wissenschaftliche Fachdiskussion. Die Erkenntnis, dass wir nicht nur mit unserem Verstand lernen und es mehr als das logisch-mathematische Denken gibt, bleibt in der Wissenschaft aber unumstritten.

Umso verwunderlicher ist daher die Tatsache, dass sich Schulpolitiker mit der Gesamtbevölkerung völlig einig sind, bei welchen Gegenständen der Sparstift zuerst anzusetzen ist:[3] 39,7 Prozent der Befragten sind dafür, Religion, also die spirituelle Dimension des Menschen, 38,5 Prozent Latein, 33,2 Prozent Kunst, 25 Prozent Musik und 14,3 Prozent Sport zu kürzen, um Platz für neue Themen wie Wirtschaft oder digitale Kompetenzen zu schaffen. Mathematik und Deutsch sind dagegen mit nur je 0,9 Prozent Nennungen als zu reduzierende Gegenstände völlig unumstritten.

Sie können jetzt zu Recht entgegnen, dass eben mehr Menschen als Verkäufer, Kellner, Buchhalter, Sachbearbeiter, Manager, Pflegehelfer oder Arzt arbeiten und nur ganz wenige begabte Tänzer, Maler, Musiker oder Sportler so viel Talent haben, dass sie auch davon leben können. Es wird wohl auch in absehbarer Zukunft keine Berufswelt geben, in der die Künstler und Sportler in der Mehrheit sind. Daher sei es wohl selbstverständlich und richtig, dass Mathematik und die Kenntnis der eigenen Sprache die oberste Priorität in unserem Schulsystem haben.

Dem würden Evolutionsforscher entgegenhalten, dass es für das langfristige Überleben der Menschheit notwendig ist, alle unterschied-

3 Umfrage von *GEO Wissen* im Jahr 2003 in Deutschland.

lichen Fähigkeiten zu erhalten und zu entwickeln. Der Genetiker Markus Hengstschläger hat diese These eindrucksvoll in seinem Buch *Die Durchschnittsfalle: Gene – Talente – Chancen*« argumentiert.[4] Das betrifft eben nicht nur Qualitäten, die wir im Augenblick als sehr wichtig einschätzen wie technische und wirtschaftliche, sondern gerade jene, deren Nutzen wir im Augenblick beim besten Willen nicht erkennen können. Langfristig haben wir alle keine Ahnung, ob im 21. Jahrhundert nicht die Philosophie oder die Kunst mit ihren ungeheuren Möglichkeiten viel wichtiger für die Menschheit sein wird, als wir derzeit glauben. Der israelische Historiker Yuval Noah Harari geht in seinem visionären Bestseller *Homo Deus* sogar davon aus, dass sich der Homo sapiens durch Verschmelzung mit Computerintelligenz zu einem höheren Wesen mit überragenden Fähigkeiten entwickeln könnte.

Der Stellenwert, den Gesellschaften unterschiedlichen Begabungen zubilligen, ändert sich im Laufe der Geschichte jedenfalls. So war die Fähigkeit eines Ritters, seinen Gegner mit der Lanze vom Pferd zu stoßen und, so dieser das überlebt hat, ihn dann im Bodenkampf mit dem Schwert zu besiegen, im Mittelalter deutlich wichtiger und angesehener als die Kunst des Lesens und Schreibens. Während heute vermeintliche Finanzgenies, die mit manchmal nicht ganz durchschaubaren Methoden Unmengen von Geld anhäufen, fast wie Popstars verehrt werden, wurde das Geldverleihen gegen Zinsen lange Zeit als besonders verabscheuungswürdiges Gewerbe gesehen. Daher sollte es in der Schule eben nicht nur darum gehen, Menschen auf einen Beruf vorzubereiten, sondern ihre Chancen auf ein glückliches und sinnvolles Leben zu erhöhen. Eine Schule, die uns nur auf das Berufsleben vorbereiten will, tut uns daher wahrlich nichts Gutes. Aber selbst für unsere Karriere brauchen wir sicher weit mehr als Deutsch und Mathematik.

---

4 Markus Hengstschläger: *Die Durchschnittsfalle. Gene – Talente – Chancen.* Salzburg 2012.

Emotionale Analphabeten

»Nie handle man im leidenschaftlichen Zustande, sonst wird man alles verderben ... Sollte aber jemals die Leidenschaft sich der Person bemächtigen, so darf sie doch nie sich an das Amt wagen, und umso weniger, je höher solches ist.«
Baltasar Gracián

Wer sich schwertut, andere Wirklichkeiten anzunehmen, weil er eine vorgefasste Meinung hat, wird in Führungsämtern Probleme bekommen, erkannte schon vor fast 400 Jahren der Jesuit Baltasar Gracián in seinem Werk *Handorakel und Kunst der Weltklugheit.*[5] Der Harvard-Psychologe Daniel Goleman hat die Gültigkeit dieser These überzeugend in seinem Buch *EQ. Emotionale Intelligenz* dargestellt. Er definiert den Begriff durch die folgenden Fähigkeiten: die eigenen Emotionen kennen, Emotionen beeinflussen, Emotionen in die Tat umsetzen, Empathie und Umgang mit Beziehungen. Wer Erfolg im Leben haben will, muss dieses emotionale Alphabet beherrschen. Goleman macht klar, dass formale Ausbildung und ein entsprechender Intelligenzquotient notwendig sind, um einen bestimmten Job zu bekommen, dann aber Emotionale Intelligenz die wichtigste Voraussetzung dafür ist, um diesen Job auch erfolgreich erfüllen zu können. Je höher man in einer Organisation aufsteigt, desto wichtiger wird der Faktor Emotionale Intelligenz. Deshalb haben mittlerweile sechs von sieben Bewertungskriterien, nach denen Firmen neue Mitarbeiter aussuchen, im weitesten Sinn mit Emotionaler Intelligenz zu tun.

Was nützt ein hoher Intelligenzquotient, wenn man emotional ein Trottel ist? Fallen Ihnen nicht einige Beispiele für »hochintelligente Vollidioten« ein, die Sie kennen? Die gute Nachricht: Während der Intelligenzquotient fast nicht steigerbar ist, kann man Emotionale

5 In seinem Buch *Erkenne Dich selbst und erschrick nicht* verknüpft Andreas Salcher die alten Weisheiten von Baltasar Gracián mit dem aktuellen Stand der Wissenschaft.

Intelligenz sehr wohl lernen und im Laufe des Lebens wie einen Muskel trainieren.

Ein Lehrplan des Lebens

Wann hatten Sie im Leben das letzte Mal ein Problem, das tatsächlich ein rein mathematisches oder ein rein fremdsprachliches war? Nehmen wir an, Sie feilschen mit einem Händler in einem Basar an Ihrem Urlaubsort um einen Schmuckanhänger, der Ihnen gefällt.

Sie müssen ständig die Preise, die Ihnen der Händler anbietet, in Euro umrechnen, Ihre Englischkenntnisse einsetzen, den tatsächlichen Wert der Ware bewerten und dabei Ihre heftigen Gefühle wie die innere Kauflust mit Ihren schauspielerischen Fähigkeiten dem Händler gegenüber in Einklang bringen. In der Schule werden Sie auf eine derartige Situation im besten Fall in den streng getrennten Fächern Englisch, Mathematik, Psychologie, Warenkunde und durch die freiwillige Mitarbeit in der hoffentlich nicht wegen Geldmangels gestrichenen Theatergruppe vorbereitet.

Genau um die Verringerung dieser Kluft zwischen dem »Lehrplan der Schule« und den »Lernaufgaben für das Leben« geht es Howard Gardner. Er fordert Schulen, die den Schülern gute Gelegenheit bieten sollen, statt bloßen Fakten und Regeln eigene Erfahrungen und Einsichten zu erwerben, statt überprüfbarer Lernleistungen ein grundlegendes Verständnis über die Dinge dieser Welt zu gewinnen. Es geht ihm um eine Schule des tiefen Verstehens. Gardner beweist in seinem Buch *Der ungeschulte Kopf – Wie Kinder denken* anhand von umfangreichen Untersuchungsergebnissen, dass selbst gut ausgebildete Schüler, die alle äußeren Anzeichen des Erfolgs wie hervorragende Noten und Auszeichnungen durch die Lehrer aufweisen, in der Regel den Unterrichtsstoff zwar wie gefordert wiedergeben, diesen in Wirklichkeit aber nicht anwenden können.[6]

---

6 Howard Gardner: *Der ungeschulte Kopf – Wie Kinder denken.* Stuttgart 2003.

Kinder mit fotografischem Gedächtnis werden in unserem Schulsystem sogar besonders bevorzugt. Sie können auch große Mengen von Stoff ohne großen Aufwand lernen und bis in die Fußnoten reproduzieren.

Lernen Kinder eigentlich gerne?

»Alle Kinder sind geborene Künstler.«
Pablo Picasso

Kinder wollen aus eigener Motivation und Neugier lernen. »Eine neue Stadt zu entdecken, eine neue Sprache zu lernen, löst ein ähnliches Gefühl aus wie die Einnahme von Kokain«, sagt der amerikanische Hirnforscher John Gottman. Daher kommt auch das deutsche Wort »Neugier«. Der Botenstoff Dopamin im Gehirn löst freudige Erregung aus. Dopamin ist in unserem Gehirn dafür verantwortlich, dass wir geradezu süchtig nach Neuem sind. Doch wenn Kinder kaum etwas lieber tun als Neues zu lernen, warum verlieren dann viele von ihnen gerade in jener staatlichen Institution, die wir mit viel Aufwand geschaffen haben, um sie neue Dinge zu lehren, so schnell die Lust am Lernen?

Manche Kinder, die sich im Kindergarten auf die Schule gefreut haben, erleben die ersten Schultage, den Beginn »des Ernstes des Lebens«, noch immer als echten Schock. Auf einmal werden Dinge von ihnen erwartet und gefordert, die für sie keinen Sinn ergeben, wie still sitzen, nicht miteinander reden und das Nachbeten von Vorgebetetem. Wird dann auch noch Druck ausgeübt und korrigiert der Lehrer zu viele Fehler gleich am Anfang, erzeugt das bei den Sechs- bis Siebenjährigen Versagensängste – und Angst ist eine ganz schlechte Lehrmeisterin. Eltern wird dieser Schock meist dann schnell bewusst, wenn ihr Kind nach ein paar Tagen Schule fragt: »Mama, wie lange muss ich denn noch in die Schule gehen?«

Hier ist natürlich Fairness gegenüber den Grundschulen angebracht. Meine Gespräche mit Eltern sowie viele Untersuchungen bestätigen den Eindruck, dass die Zufriedenheit in Grundschulen im Vergleich mit weiterführenden Schulen wesentlich höher ist. In guten Volksschulen wird im ersten Halbjahr ganz bewusst versucht, Lust am Lernen zu wecken. Sollten Sie in der »Glückslotterie« der Volksschulen eine gute Lehrerin erwischt haben, so bieten sich Ihrem Kind die besten Voraussetzungen. Echte Probleme haben vor allem Eltern, die ein schlechtes Los für vier Jahre gezogen haben, weil man dieses fast nicht umtauschen kann. Oder wenn ihr Kind schon in der Volksschule anders ist …

Wirklich schlimm wird für manche Kinder der Wechsel von der Grundschule in die NMS oder an eine höhere Schule. Auf einmal ist nicht mehr eine Lehrerin für sie zuständig, sondern viele völlig fremde Personen beginnen ihre Gegenstände wie Mathematik, Geschichte oder Deutsch zu unterrichten. Dabei vergessen Lehrer leicht, dass es außer ihrem Gegenstand noch jemanden im Klassenzimmer gibt: die Schüler.

Fragen an Eltern: Macht Ihrem Kind das Lernen wirklich Freude? Nutzt die Schule die Neugier Ihres Kindes, möglichst viel über die Welt zu erfahren? Und versteht Ihr Kind die gelernten Dinge auch? Diese Fragen sich selbst und dem Kind immer wieder zu stellen, ist die spannende Herausforderung für engagierte Eltern – weit wichtiger, als Hausübungen zu überprüfen und das Kind für die nächste Schularbeit zu trainieren.

Wenn Kinder Gott zeichnen

Eine Volksschullehrerin geht in der Klasse umher und beobachtet die Kinder beim Malen. Sie beugt sich über die Schultern der kleinen Anna und fragt:
»Was malst du denn da?«

»Ich male ein Bild von Gott.«
»Aber kein Mensch weiß, wie Gott aussieht.«
»Na, dann warte noch ein paar Minuten.«

Begabte Kinder sind ein bisschen anders. Unser Schulsystem hat sich schon immer schwergetan, Hochbegabte zu erkennen, wie schwer tut es sich erst, die Talente von normal begabten Kindern zu entdecken. Eines der größten Defizite unserer Lehrerausbildung ist die Tatsache, dass zukünftige Lehrer über das Erkennen von Begabungen wenig bis gar nichts lernen. So wie ein guter Hausarzt zumindest alle wesentlichen Symptome kennen muss, um seinen Patienten im Ernstfall an einen Fachkollegen verweisen zu können, sollte die Vermittlung der Grundkenntnisse der Begabungsforschung ein verpflichtender Schwerpunkt der Lehrerausbildung sein. Sonst verschwenden wir weiter den wichtigsten Rohstoff unseres Landes – die Talente unserer Kinder. Das ist langfristig existenzbedrohend.

Karin M. ist ein Beispiel für eine Schülerin, deren größte Begabung auf einem Gebiet liegt, das normalerweise in unserem Schulsystem nicht anerkannt wird. Sie erbrachte in der Sir-Karl-Popper-Schule immer durchschnittliche Leistungen, auffallend war ihr soziales Engagement. Das machte sie für die Schule nicht immer einfach. Aber man gab dieser im traditionellen Lehrplan nicht vorgesehenen Kompetenz großen Raum und förderte sie. Nach der Matura ging Karin nach Großbritannien, um im Rahmen eines Sozialjahres schwer erziehbare Kinder zu betreuen. Eine Herausforderung, die teilweise nicht nur an, sondern über ihre Grenzen ging. Danach bewarb sie sich in Cambridge und wurde nicht nur aufgenommen, sondern erhielt auch eines der nur an wirklich außergewöhnlich Begabte verliehenen Leistungsstipendien. Diese Erfolgsgeschichte erfüllt den damaligen Direktor Günter Schmid heute noch mit großem Stolz, »weil wir eine wirklich herausragende Begabung fördern konnten und uns nicht auf die Schwächen der Schülerin konzentriert haben. Karin M. ist heute bei einer internationalen Entwicklungshilfeinstitution in führender Stellung tätig.«

Ein zweites positives Beispiel aus dem Stiftsgymnasium Melk zeigt, dass Theaterspielen und Schulerfolg kein Widerspruch sind. Pater Martin, der dieses Projekt betreute, wurden von der Schule zwölf Schüler vorgeschlagen, mit denen er das Musical *Joseph and the Amazing Technicolor Dreamcoat* von Andrew Lloyd Webber aufführen sollte. »Ich war anfangs ehrlich gesagt wenig begeistert von der Auswahl und wollte die Gruppe durch einige Mädchen, die Brüder spielen sollten, ein wenig energetisieren. Es herrschte große Skepsis, ob es Sinn machte, gerade Peter L., einem 17-Jährigen, der mit großen Lernschwierigkeiten kämpfte, scheinbar wertvolle Zeit zum Lernen zu nehmen. Es ging wirklich sehr zäh am Anfang, weil nicht alle Kinder Sing- und Bewegungstalente waren. Doch irgendwann sprang der Funke über. Die Jugendlichen waren nicht mehr von den Proben wegzubringen, es entstanden Ideen für Choreografien aus der Gruppe selbst. Es wurde eine fulminante Aufführung, die mehrmals wiederholt wurde. Der entscheidende Punkt war für mich aber, dass sich Peter L. in allen Gegenständen im Gymnasium deutlich verbesserte und diese Klasse die für ihn beste in seiner gesamten Schulkarriere wurde. Es gibt ganz offenkundig einen Zusammenhang zwischen Freude an der Schule insgesamt und Leistungen.«

Große Talente setzen sich ohnehin im Leben durch – oder?

Wissenschaftlich hat M. H. Oden[7] den Zusammenhang zwischen richtiger Förderung von Hochbegabung und dem daraus resultierenden Lebenserfolg untersucht. Diese und eine Reihe von anderen Untersuchungen machen deutlich, dass ein hohes Begabungspotenzial allein nicht ausreicht, sondern dass sehr wohl eine kompetent fördernde Umwelt notwendig ist.

7 Melita H. Oden: »The Fulfillment of Promise: 40 Year Follow Up of the Terman Gifted Group«. In: *Genetic Psychology Monographs* 77/1968, S. 3–93.

Die menschlich noch weit tragischere Variante der mangelnden Entdeckung von Hochbegabten liegt in den »hochbegabten Schulversagern«. Wilhelm Wieczerkowski legt den Mechanismus offen, der hochbegabte Schüler in der Schule scheitern lässt.[8] Hochbegabte machen oft schon in der Kindheit die Erfahrung, dass sie durch ihr ständiges Fragen sowie durch die im Vergleich zu Normalbegabten schnellere Auffassungsgabe weder von ihren Lehrern noch von ihren Kameraden soziale Wertschätzung beziehen. Sie reagieren auf dieses von ihnen wahrgenommene »Anderssein« oft mit einer bewussten Flucht in die Leistungsvermeidung.

Die andere beobachtete Verhaltensvariante ist der Rückzug in die eigene Person, was oberflächlich als totales Desinteresse am Unterricht empfunden wird. Das Elend der besten Schüler besteht dann in der sozialen Isolierung, sie werden als Besserwisser und Streber gebrandmarkt und gelten als Störenfriede und Querulanten. Soziales Wohlbefinden durch Angenommenwerden ist eben ein wesentlicher Lernfaktor. Um der Isolierung in der Klasse zu entgehen, erbringen solche Kinder manchmal unbewusst oder absichtlich schlechtere Leistungen.

Es ist daher eine völlige Illusion zu glauben, dass besonders Begabte ohnehin privilegiert seien und jede zusätzliche Förderung daher ungerecht wäre. Sie sind sehr oft unglückliche und sozial isolierte Menschen – was jeder, der die oft tragischen Lebensgeschichten von Hochbegabten studiert hat, sofort erkennen wird. Wäre die Familie Mozarts nicht selbst sehr musikalisch gewesen oder der Vater Picassos kein Maler und Kunstlehrer gewesen, was wäre aus diesen Talenten geworden? Es ist ein wissenschaftlich widerlegter Mythos, dass sich Begabte automatisch durchsetzen. Sie bedürfen vor allem eines rechtzeitigen Erkennens ihres Talentes und einer kompetenten Förderung.

---

8 Dörte Schubert: »Entdeckung der Hochbegabten«. In: *Die Zeit* 16/1985.

Das Drama der Naturwissenschaften in Österreich

Für einen der wichtigsten österreichischen Naturwissenschaftler, den Genetiker Markus Hengstschläger ist es einfach nicht »chic«, Naturwissenschaften zu studieren. Es fehlen die Helden der Forschung. Kindern, die trotzdem die Wissenschaftskarriere anstreben, wird oft von den Eltern abgeraten, weil sie diese Laufbahn als sehr schwierig und vor allem als wenig lukrativ sehen. Nun könnte man vielleicht anmerken, dass Österreich eben immer ein Land der großen Musiker, Maler und Schriftsteller war und in den Wissenschaften eher bedeutende Geisteswissenschaftler wie Sigmund Freud hervorgebracht habe. Naturwissenschaften seien eher eine Sache der Deutschen und Amerikaner gewesen. Dieses Klischee entspricht nur nicht der Wahrheit. Ganz im Gegenteil. Denken wir nur zum Beispiel an den Entdecker der Blutgruppen Karl Landsteiner, an den »Vater« der Quantenphysik Erwin Schrödinger oder an den Verhaltensforscher Konrad Lorenz. Wussten Sie, dass in ein und derselben Maturaklasse des Bundesgymnasiums XIX in der Gymnasiumstraße 83 in Wien zwei spätere Nobelpreisträger der Naturwissenschaften saßen? Es waren dies Wolfgang Ernst Pauli, der als einer der wichtigsten Physiker des 20. Jahrhunderts gilt, und Richard Kuhn, der 1938 den Nobelpreis für Chemie erhielt. Zwei künftige Nobelpreisträger für Physik und Chemie in einer Wiener Maturaklasse!

Warum Buben in der Volksschule nicht zuhören können

Fast 80 Prozent der Kinder mit akuten Lernproblemen sind Buben. Zwei Drittel der Klienten von Kinder- und Jugendpsychiatern sind Buben. Der Anteil der Buben, die von Sonderschulpädagogen betreut werden, ist deutlich höher als jener von Mädchen. Von der Hyperaktivitätsstörung ADHS sind 9,2 Prozent der Buben und nur 2,9 Prozent der Mädchen betroffen. Egal ob in Österreich, Deutschland oder

der Schweiz, die Zahlen sprechen überall die gleiche deutliche Sprache. Buben bleiben auch doppelt so oft sitzen wie Mädchen. Besonders beim Leseverständnis hinken Buben in der Volksschule den Mädchen deutlich nach, vom Schönschreiben gar nicht zu reden.[9] Ist unsere Schule bubenfeindlich – oder noch klarer formuliert: Werden die Buben in der Schule diskriminiert?

Wenn die Volksschullehrerin einen Buben mit den Worten »Du hast schon wieder nicht zugehört« ermahnt, dann stimmt das fast immer – es muss aber keineswegs eine böse Absicht dahinterstecken. Buben nehmen die Welt viel intensiver mit den Augen und durch ihr Handeln wahr, während Mädchen die Welt primär durch Hören erfassen. Mädchen hören der Lehrerin daher gerne zu, sind also »braver« und bekommen gute Noten, während Buben in der Volksschule große Probleme damit haben, konzentriert zuzuhören. Buben sind aber deshalb nicht krank oder schlechtere Schüler. Krank ist eine Schule, die die Verabreichung von Ritalin gegen Aufmerksamkeitsstörungen – primär an Buben – in den letzten Jahren dramatisch gesteigert hat.

Da Mädchen gerade in den am Beginn der Volksschule hoch bewerteten Gegenständen wie Schönschreiben, Singen, Lesen und Zuhören den Buben um circa zwei Jahre voraus sind, verschiebt sich der Bewertungsmaßstab oft zulasten der Buben. Erfahrungen von Volksschullehrerinnen zeigen, dass die Leselust bei Buben viel mehr von der Attraktivität des Lesestoffs abhängt als bei Mädchen, die an sich leichter lesen lernen.

Tatsache ist, dass die Nichtberücksichtigung der unterschiedlichen Entwicklungsphasen von Buben und Mädchen in der Volksschule zu Verlusten bei beiden Gruppen führt. Doris Bischof-Köhler liefert in ihrem lesenswerten Buch *Von Natur aus anders – Die Psychologie der Geschlechterunterschiede* eine sehr gute Analyse der komplexen Zusammenhänge, die die Wissenschaft über die Unterschiede

9 Erika Pichler: »Die Schule ist bubenfeindlich«. In: *Salzburger Nachrichten*, 2. November 2007.

im Konfliktverhalten, Selbstvertrauen, Machtanspruch und Konkurrenzdenken zwischen den Geschlechtern herausgefunden hat. Eine Ursache ist, dass das Selbstwertgefühl von Burschen und Mädchen schon in der Schule anders entwickelt wird. Fragt man die besten Buben nach einem Schulaufsatz, warum es ihnen gelungen ist, so einen großartigen Aufsatz zu schreiben, so antworten sie »Bei diesem Thema kenne ich mich einfach gut aus« oder »In Deutsch bin ich immer der Beste«. Stellt man den besten Mädchen dieselben Fragen, dann hört man »Da habe ich Glück gehabt, weil genau auf dieses Thema habe ich mich gut vorbereitet« oder »Das habe ich zu Hause geübt«. Fragt man umgekehrt die schlechtesten Schüler, warum sie eine negative Note geschrieben haben, kommen Antworten wie »Dieses Thema war gar nicht angekündigt, das war unfair« oder »Die Lehrerin mag mich einfach nicht«. Die schlechtesten Schülerinnen antworten dagegen: »Ich habe nicht genug geübt«, »Das war zu schwer für mich. Ich bin da einfach nicht gut genug«.

Zu ähnlichen Ergebnissen kommen Studien, die die im englischen Sprachraum unter Kindern populären Buchstabierwettbewerbe untersuchten. Buchstabieren ist eine Disziplin, in der Mädchen in der Regel besser abschneiden als Burschen, und innerhalb einer Klasse können alle ziemlich genau die unterschiedlichen Fähigkeiten einschätzen. Ließ man Mädchen gegen Mädchen antreten, dann wagten diese nur dann den ersten Versuch, wenn sie wussten, dass die Kontrahentin nicht besser war als sie selbst. Wetteiferten dagegen die Jungen miteinander, so meldeten sich diese auch, wenn sie wussten, dass der andere besser war. Die unterlegenen Jungen ließen trotz wiederholter Misserfolge nicht von ihrer Strategie ab, selbst wenn sie von den anderen dafür ausgelacht wurden. Es ist unschwer zu erraten, was passierte, als man die Jungen gegen die Mädchen antreten ließ. Letztere meldeten sich auch dann nicht, wenn sie sich ganz sicher sein konnten, dass sie besser als ihr Gegenspieler waren. Mädchen kamen überhaupt nur zu Punkten, weil sie einfach besser im Buchstabieren waren. Das Experiment machte deutlich, dass sich die Burschen auch durch offensichtliche Misserfolge in ihrem Selbstvertrauen nicht erschüttern ließen und eher zur Selbstüberschätzung neigten. Mädchen bewerteten ihre Leistungen nicht nur realistischer, sondern im Gegenteil sogar negativer, als sie tatsächlich waren.

Ich glaube daher, der Hauptgrund für das Auseinanderklaffen der Schulleistungen von Mädchen und Buben in der Schule liegt weder in der Tatsache, dass Volksschullehrer fast ausschließlich ein Frauenberuf geworden ist, noch in einer bewussten Diskriminierung von Buben oder Mädchen. Nein, wie in vielen anderen Bereichen in diesem Kapitel dargestellt, ist es die Unfähigkeit unseres Schulsystems, Kinder in ihrer Individualität wahrzunehmen und zu fördern. Für Achtsamkeit und Genauigkeit ist keine Zeit vorgesehen.

Dass sich Kinder vor allem zwischen sechs und zehn Jahren sehr individuell entwickeln, fand vor über 100 Jahren schon Maria Montessori heraus. Während also die Schulbücher in den Volksschulen heute noch immer davon ausgehen, wann ein sieben Jahre altes Kind was schon genau zu können hat, waren Montessori und ihr französischer Kollege Alfred Binet strikt dagegen, Kinder nach Lebensaltern zu sortieren. Sie gingen davon aus, dass es Kinder zu ganz bestimmten Tätigkeiten ziehe, wenn sie innerlich dazu bereit sind. Eltern könnten Volksschullehrern daher sehr dabei helfen und ihnen (den Volksschullehrern) mitteilen, wann sich ein bestimmtes Lernfenster bei ihrem Kind gerade geöffnet hat. Diese individuelle Förderung, die im Interesse des Kindes wäre, ist aber heute fast nie im System der öffentlichen Regelschule vorgesehen – und auch nicht im Zeitbudget der Eltern.

Volksschullehrer spielen Schicksal

Die Entscheidung über die Zukunft von Volksschülern nach der vierten Klasse ausschließlich einer einzigen Volksschullehrerin zu überlassen, bedeutet eine Überforderung. Sie wird ungeheurem sozialen

Druck ausgesetzt, der in den letzten Jahren ständig zugenommen hat. Sind die Eltern selbst Akademiker oder Maturanten, wird die Volksschullehrerin mit einem Waffenarsenal, das von der sanften Bestechung bis zur wilden Drohung reicht, gezwungen, dem Kind die notwendige AHS-Reife zu bescheinigen, unabhängig vom Talent des Kindes. Mit dieser Fehlentscheidung für die AHS beginnt oft ein unendlicher Leidensweg für das Kind.

Kinder aus Arbeiter- oder Migrantenfamilien müssen dagegen oft ungeheure Hürden überwinden. Die soziale Ablehnung in der eigenen Familie ist gerade für Kinder eines der schlimmsten Dinge. Da bedarf es schon eines herausragenden Talents und eines sehr engagierten Lehrers oder Verwandten, der genügend Druck auf die Eltern ausübt, um dem Kind seine Lebenschance zu eröffnen. Für viele Kinder aus bildungsfernen Schichten endet ihre höhere Bildungskarriere sehr früh, besonders wenn kulturelle Prägungen Mädchen zur frühen Heirat zwingen. Direktorinnen Wiener NMS berichten immer wieder davon, dass 15- und 16-jährige Mädchen nach den Sommerferien nicht mehr in die Schule zurückkommen, weil sie in ihren Herkunftsländern »verheiratet« wurden.

Die Mehrheit aller Kinder an höheren Schulen erhält dagegen zumindest in einem Gegenstand Nachhilfeunterricht. Entweder durch die Eltern selbst, so sie dazu aufgrund ihrer eigenen Bildung in der Lage sind, oder auf dem explodierenden Markt für Nachhilfe. Spätestens dann ist der Traum für Kinder aus einfachem Haus schnell ausgeträumt. Zum schlechten Gewissen den Eltern und Geschwistern gegenüber gesellt sich auch noch die Versagensangst. Für Nachhilfeunterricht ist kein Geld da und die Eltern sind meistens außerstande, selbst zu helfen.

Das Versagen unseres Regelschulsystems, das die Mehrheit aller Schüler nicht ausreichend befähigt, um die vorgegebenen Lernziele ohne Nachhilfe zu erreichen, wird dann besonders auf dem Rücken der ohnehin sozial benachteiligten Kinder ausgetragen. Wer kennt nicht Beispiele von Kindern, die durch eine falsche Entscheidung der Eltern um ihre Lebenschance gebracht wurden? Wenn wir weiter zulassen, dass jedes Jahr Tausende talentierte Kinder aussortiert werden, nur weil sie in Arbeiter- oder Migrantenfamilien hineingeboren wurden, sind wir nicht nur Mittäter einer himmelschreienden Ungerechtigkeit, sondern vernichten auch unser Zukunftspotenzial. Denn es sind gerade die unteren Bildungsschichten, die besonders zum Bevölkerungswachstum beitragen, weil sie oft drei und mehr Kinder haben.

Das falsche Wertesystem unseres Erziehungswesens

> *»Ein Schulmeister hat lieber zehn notorische Esel als ein Genie in seiner Klasse, und genau betrachtet hat er ja recht, denn seine Aufgabe ist es nicht, extravagante Geister heranzubilden, sondern gute Lateiner, Rechner und Biedermänner.«*[10]
> *Hermann Hesse*

Seit der Schulzeit von Hermann Hesse hat sich nicht viel geändert. Der Grundkonsens ist, dass der Schüler keine Schwierigkeiten haben soll, die Schule zu bewältigen, gut durchzukommen und ein braver, angepasster Schüler zu sein.

Das Ideal des deutschen und des österreichischen Schulsystems ist die Ausbildung zum mittelmäßigen Zehnkämpfer, der in allen geforderten Disziplinen möglichst achtbare Leistungen erbringt. Dem talentierten Langstreckenläufer wird ständig sein Versagen im Kugelstoßen, dem begabten Hürdenläufer seine Schwäche im Stabhochsprung vorgeführt. Es herrscht eine fatale Konzentration auf das Versagen und die Dokumentation des Versagens. Lernen heißt für den Schüler, zu 80 Prozent zu lernen, was ihn nicht interessiert oder vor dem er sogar Angst hat. Wir impfen unseren Kindern früh die Furcht ein, etwas falsch zu machen. Die Konsequenz ist, dass wir

10 Hermann Hesse: *Unterm Rad.* Frankfurt am Main 2002.

Kinder weg von ihren kreativen Potenzialen erziehen. Der kalte Mechanismus, mit dem in der Schule gegen einseitige Begabungen gekämpft wird, schafft oft lebenslanges Leid. Die gleiche Behandlung Ungleichartiger ist daher die größte Benachteiligung.

Eine einfache Wahrheit oder Warum die besten Schulen der Welt nicht mehr kosten als die schlechtesten

Unter Flugzeugpiloten galt früher die Weisheit, dass die Russen die schlechtesten Flugzeuge, aber die besten Piloten und die Chinesen die besten, weil westlichen Flugzeuge, aber die schlechtesten Piloten hätten. Der Albtraum jedes Passagiers wäre daher, in ein russisches Flugzeug zu steigen und von einem chinesischen Piloten freundlich begrüßt zu werden. Eines ist aber in der Luftfahrt unumstritten: Es kommt auf den Piloten an. Ich bin zwar kein Pilot, gehöre jedoch dem exklusivsten Klub aller Flugreisenden an. Nein, ich meine nicht die Senator oder gar die HON Class der Lufthansa. Am Sonntag, den 29. September 1995, krachten wir um 23.37 Uhr im Landeanflug auf Wien-Schwechat im dichten Nebel in einen Wald. Der Aufprall riss die beiden Tragflächen der Cessna 340 weg. Wie durch ein Wunder konnten sich meine fünf Mitpassagiere und ich aus dem brennenden Flugzeug retten. Ich zähle zu jener sehr kleinen Gruppe von Menschen, die nicht nur einen Flugzeugabsturz hatte, sondern diesen auch überlebte. Glauben Sie mir – beim Fliegen kommt es auf den Piloten an. Und was die Qualität unserer Schulen betrifft, glauben Sie mir bitte auch, kommt es auf die Lehrer an.

Singapurs Schulen sind leistungsstark und kosten wenig

Trotz des massiven Anstiegs der jährlichen Bildungsausgaben nahezu aller OECD-Staaten und vieler ambitionierter Reformvorhaben hat sich die Qualität der meisten Schulsysteme in den letzten Jahrzehnten kaum verbessert – in einzelnen Ländern dürfte sie sogar schlechter geworden sein. Es gibt aber sehr wohl große Unterschiede in der Qualität zwischen den einzelnen Nationen. So erreicht weniger als ein Prozent der Kinder in Afrika auch nur das durchschnittliche Leistungsniveau der Kinder in Singapur. Singapur hat unbestritten eines der Top-Schulsysteme der Welt, wenn man die Leistungen der Schüler als wichtigstes Kriterium wertet. An dieser Stelle soll ausdrücklich erwähnt werden, dass Singapur keine Demokratie im westlichen Sinne ist und die Schüler und Eltern einen hohen Preis für den enormen Leistungsdruck dieses Systems zahlen. Davon unabhängig beeindrucken jedenfalls die hochwertige Ausstattung aller Schulen, die exzellente Lehrerauswahl und -weiterbildung sowie das damit verbundene hohe Ansehen des Lehrerberufs. Staatsgründer Lee Kuan Yew machte das Bildungssystem zur nationalen Toppriorität und dieses war ein entscheidender Faktor beim Aufstieg Singapurs vom »Armenhaus« Malaysias zu einem der reichsten Länder der Welt.

Überraschen wird den Leser wahrscheinlich ein Vergleich der Kosten des Schulsystems von Singapur mit denen von 30 OECD-Ländern. 27 Länder geben in diesem Vergleich mehr für ihre Schulen aus als Singapur. Singapur ist offenbar großartig bei den Leistungen seiner Schüler und sparsam mit den Steuergeldern.

Das sollte uns vor allem deshalb zum Nachdenken geben, weil Österreich zu den absoluten Spitzenreitern bei den Ausgaben zählt und im Vergleich dazu sehr bescheiden bei den Ergebnissen ist.[1] Auch Deutschland investiert deutlich mehr Geld in seine Schulen mit wesentlich schlechteren Ergebnissen als Singapur.

Nun gehört die Aufgabe, jedes Jahr Millionen von Kindern auf das Leben vorzubereiten, sie mit den Grundfertigkeiten wie Lesen, Schreiben und Rechnen auszurüsten, ihnen aber auch bei der Ent-

1 OECD: *Education at a Glance 2007: OECD Indicators*. Paris 2007.

wicklung ihrer individuellen Talente zu helfen, zweifellos zu den größten denkbaren Herausforderungen. Was ist also das Geheimnis jener wenigen Länder, die mit geringen Kosten herausragende Ergebnisse erzielen? Denn neben Südkorea und Singapur mit ihren extremen Leistungskulturen gibt es durchaus auch einige andere Staaten, deren Schüler Spitzenleistungen erbringen, wie Kanada oder Finnland. Welches verborgene Wissen besitzen sie?

Um das herauszufinden, untersuchte die Unternehmensberatung McKinsey & Company 25 Schulsysteme weltweit, darunter die zehn besten.[2] So komplex diese Aufgabenstellung war, wenn man all die nationalen Unterschiede und verschiedenen Bewertungskriterien berücksichtigt, so überraschend eindeutig und klar sind die Ergebnisse. Die McKinsey-Studie bringt etwas auf den Punkt, das wir alle in unserer Schulzeit ohnehin immer schon geahnt haben. Die Vorschläge dieser Studie sind so einfach, dass wir alle Schulreformkommissionen heimschicken und uns gemeinsam auf eine nationale Zielsetzung einigen können.

Und die gute Nachricht für die Steuerzahler, die immer mehr Geld für immer schlechtere öffentliche Schulen aufbringen müssen: Eine deutliche Verbesserung unseres Schulsystems kostet uns langfristig nicht mehr, sondern weniger Geld, wenn wir es in die einzige Sache investieren, die tatsächlich einen Einfluss auf die Leistungen und die Talententwicklung unserer Kinder hat – unsere Lehrer.

Die McKinsey-Studie kommt zu dem Ergebnis, dass sich die wenigen herausragenden Schulsysteme der Welt auf drei Dinge konzentrieren:

1. Die richtigen Menschen für den Lehrerberuf zu gewinnen und auszuwählen.

2. Diese dann ständig in ihren Fähigkeiten weiterzuentwickeln, um sie zu bestmöglichen Lehrern zu machen.

---

2 Michael Barber und Mona Mourshed: *How the World's Best-performing School Systems Come Out on Top*. (McKinsey & Company Report). New York 2007.

3. Ein Schulsystem zu schaffen, das alle Anstrengungen darauf konzentriert, dass jedes Kind den bestmöglichen Unterricht in seiner Klasse erhält.

Diese Prinzipien haben sich unabhängig von der jeweiligen Kultur des Landes bewährt. Die Umsetzung jener Ziele ist in kurzer Zeit möglich und hat eine signifikante Steigerung der Qualität des nationalen Schulsystems zur Folge, wo immer diese Ziele energisch verfolgt werden. Und die Erreichung dieser Ziele hängt nicht vom für das Bildungssystem ausgegebenen Geld ab.

Es ist in hohem Ausmaß die Fähigkeit des Lehrers, die jeden Tag darüber entscheidet, ob Kinder die Welt ein bisschen besser verstehen, ihren Eltern mit Begeisterung davon erzählen, was sie wieder Neues gelernt haben, und sich darauf freuen, am nächsten Tag wieder in die Schule zu gehen. Dagegen wäre es naiv zu glauben, dass wir die Qualität des Unterrichts in der Klasse erhöhen können, nur weil wir Änderungen in der Schulstruktur durchführen. Diese Tatsachen beweist auch die größte je durchgeführte Vergleichsstudie über Schulsysteme.

Die John-Hattie-Meta-Studie oder Was wirklich zählt in Schulsystemen

Die Metastudie *Visible Learning* des neuseeländischen Bildungsforschers John Hattie aus dem Jahr 2009 beruht auf der Auswertung von circa 50 000 Studien zum Thema Lernerfolg. Hattie identifiziert 138 Einflussfaktoren zum Lernerfolg, die auf einer Synthese aller englischsprachigen Studien zur empirischen Unterrichtsforschung beruhen. Dabei kommt er zum fast deckungsgleichen Ergebnis wie die McKinsey-Studie.

Den stärksten Einfluss auf das Lernergebnis der Schüler haben alle Faktoren, die sich auf

- das Lehrerverhalten,
- die Qualität des Unterrichts und
- das wechselseitige motivationsfördernde Feedback zwischen Lehrern und Schülern beziehen.

Am Ende der Hattie-Rangskala befinden sich überwiegend strukturbezogene Einflussfaktoren. So sind Merkmale in Zusammenhang mit einer klassen-, schultyp- oder schulformbezogenen Eingruppierung der Schüler nach ethnischer Zugehörigkeit, Religion, Geschlecht oder Leistungsfähigkeit nicht sonderlich »wirkungsvoll« und finden sich in den unteren Rängen der Werteskala wieder. Selbst die Unterschiede zwischen privaten und öffentlichen Schulen sind weit geringer als angenommen, viel größer sind die Unterschiede zwischen einzelnen Klassen an ein und derselben Schule. Auch die bei Lehrern, Schulpolitikern und Eltern beliebte Lösung der Reduzierung von Klassengrößen entlarvt Hattie als sehr teuer, aber dafür weitgehend unbedeutend für den Lernerfolg. Die Maßnahme landet daher erst an 106. Stelle von 135 Einflussfaktoren. Schlechte Pädagogik wird offenbar um nichts besser, nur weil 25 statt 30 Kinder in einer Klasse sitzen.

In Österreich kostet die Senkung der Klassenschülerhöchstzahlen 332 Millionen Euro pro Jahr. Durchschnittlich sitzen in einer Schulklasse der Mittelstufe hierzulande übrigens nicht 25, sondern 18 Schüler, was deutlich unter dem OECD-Schnitt ist. PISA-Koordinator Andreas Schleicher dazu: »Nicht auf die Summe, sondern auf die Art der Investitionen kommt es an. Wenn sich erfolgreiche PISA-Länder zwischen kleineren Klassen oder besseren Lehrern entscheiden müssen, wählen alle die besseren Lehrer. Diesen Ländern gelingt es meist, die besten Lehrkräfte für die schwierigsten Klassen und die besten Schulleiter für die schwierigsten Schulen zu gewinnen. Ein Beispiel: In Schanghai wird eine Schule mit reichen Ressourcen mit einer schwachen Schule verknüpft, sie ist verpflichtet, der schwachen Schule zu helfen – mit Kompetenzen, nicht nur mit Geld. Wenn dort besonders erfolgreiche Lehrer weiterkommen wollen, müssen sie an einer schwachen Schule unterrichten. Aber man versucht auch, das gesamte Berufsfeld für Lehrer attraktiver zu machen.«[3]

Die Aussagen über den geringen Nutzen der generellen Senkung von Klassenschülerhöchstzahlen treffen meiner Meinung nach aber nicht auf echte soziale Brennpunktschulen zu. In Österreich sind die Lasten unter den Lehrern extrem ungleich verteilt. Natürlich ist eine Volksschullehrerin mit 25 Schülern, von denen zwei Drittel überhaupt nicht und der Rest nur sehr schlecht Deutsch sprechen, völlig überfordert. Dort müsste man für einen bestimmten Zeitraum auf zwölf Kinder pro Klasse gehen. In den Kindergärten gehören die Gruppengrößen überhaupt von 20 auf 8 drastisch gesenkt. In einer AHS-Klasse eines wohlhabenden Bezirks, in dem mehr als die Hälfte der Schüler Nachhilfe erhält und die Eltern zusätzlich mit ihnen regelmäßig lernen, macht es dagegen pädagogisch keinen Unterschied, ob 25 oder 30 Schüler in der Klasse sitzen. Alle, die beim Lesen jetzt laut protestieren wollen, mögen sich an den harten Fakten orientieren: Bei den Tests zur Bildungsleistung der Schüler bildet Berlin zusammen mit Hamburg und Bremen regelmäßig das Schlusslicht in der Rangtabelle der deutschen Bundesländer. Kein deutsches Bundesland hat bezogen auf die Zahl der Schüler so viele Lehrer wie Berlin. Die besten Schulleistungen erbringt dagegen ausgerechnet Bayern, das unter allen deutschen Bundesländern relativ zur Schülerzahl die wenigsten Lehrer vorzuweisen hat.

Was sollten wir tun? Laut John Hattie zählt die fachspezifische Lehrerfortbildung zu den wirkungsvollen positiven Einflussfaktoren für den Unterricht und das Lernen. Eine wichtige Aussage für ein Land wie Österreich, das sich bisher noch immer nicht zu einer regelmäßigen verpflichtenden Lehrerfortbildung durchringen konnte.

---

3 Andreas Schleicher im Interview mit dem *Kurier* am 5. Oktober 2018.

Exzellente und schlechte Lehrer – Der Vergleich macht Sie sicher

Die wesentliche Erkenntnis der McKinsey-Studie, dass es tatsächlich vor allem um die Qualität der Lehrer geht, stimmt auch mit Studien überein, die auf der Ebene des individuellen Schülers durchgeführt wurden. So untersucht eine aufwendige Studie, die im US-Bundesstaat Tennessee durchgeführt wurde, wie sich die Leistungen von zwei durchschnittlichen achtjährigen Schülern innerhalb von drei Jahren entwickelt haben. Einer bekam einen besonders guten, der andere einen besonders schlechten Lehrer. Die Leistungen des Schülers mit dem exzellenten Lehrer waren nach drei Jahren um 50 Prozent besser als die des Schülers mit dem schlechten Lehrer. Sicherlich, man kann lange darüber diskutieren, ob der eine Lehrer wirklich so gut und der andere so schlecht war oder ob es andere Ursachen im Familienumfeld der beiden Schüler gab, die zu den Leistungsunterschieden führten.

Solche Debatten haben nur die Wirkung von Nebelgranaten, die eine Tatsache verhüllen sollen, die offenkundig ist: Es geht um die Lehrer. Es geht darum, die hervorragendsten Universitätsabsolventen des Landes zu motivieren, sich als Lehrer zu bewerben, dann die Besten von ihnen auszuwählen und diesen Möglichkeiten zu bieten, damit sie ihre Berufung mit viel Freude und hohem gesellschaftlichen Ansehen verwirklichen können. Eltern sollten sich nicht länger einreden lassen, dass ihr Kind untalentiert und unwillig sei. Ihre Kinder haben ein Recht auf exzellente Lehrer – und Eltern die Verantwortung, diese bei ihrer anspruchsvollen Aufgabe zu unterstützen.

Alles andere als die Konzentration darauf, die besten Absolventen als Lehrer zu gewinnen, ist eine Verbrennung von Steuergeldern und die Fortsetzung der systematischen Vernichtung der Talente unserer Kinder. In den besten Schulsystemen der Welt

- gehören die Lehrer zu den zehn Prozent der Besten ihres Faches an der Universität.
- wird der Lehrberuf von Studenten als eine der drei attraktivsten Karrieremöglichkeiten gesehen.
- werden nur die besten Bewerber für das Lehramt tatsächlich aufgenommen.

Finnland zeigt uns vor, wie man großartige Lehrer gewinnt, wenn man ihnen den hohen Stellenwert in der Gesellschaft gibt, den sie verdienen. Da liegt die Chance. Die nächste Generation wird eine noch höhere soziale Motivation als jede ihrer Vorgänger haben. Ist das nur verklärtes Wunschdenken?

Ein positives Beispiel, dass es sehr wohl gelingen kann, herausragende Universitätsabsolventen für den Lehrerberuf zu gewinnen, ist Teach For All. In Österreich heißt die Organisation Teach For Austria (*www.teachforaustria.at*) und in Deutschland Teach First (*www.teachfirst.de*). Das zweijährige Leadership-Programm bringt besonders engagierte Hochschulabsolventen unterschiedlichster Fachrichtungen als Vollzeit-Lehrkräfte an herausfordernde Schulen, meist NMS in sozial schwachen Gebieten. Das Programm richtet sich nicht an Lehramtsstudenten, sondern Topabsolventen anderer Studienrichtungen. Die sogenannten Fellows unterrichten Kinder und Jugendliche, die ein hohes Risiko für einen frühen Ausbildungsabbruch haben. Ich unterstütze Teach For Austria seit seinem Start in Österreich als Mentor.

Viele der besten Universitätsabsolventen wollen nicht einen Job mit mehr Geld, sondern mit mehr Sinn. Darin liegt die riesige Chance, idealistische und hoch qualifizierte Kandidaten für den Lehrberuf zu gewinnen. Wir müssen dem Beruf des Lehrers nur wieder jenen Stellenwert geben, den er verdient. Noch viel wichtiger als die zumindest wertschätzende Bezahlung von Lehrern ist der soziale Status, den die Lehrer in ihrem Land haben. Lehrer darf eben keine resignative Berufswahl sein.

Chirurgen werden im OP ausgebildet – Gott sei Dank

Ein ganz wichtiges Thema ist – wenig überraschend – die Lehrerausbildung. In fast allen hoch qualifizierten Berufen wird ein Großteil der Ausbildung selbstverständlich in der tatsächlichen Berufssituation durchgeführt: Ärzte und Krankenschwestern arbeiten im Spital, Priester starten in der Kirche als Kapläne, Anwälte haben ihr Gerichtsjahr und Piloten lernen erst am Flugsimulator und dann als Co-Piloten. Im Gegensatz dazu findet die Lehrerausbildung zum Großteil im Hörsaal der Universitäten und Pädagogischen Hochschulen statt, weit weg von der harten Realität des Klassenzimmers. Während wohl niemand auf die Idee käme, einen frischgebackenen Piloten allein eine voll besetzte Boeing 747 über den Atlantik fliegen zu lassen, tun wir bei Lehrern genau das. Wir schicken sie ins Klassenzimmer und lassen sie dort, mit Ausnahme einiger ermunternder Worte des Direktors, allein.

Die ab 1. Oktober 2015 österreichweit gestartete PädagogInnenbildung NEU besticht mit wunderbaren Formulierungen im Gesetz. Redet man mit betroffenen Lehramtsstudenten, die gerade ausgebildet werden, zeigen sich, vor allem was die stärkere Praxisorientierung betrifft, gewaltige Schwächen in der Umsetzung. Zwei Beispiele: Anna, eine fast fertige AHS-Chemielehrerin, bereitete genaue schriftliche Arbeitsanleitungen für einen Versuch vor, den die Schüler in Kleingruppen selbstständig machen sollen. Die Schüler begannen hoch motiviert, halfen einander und nahmen die Anleitungen zu Hilfe. Nach fünf Minuten griff die »erfahrene« Lehrerin, die die Junglehrerin beaufsichtigen und beurteilen sollte, ein und forderte diese vehement auf, den Schülern jeden Schritt mündlich anzusagen, »weil das sonst alles zu lange dauert und chaotisch wird«. Motto: Steinzeitpädagogik erschlägt Neues Lernen. Noch absurder löste eine Pädagogische Hochschule die geforderte Schulpraxis. Die Studenten konnten alternativ zur Arbeit mit Schülern im Klassenzimmer die Websites von Schulen studieren und darüber einen Bericht schreiben. Motto: Wohnzimmer statt Klassenzimmer.

In Singapur investiert man 100 Stunden und in England mindestens fünf ganze Tage pro Jahr in die professionelle Fortbildung jedes einzelnen Lehrers, weil man erkannt hat, dass es ohne inspirierte Lehrer keine inspirierten Schüler geben kann. Bei uns gewinnt man eher den Eindruck, dass jeder Handyverkäufer in einem Großmarkt mehr Tage im Jahr in Fortbildungskursen sitzt als manche Lehrer.

Die Strategie der Lehrerauswahl – die besten Lehrer werden Direktoren

Die Möglichkeit, die fähigsten Kandidaten für den Lehrerberuf zu gewinnen, basiert in den Ländern mit ausgezeichneten Schulsystemen auf einer klaren Strategie:

- der Entwicklung eines hoch professionellen Auswahl- und Trainingsprozesses für Lehrer.
- der Zahlung guter Einstiegsgehälter für Junglehrer statt dem in vielen Ländern üblichen Anciennitätsprinzip.
- der Schaffung und Erhaltung eines hohen Ansehens des Lehrers in der Bevölkerung.

Alles andere als diese Strategie ist finanziell ein Fass ohne Boden und wird zu keiner nachhaltigen Steigerung der Leistungsfähigkeit des Bildungssystems führen.

Wie müsste eine Organisationskultur aussehen, die sicherstellt, dass Spitzenlehrer zu Vorbildern, durchschnittliche Lehrer gefördert und die völlig ungeeigneten aus den Klassenzimmern verbannt werden? Welche Führungsqualitäten müssten von Direktoren gefordert werden, damit kein »Möchtegern-Machiavelli« mehr Macht über Menschen in unseren Schulen erhält?

Wettbewerb, Wahlmöglichkeiten, Belohnung der Fähigen, Abbau der Ungeeigneten sind die Stichworte. Ein Direktor, dem immer mehr Schüler abhandenkommen, weil die Eltern diese wegen schlechter Lehrer abmelden, wird alles tun, um zumindest seine ungeeignetsten Lehrer loszuwerden, und attraktive Bedingungen schaffen, um gute und leistungswillige Lehrer zu bekommen. Wenn er das nicht tut, wird seine Schule bald nur mehr aus ihm selbst und einigen schlechten Lehrern bestehen. Die guten Lehrer werden sich dann nämlich von sich aus in Richtung einer besseren Schule verabschiedet haben.

Die besten Schulsysteme der Welt betreiben großen Aufwand, um die besten Lehrer zu motivieren, sich den sehr selektiven Auswahlprozessen für Direktoren zu stellen.[4] In Singapur müssen die Kandidaten einen beinharten, sechs Monate (!) dauernden Auswahlprozess durchlaufen. Schuldirektoren werden sehr gut bezahlt und genießen hohes gesellschaftliches Prestige.

Wie misst man die Leistungsfähigkeit eines Schulsystems?

Ganz offensichtlich bewertet die McKinsey-Studie die Qualität der unterschiedlichen Schulsysteme, ähnlich wie PISA, inwieweit diese in der Lage sind, Schülern die klassischen Disziplinen wie Lesen, Schreiben, logisch-mathematisches Denken und Naturwissenschaften beizubringen. Schneiden Kinder in Finnland und Singapur nicht vor allem deshalb so gut ab, weil man sie ganz gezielt auf die traditionellen Schultugenden trainiert, ja sie geradezu für die Tests dressiert, das aber zulasten der Persönlichkeitsbildung und musischen Fächer geht?

Ich spreche diesen scheinbaren Widerspruch hier mit Absicht an, um Missverständnisse zu vermeiden. Die McKinsey- und die John-Hattie-Studie beweisen eindrucksvoll, dass es nicht der finanzielle Aufwand oder die Schulorganisation ist, die zu den sehr großen

4 Michael Barber und Mona Mourshed: *How the World's Best-performing School Systems Come Out on Top.* (McKinsey & Company Report). New York 2007.

Unterschieden führt, mit denen die einzelnen Länder der Aufgabe mehr oder weniger gerecht werden, ihren Kindern die notwendigen Kulturtechniken beizubringen, sondern dass es ausschließlich um die Konzentration auf die Auswahl der Lehrer und die Unterrichtsqualität geht. Der Umkehrschluss, dass Lehrer, die schon nicht in der Lage sind, den ihnen anvertrauten Kindern Lesen, Schreiben und Rechnen beizubringen, große Fähigkeiten darin haben, Schüler mit den noch viel schwieriger zu vermittelnden Werten einer Schule der Zukunft vertraut zu machen, ist wohl mehr als unzulässig.

In den nächsten 25 Jahren werden mehr Menschen eine Schule abschließen als in der gesamten Geschichte der Menschheit. Dort werden die zukünftigen Handlungsweisen von bald neun Milliarden Erdbewohnern entscheidend geprägt. Was immer die Bildungsinhalte der Zukunft seien mögen, eines stimmt mit Sicherheit: Entgegen dem massiven Versuch, uns ständig Sand in die Augen zu streuen, um uns einzureden, dass eine Verbesserung unserer Schulen noch mehr Geld kosten würde, ist die Wahrheit ganz einfach – die Qualität eines Schulsystems kann nie die Qualität seiner Lehrer übertreffen.

Das Diktat der Mittelmäßigkeit oder Warum in der Schule die besten Lehrer gemobbt statt befördert werden

König Herodes hat sich zweifellos einen prominenten Platz in der Bibel gesichert. Meine Erfahrung als Unternehmensberater hat mich zu dem Schluss kommen lassen, dass Herodes besonders in kranken Organisationen zum heimlich verehrten Vorbild für viele ebenso kranke Vorgesetzte geworden ist. Im Gegensatz zu Machiavelli, dessen Buch *Der Fürst* Generationen von Herrschern, Politikern und Managern als Rechtfertigung für ihre Führungsphilosophie diente erfordert das Konzept von Herodes keine intensive Auseinandersetzung mit der Kultur der Renaissance. Die Lehre von Herodes lässt sich in einem Satz zusammenfassen: Suche intensiv nach allen potenziell geeigneten Nachfolgern – und dann bringe sie um.

Das Instrumentarium, mit dem man heute die Besten aus einer Organisation am leichtesten vertreiben kann, ist um einiges zivilisierter geworden als zu Zeiten von Herodes oder Machiavelli. Es reicht von ungerechter Behandlung, Übergehen bei Beförderungen, Intrigen, übler Nachrede bis zu den härteren Formen des Mobbings wie soziale Isolation und Kommunikationsverweigerung.

Der gute Lehrer als Störfaktor

Was sind die Eigenschaften eines guten Lehrers? Wohl sich möglichst um das individuelle Talent jedes Schülers zu kümmern, sich auch in der Freizeit ständig fortzubilden, Eltern zur Verfügung zu stehen, sich mit anderen Kollegen über Verbesserungen an der Schule auszutauschen und dann dem Direktor Vorschläge zu machen. Solche Lehrer, vor allem am Beginn ihrer Schullaufbahn, gibt es zahlreich und sie sind bei Schülern und Eltern schnell beliebt. Wie reagiert aber nun die herrschende Organisationskultur im Schulsystem auf diese Musterlehrer? Werden sie unterstützt, werden sie im Kollegenkreis öffentlich bestärkt, bekommen sie eine besondere Leistungsprämie, werden sie in ein »High Potential Program« für zukünftige Führungskräfte geschickt oder haben sie gar die Chance, wegen ihrer besonderen Leistungen mit 35 Jahren Direktor zu werden? Mitnichten. Sie werden von weniger leistungsbereiten Direktoren eher als Störfaktor betrachtet, der Unruhe ins System bringt, andere Lehrer empfinden sie als unkollegial, man isoliert sie, manch erfahrener Kollege gibt ihnen unter vier Augen den wohlmeinenden Tipp, dass sie sich nicht selbst ausbeuten sollen, weil ihre Leistungen von niemandem honoriert werden. Fazit: *Culture eats strategy for breakfast* (Die Organisationskultur verspeist jede Strategie zum Frühstück).

Ein Beispiel für Management by Herodes – eine Lehrerin berichtet in einem Zeitungsartikel über ihre Erfahrungen:[1]

> *»Seit neun Jahren unterrichte ich in einer Volksschule. Ein netter, gemütlicher Job – möchte man meinen. Das Gegenteil ist der Fall. Ich bin sehr frustriert und nehme das mit in den Schlaf. Warum? Weil man so machtlos ist. Man sollte in der wenigen Zeit, die man als Lehrer hat, den Lehrstoff vermitteln und gleichzeitig die Kinder erziehen – und das schafft man nicht. Ich bin Lehrerin geworden, weil ich gerne mit Kindern arbeite. Aber schon die Ausbildung auf der Pädagogischen Akademie war viel zu wenig praxisbezogen. Das Niveau war auch nicht besonders hoch. Man hat stinkfaul sein können und trotzdem keine Probleme bekommen. Schon im ersten Jahr hat mir die Direktorin geraten, der Partei beizutreten.*

1 *Kurier*, 11. November 2007, S. 44.

›Dann können wir dir eine fixe Anstellung verschaffen‹, hat sie gesagt. Ich habe abgelehnt. Andere nicht. Die wurden nach zwei Jahren pragmatisiert oder haben einen Job in der Nähe ihres Wohnortes bekommen. Die Kinder werden heute nicht mehr von ihren Eltern erzogen. Sie werden in den Hort abgeschoben. Niemand kontrolliert ihre Aufgaben. Wir haben jetzt acht Kinder aus der Türkei eingeschult, von denen spricht kein einziges Deutsch. Kein Wunder, dass das Niveau sinkt. Ich würde mein Kind nicht in meine Schule geben. Da zahle ich lieber für eine Privatschule.«

Während Experten und Schüler in diesem Artikel bereitwillig unter ihrem Namen und mit Foto ihre Vorstellungen von ihrer Wunschschule präsentierten, fand sich offensichtlich kein einziger Lehrer bereit, ohne Zusicherung der Anonymität »auszusagen«. Auch meine eigenen Erfahrungen haben gezeigt, wie viel Angst vor allem bei Lehrern herrscht, sich öffentlich mit einer Meinung zu exponieren. Was sagt das alles über die Organisationskultur in Österreichs Schulen?

Dazu WU-Professor Michael Meyer, Experte für Non-Profit-Organisationen: »Schulen haben keine Organisation – die formale Struktur ist jenseits der Wahrnehmbarkeit. Ein Direktor – der wenig zu entscheiden hat – und manchmal über 100 Lehrer und Lehrerinnen, die einsam und allein vor sich hin werken. Die Schule hat eben keine Hierarchie – außer zwischen Lehrern und Schülern. Damit gibt es keine Verantwortung, keine Unterstützung für die einzelnen Lehrer und Lehrerinnen, keine Sanktionen für Fehlverhalten. So etwas ist vollkommen unsteuerbar und unbeeinflussbar. Es besteht nicht einmal die Möglichkeit, das Fehlen formaler Strukturen durch informelle Beziehungen zu kompensieren. Solange die Organisation der Schulen so bleibt, ist jede Reform hinfällig.«

Lehrer brennen aus

Experten werden bestätigen, dass bei der zuvor zitierten anonymen Lehrerin bereits nach neun Jahren fast alle Faktoren vorliegen, die mit hoher Wahrscheinlichkeit in einigen Jahren zum Burn-out-Syndrom führen werden.[2] Die Burn-out-Faktoren bei Lehrern sind:

1. keine Selbstbestätigung
2. fehlender Einfluss auf die eigene Tätigkeit
3. kein Feedback vom Vorgesetzten
4. Isolation
5. keine Teamsituation
6. schlechte Arbeitsbedingungen
7. sinkendes öffentliches Ansehen

Mobbing gegen gute Lehrer passiert leider immer häufiger in unseren Schulen. Ein Direktor berichtet: »Eine junge Lehrerin, die sich besonders in ihrer Klasse einsetzte, wurde im Lehrerzimmer deutlich hörbar mit Aussagen über sie wie ›Wie blöd ist die eigentlich, dass sie so viel unbezahlte Arbeit macht?‹ bis zu direkten Angriffen wie ›Du willst dich doch nur beliebt machen‹ attackiert. Von mir initiierte freiwillige Klausuren über neue pädagogische Erkenntnisse, an denen sie teilnahm, wurden von anderen Lehrern als ›Selbstbeweihräucherungsveranstaltungen‹ diffamiert, ›bei denen ohnehin nie etwas Konkretes herauskommt‹. Dies ging so weit, dass ich die junge Kollegin eines Tages in Tränen aufgelöst im Lehrerzimmer fand. Ich holte sie zu mir und bestätigte ihr, wie sehr ich ihr Engagement schätzte und dass sich dieses langfristig durchsetzen werde. Dass besonders leistungswillige Lehrer von ihren Kollegen richtig fertiggemacht werden, muss ich leider bestätigen.« Der Fluch des Herodes wirkt in vielen Lehrerzimmern.

---

2 *LehrerIn 2000. Arbeitszeit, Zufriedenheit, Beanspruchungen und Gesundheit der LehrerInnen in Österreich.* Wien 2000.

Von den Anhängern des Herodes zu jenen Lehrern, die das Murmeltier zu ihrem Wappentier auserkoren haben. Ihr Unterricht baut auf dem Prinzip »Und täglich grüßt – nicht das Murmeltier – sondern die Langeweile« auf. Diese Lehrer schließen einen Waffenstillstand mit ihren Schülern, indem sie »defensiv« unterrichten. Ihr Unterricht wird zu einem Ritual, welches darin besteht, Arbeitsblätter auszufüllen sowie Definitionen und Jahreszahlen (auswendig) zu lernen und wiederzugeben. Alle orientieren sich schnell an der kleinsten geforderten Leistung und an der geringsten Anstrengung, jene zu erreichen. Unser Schulsystem protegiert leider gerade diesen Lehrertypus. Fast alle Schüler kommen durch, daher gibt es keine Probleme mit den Eltern, die Schüler lassen diese Art von Unterricht über sich ergehen, flüchten in ihre Traumwelten oder nutzen die Zeit, um Aufgaben abzuschreiben, und andere Lehrerkollegen fühlen sich nicht unter unnötigen Wettbewerbsdruck gesetzt. Dieser Lehrertypus ist nur insofern eine vom Aussterben bedrohte Gattung, weil er am leichtesten tatsächlich durch eine Lernsoftware ersetzt werden kann – und auch sollte.

Der größte Feind der engagierten Lehrer sind wir alle

Der öffentliche Stellenwert, den wir dem wahrscheinlich wichtigsten Zukunftsberuf in unserer Gesellschaft geben, ist bedauerlich. Ich kann die Gefühle vieler engagierter Lehrer gut nachvollziehen, wenn Politiker und Interessenvertreter Kampagnen zur Aufwertung des Lehrerberufs fordern. Der »Mut zum aufrechten Gang« ist verdammt schwer in einem Umfeld, das einem jede Freude an der Aufgabe nimmt. Ich habe bei den Recherchen zu diesem Buch mit Schrecken erfahren müssen, dass Lehrer keinerlei Recht auf Supervision oder Coaching haben. Lehrer sind heute auch – an manchen Schulen sogar primär – Sozialarbeiter. Sozialarbeitern gestehen wir schon lange Supervision zu. Ein erster sehr konkreter Schritt, um der Mehrzahl der nach wie vor motivierten und leistungsbereiten Lehrer jene Wertschätzung zu zeigen, die sie verdienen, wäre, jedem von ihnen einen Coaching-Scheck auszustellen, den die »Beschenkten« bei einem Coach ihrer Wahl einlösen können. Wer jetzt aufschreit und fragt, wer das bezahlen soll, dem sei eine einfache Frage gestellt: Ist er dafür, dass der Arzt im Spital, der ihn vielleicht demnächst behandeln wird, die Möglichkeit erhält, sich auf den letzten Stand des medizinischen Wissens zu bringen, oder ist er mit einem Arzt zufrieden, dem man diese Weiterbildung aus Kostengründen verweigert hat?

Der zweitgrößte Feind der Lehrer ist ihre eigene Interessenvertretung

Welches scheinbare Paradies verteidigen die Lehrergewerkschafter heute für ihre Mitglieder in der Schule? Ein System, das hohe Krankenstandraten durch Burn-out und Frühpensionierungen durch die ständig steigenden psychischen Belastungen produziert. Die wenigen Aufstiegsmöglichkeiten hängen stark vom richtigen Parteibuch und nicht von hervorragender Leistung ab. Vor allem die Freude an der Arbeit mit Kindern – wahrscheinlich die stärkste Motivation, den Lehrerberuf zu ergreifen – wird durch eine bürokratische fremdbestimmte Kultur verhindert.

Alles Themen, die wohl verantwortungsvolle Interessenvertreter aufrütteln sollten, massive Reformen im Schulsystem zu fordern. Was aber tun die Lehrergewerkschafter? Sie verhindern jede Veränderung im System und machen den berüchtigten sowjetischen Langzeit-Außenminister Andrej Gromyko, der sich in der UNO als »Genosse Njet« einen Namen machte, zum Säulenheiligen. Vereinfacht dargestellt, lautet die einzige Botschaft, die von den Lehrergewerkschaftern in Deutschland und Österreich an die Öffentlichkeit dringt: Unsere Lehrer leiden ungemein in der Schule, daher machen wir das Leiden zumindest so kurz wie möglich und erhöhen weiter die Ferientage.

Mehr Anwesenheit in der Schule lehnen wir strikt ab. Außerdem sind wir schlecht bezahlt, jeden zusätzlichen Handgriff, den ihr von uns verlangt, möchten wir abgegolten haben. Das Geld hat der Staat aber nicht, daher lassen wir lieber alles, wie es ist. Doch wir brauchen zumindest noch mehr Lehrer, um das Leiden auf mehr Köpfe verteilen zu können.

Zur Ehrenrettung des Lehrerstandes muss man an dieser Stelle unbedingt sagen, dass die Mehrheit der Lehrer sich natürlich für die ihnen anvertrauten Schüler verantwortlich fühlt und daher ein Gespräch mit einem Schüler oder mit Eltern selbstverständlich nicht abbricht, wenn eine nicht mehr vergütete Überstunde beginnt. Würde sich auch nur ein Drittel der Lehrer an die krankhafte Minutenzählerei ihrer Gewerkschaft halten und ständig den Taxameter der Leistungsverrechnung mitlaufen lassen, müsste unser Schulsystem überhaupt binnen kürzester Zeit kollabieren. Um es ganz klar zu sagen: Die Abschaffung des völlig anachronistischen »Besoldungsrechts« und dafür die Einführung leistungsorientierter Gehälter, die sich an den erzielten Fortschritten der unterrichteten Schüler orientieren, sind ein unausweichlicher Schritt, um Schulen zu modernen Organisationen des 21. Jahrhunderts zu machen. Allein der Begriff »Besoldungsrecht« für die Gehälter von Lehrern erinnert an den Söldner und die Abrechnung in Werteinheiten nach absolvierten 50-Minuten-Stunden an Fabrikarbeiter.

Behandelt man Menschen wie Fabrikarbeiter, so werden sie sich auch dementsprechend verhalten.

Es war mir immer ein Rätsel, warum die Lehrergewerkschafter ihre Macht nicht für eine substanzielle Verbesserung der Arbeitsbedingungen einsetzen, warum sie nicht gemeinsam mit Schülern und Eltern für eine Schule kämpfen, in der alle Beteiligten Sinn, Freude und Lust empfinden – und damit den Lehrerberuf wieder attraktiv für die Besten jedes Jahrgangs machen. Leider konzentriert sich die Lehrergewerkschaft aufs Feilschen um Werteinheiten, den Schutz der Ungeeigneten und vor allem aufs Jammern. Die von mir befragten Insider haben zwei klare Antworten für diese Befindlichkeit: Erstens hat es sich eine kleine, aber mächtige Minderheit in diesem System sehr gemütlich eingerichtet. Mit einem ausgefeilten Mechanismus aus Stundeneinteilungen und Dienstfreistellungen kommen sie auf ein durchaus ansehnliches Einkommen für einen Halbtagsjob. Die Leidtragenden sind alle anderen, vor allem Junglehrer, denen die unangenehmen Randstunden und die Bürokratie aufgehalst werden.

Der zweite Erklärungsversuch, den mir eine sehr erfolgreiche Pädagogin angeboten hat, ist noch viel tragischer, weil er den wunden Punkt trifft: »Die Gesellschaft hat uns Lehrer seit 20 Jahren zum Abschuss freigegeben. Wer am Boden liegt, verteidigt sich nur mehr blind, schlägt um sich und ist nicht mehr in der Lage, zielgerichtet zu handeln.« Lehrergewerkschafter haben es bisher offensichtlich erfolgreich verstanden, sich die Unterstützung ihrer Kollegen dadurch zu sichern, dass sie die Lehrergehälter immer mehr zu einem fein abgestuften System der »Schmerzensgeldauszahlung« umfunktioniert haben. Das war viel einfacher, als sich um die Abschaffung der zuvor dargestellten Ursachen des Leidens der Lehrer zu kümmern. Ein Schulsystem, in dem nur die Besten überhaupt Lehrer werden dürfen, diese dann nach ihrer Leistung bezahlt und befördert würden, hätte natürlich einen dramatischen Machtverlust für die Lehrergewerkschafter zur Folge.

Alle von mir zu diesem Thema befragten Lehrer, Direktoren und Politiker waren sich einig, dass die Lehrergewerkschafter ein Rückzugsgefecht führen, das langfristig für sie nicht zu gewinnen sein wird. Das lässt die zarte Hoffnung keimen, dass vernünftige Interessenvertreter der Lehrer sich an die Spitze der Schulreformbewegung setzen. Mit vielen Personalvertretern, mit denen ich auf Podiumsdiskussionen sprechen durfte, konnte ich im Anschluss sehr vernünftige Gespräche führen. Im Ausland gibt es zahlreiche Vorbilder für aufgeschlossene Lehrergewerkschaften. So war ich zu einer Fortbildungsveranstaltung der Schweizer Lehrergewerkschaft als Vortragender nach Luzern eingeladen. Es war beeindruckend, wie offen, ideologiebefreit und lösungsorientiert dort an konkreten Themen gearbeitet wurde. Mich hatte man gerade deshalb ausgesucht, weil ich als Kritiker des Schulsystems gelte und man den Blick von außen wollte. Auch in Kanada habe ich Lehrergewerkschafter mit einem völlig anderen Selbstverständnis kennengelernt: Eine Standesvertretung, die großes Interesse an der pädagogischen Weiterbildung ihrer Mitglieder hat und von sich aus bereit ist, sich von »schwarzen Schafen« zu trennen, weil genau diese dem öffentlichen Ansehen der Lehrer am meisten schaden.

Es ist das unbestrittene demokratische Recht von Teilen der Lehrergewerkschaft, ein sinnbefreites Schulsystem zu verteidigen, dafür zu demonstrieren und zu streiken. Und solange es sich die Lehrer gefallen lassen, auch von ihrer eigenen Gewerkschaft in »Pflichtschullehrer« und »Höhere Lehrer« getrennt zu werden, wird das wohl so bleiben. Unbestritten gibt es viele engagierte Personalvertreter, die an ihren Schulen ihr Bestes geben, um die Arbeitssituation ihrer Kollegen zu verbessern. Das entscheidende Problem sind auch nicht die Lehrergewerkschaften, sondern Regierungen, die ihnen ein De-facto-Vetorecht gegen alle dringend notwendigen Reformen einräumen. Fast alle Politiker in Österreich und Deutschland haben bisher aus Feigheit eine ernsthafte Auseinandersetzung mit ihren Lehrergewerkschaften vermieden. Die Herausforderungen des 21. Jahrhunderts lassen sich weder wegstreiken noch wegverhandeln. Schon das Wort »Verhandlungen« löst bei Lehrergewerkschaftern offenbar erotische Gefühle aus. 33 Verhandlungsrunden zum Lehrerdienstrecht haben mit einem Nein geendet. Nach 15 Verhandlungsrunden zur Schulautonomie gab es ein Nein zum Paket und die Forderung nach weiteren Verhandlungen. Motto: »Gegen uns geht nichts und mit uns geht auch nichts« (© Hannes Androsch).

Der Kollege Minderleister

Jeder kennt sie: Lehrer, die fachlich und menschlich völlig ungeeignet für ihren Beruf sind. Der Direktor weiß das, die Kollegen wissen es, die Eltern wissen es und informieren die Schulbehörden, die es ohnehin schon lange wissen, und die Kinder erleiden sie jeden Tag. Vielen Schülern nehmen sie die Freude an der Schule, manchen zerstören sie die Lebenschancen. Wie Wanderpokale werden diese Katastrophenlehrer von einer zur nächsten Schule weitergegeben. Alle wissen es, niemand kann etwas tun. Die größte Überraschung, die ich im Jahr 2008 erlebte, als ich ehrenamtlich als *Kurier*-Schüleranwalt antrat, waren meine Gespräche mit den Verantwortlichen in der Schulverwaltung, wenn ich diese mit detaillierten Vorwürfen gegen Lehrer konfrontierte. Ich erwartete, dass diese zurückgewiesen oder dementiert werden würden. In 90 Prozent der Fälle waren diese Problemlehrer der zuständigen Schulbehörde längst bekannt, man zeigte mir die erfolglosen Versuche, diese Pädagogen zu kündigen. Eine Landesschulratspräsidentin sagte mir: »Wenn die Eltern wüssten, wie rechtlich aussichtslos es ist, einen völlig ungeeigneten Lehrer zu kündigen, würden sie noch mehr verzweifeln.« Der Direktor einer privaten NMS erzählte mir von seinem über drei Jahre dauernden Kampf, um eine völlig untaugliche Lehrerin zumindest an seiner Schule loszuwerden, was am Ende sogar gelang. Er wüsste allerdings nicht, ob er sich das nochmals antun würde.

Warum wird der Kollege Minderleister sowohl von der Gewerkschaft als auch von den meisten Lehrerkollegen gegen den verdienten Rauswurf verteidigt? Ein intimer Kenner der Szene klärt mich auf: »Der schlechteste Lehrer ist für alle der Gradmesser dafür, was das System noch immer akzeptiert. Solange der nicht fliegt, kann mir nie etwas passieren – und besser als der bin ich immer. Und das gibt allen vermeintliche Sicherheit.«

Selbst wenn es wirklich nur fünf Prozent sehr schlechte Lehrer gibt, wie sogar die Gewerkschaft zugibt, dann sind das bei 129 458 Lehrern in Österreich[3] immerhin über 6000 Lehrer, die jede Unterrichtsstunde auf Kinder losgelassen werden. Die durchschnittliche Anzahl von jungen Menschen und ihren Talenten, die sie im Laufe ihrer 40 Dienstjahre zerstören, auszurechnen, wäre eine lohnende Aufgabe für den nächsten PISA-Mathematiktest. Allen, denen diese fünf Prozent eine vertretbare Größe erscheint, sei eine Frage gestellt: Wenn man Ihnen in einem Krankenhaus vor einer wichtigen Operation sagen würde, dass nur fünf Prozent der Chirurgen wirklich schlecht sind, würden Sie sich dort operieren lassen?

Ich habe bisher noch nie ein einziges schlüssiges Argument dafür gehört, warum es sozial gerechtfertigter sein soll, jene mindestens fünf Prozent völlig ungeeigneten Lehrer weiterhin auf Generationen von Kindern loszulassen, als das zu tun, was man in jedem anderen Unternehmen mit unfähigen Mitarbeitern macht – sich von ihnen zu trennen. Ich habe auch noch keinen Schulpolitiker irgendeiner Partei getroffen, der dem im Vieraugengespräch nicht zugestimmt hätte.

Im Jahr 1993 besuchten Bernhard Görg und ich den berühmten Philosophen Sir Karl Popper in seinem Haus in einem Vorort von London. Wir wollten ihn als Schirmherrn für die erste österreichische Schule für hochbegabte Kinder gewinnen. Zu unserer großen Freude stimmte Popper schnell zu. Am Ende unseres zweistündigen Gesprächs sprang er mit seinen über 90 Jahren quicklebendig auf, stieg auf einen Stuhl und begann in seiner riesigen Bibliothek etwas zu suchen. Nach einiger Zeit gab er uns ein Büchlein. »Wissen Sie, wenn Sie Schule wirklich verbessern wollen, dann gibt es nur eine wichtige Frage zu beantworten: Wie bekomme ich die ganz schlechten Lehrer aus der Schule wieder hinaus?« Dazu sollte man wissen, dass Popper seine Berufskarriere in Wien als Hortlehrer startete, weil er damals keine Anstellung als Hauptschullehrer fand. In dem kleinen Buch des großen Denkers, das heute natürlich einen Ehrenplatz in meiner Bibliothek hat, steht Folgendes geschrieben:

3 Statistik Austria: *Lehrerinnen und Lehrer inkl. Karenzierte im Schuljahr 2017/18.*

»Im Gegensatz zur Praxis der Schulreformer habe ich aber den Theorien der Schulreform immer misstraut und bin ihnen kritisch gegenübergestanden. Ich habe damals (gemeint ist 1925–1927, Anm. des Autors) darüber nachgedacht, was das Wichtigste an der Schulreform wäre. Wie kann man wirklich die Schule reformieren? Indem ich damals über meine eigenen Erfahrungen als junger Lehrer an schlechten Schulen nachgedacht habe, bin ich draufgekommen, dass es das Wichtigste ist, schlechten Lehrern in der Schule die Möglichkeit zu schaffen, die Schule zu verlassen. Ich habe gesehen, dass nur Menschen, die eine gewisse Begabung haben – es ist keine eigentlich intellektuelle Begabung, es ist eine innere Beziehung zu Kindern –, gute Lehrer sein können.«[4]

Popper hatte eine ganz einfache Idee, was man wirklich mit den schlechten Lehrern machen konnte: »Ich habe damals vorgeschlagen, sie zu Postbeamten zu machen.«

So wird man Lehrer

Herr Meri wird bald 64 Jahre alt, er ist Professor für Pädagogik. Seinen Vollbart und seine kleine runde Brille trägt er wie die Insignien eines milden Lehrerlebens. Aber das täuscht, weil er eigentlich der härteste Lehrer von allen ist. Er ist der Mann mit dem Filter. Er siebt und siebt. Er wählt die nächste Lehrergeneration aus. »Es gibt bei uns keine schwierigere Prüfung als diese«, meint er. Bevor ein einziger Schüler ausgesondert werde, blieben eher die Lehrer sitzen. Die meisten, bevor sie jemals einen Klassenraum betreten dürften.

Herr Meri lächelt unbekümmert. Es ist das Lächeln eines Profis, der beim Aussortieren schon lange keinen Schmerz mehr empfindet,

4 Karl Popper und Konrad Lorenz (Hrsg.): *Die Zukunft ist offen.* München 1983.

weil er alles immer am Ergebnis misst. Damit man die besten Schüler der Welt bekomme, müsse man die besten Lehrer der Welt ausbilden. Hier fühle sich jemand wie ein Held, wenn er Meris Prüfung bestanden habe.

Der Beruf ist nach wie vor so sehr geachtet, dass sich jedes Jahr zehn Prozent aller Schulabgänger für ein Lehramtsstudium bewerben. Von diesen zehn Bewerbern wird dann einer zugelassen. Über Tage füllen sich in der Universität Säle mit jungen Menschen, die sich monatelang auf den Test ihres Lebens vorbereitet haben. Grundschullehrer müssen bis zur sechsten Klasse Mathematik, Erdkunde, Biologie, Geschichte, Physik, Chemie, Kunst, Sport, Handarbeit, Religion und Ethik unterrichten können – doch Meris Prüfungsfragen zielen nur auf Pädagogik. Du willst Lehrer werden? Dann begründe auch, warum! Antwortet ein Kandidat, dass er gerne mit Kindern zusammen sei, winkt Meri ab – was für eine hilflose Phrase. Nächste Frage: Sollen Kinder übers Wochenende Hausaufgaben bekommen?

Die besten 300 Bewerber lädt er zu Einzelgesprächen und Gruppeninterviews ein. 200 Kandidaten müssen noch durchfallen. Wer Meris Blick nicht standhält, wird das auch nicht vor 20 Schülern schaffen. Wer schnell die Körperspannung verliert, wird keinen Schultag durchhalten. Wer alles zu wissen glaubt, weiß nichts von Erziehung. »Wer sagt, er hält seine Stunde ›erstens, zweitens, drittens …‹, den nehmen wir nicht. Wer die ganze Prüfung über nicht einmal lacht, den nehmen wir nicht. Wer zu viel redet, den nehmen wir nicht.« Meri könnte stundenlang darüber reden, warum er einen nicht nimmt. Niemand darf Lehrer werden, weil ihm nichts Besseres eingefallen ist oder weil er sich für etwas Besseres hält. Jedes Jahr im Juli, wenn Herr Meri seine 100 Besten informiert, steigen im ganzen Land 100 Sommerfeste. Die angehende Elite des Landes feiert.

Nun, jedem österreichischen und deutschen Leser wird wohl schon aufgefallen sein, dass es hier nicht um sein Heimatland geht. Es handelt sich aber keineswegs um eine fiktive Geschichte. Das Land, das seine Lehrer nur unter den Besten der Besten auswählt, gibt es wirklich. Es handelt sich um Finnland.[5] Und dieses Beispiel erklärt wohl auch viel eindrucksvoller als Bildungsausgabenstatistiken oder PISA-Studien, warum die Schulen in Finnland ganz offensichtlich zu den besten der Welt gehören.

Welche Art von Lehramtsstudenten man ohne derartige selektive Aufnahmeverfahren anlockt, sollen einige kurze Aussagen von jenen, die sie an den Universitäten auszubilden haben, veranschaulichen.

Lehrer aus Resignation

Ein hochrangiger Politiker, der wie so viele Politiker seine Karriere als Gymnasiallehrer begonnen hat, gab offen zu, dass der Lehrerberuf für ihn »eine resignative Berufswahl war. Ich kam aus einfachen Verhältnissen, meine Mutter hat sich meine höhere Schullaufbahn vom Mund abgespart. Es gab in meinem gesamten Verwandtschaftskreis keinen einzigen Maturanten, geschweige denn Akademiker. Ich hatte also keine Vorbilder. Ich habe mit dem Lehramt daher ein Studium gewählt, bei dem ich den Beruf selbst erlebt hatte und den ich mir auch zugetraut habe. Medizin hätte ich mir damals einfach nicht zugetraut.«

Eine große Studie der Potsdamer Arbeitsgruppe untersuchte die Ursachen für das Frustrationspotenzial und die hohen Burn-out-Raten von Lehrern.[6] Dabei wurden die Belastungen der Lehrer durch Stress mit jenen von Erziehern, Krankenpflegern, Strafvollzugsbeamten, Polizisten, Feuerwehrleuten und Jungunternehmern verglichen. Die Studie gelangt zu dem Ergebnis, dass bei Lehrern das krank machende Verhaltensmuster Stress und Burn-out am häufigsten auftritt. An zweiter Stelle kommen die Erzieher, die aber nur mehr halb so viel

5 Henning Sußebach und Stefan Willeke: »Wo die Lehrer sitzen bleiben«. In: Die Zeit 17/2007.

6 Manfred Spitzer: Medizin für die Bildung. Heidelberg 2010, S. 210 ff. Es wurden 16753 Personen aus Deutschland, Österreich, Großbritannien, Russland und Polen untersucht.

Stress empfinden. Es folgen Krankenpfleger, Strafvollzugsbeamte, Polizisten, Feuerwehrleute und Jungunternehmer. Also alles Berufe, denen man ebenfalls sehr belastende Tätigkeiten zuordnen würde, deren Vertreter aber subjektiv im Vergleich zu den Lehrern deutlich weniger Stress empfinden. Jungunternehmer, die objektiv ein hohes existenzielles Risiko tragen, stehen auch unter starkem Stress. Sie sind allerdings von allen verglichenen Berufsgruppen am gesündesten und haben das geringste Burn-out-Risiko. Das hängt damit zusammen, dass Jungunternehmer das höchste Maß an Freiheit und Selbstbestimmung genießen. Diese beiden Werte sind offensichtlich der beste Schutz gegen Burn-out.

Eine der wichtigsten Erkenntnisse der Stressforschung lautet: Ob Menschen in einer bestimmten Situation Stress fühlen, hängt nicht davon ab, wie belastend dieser objektiv ist, sondern wie man ihn subjektiv spürt. Lehrer haben also nicht objektiv doppelt so viel Stress wie Polizisten, sie empfinden das aber so. Dies erklärt auch das verblüffendste Ergebnis der Untersuchung:

Mit 25 Prozent ist der Anteil der Burn-out-Gefährdeten bei Lehramtsstudierenden gleich hoch wie bei jenen Lehrern, die 35 Jahre im Beruf sind. Das heißt, der hohe Anteil an Lehrern mit Burn-out kommt nur selten daher, dass gute Lehrer im Laufe ihrer Berufslaufbahn einfach »ausbrennen«, sondern davon, dass ein Viertel der Lehramtskandidaten bereits während ihres Studiums nie für den Beruf des Lehrers gebrannt haben, weil er nicht der richtige für sie war. Das bestätigt auch, dass 60 Prozent jener Lehramtsstudenten, die »sich sehr unsicher waren, ob der Lehrerberuf der richtige Beruf für mich ist«, später tatsächlich im Burn-out landeten. Bei den Studenten, die »sich sehr sicher bei der Wahl des Lehrerberufs waren«, sind es später nur knapp über zehn Prozent, die tatsächlich ein Burn-out erleiden.

Faulpelze oder Schwerstarbeiter

Gestandene Gewerkschafter haben ihr biblisches Verständnis von Arbeit als »Strafe Gottes« nie überwunden: »Im Schweiße deines Angesichts sollst du dein Brot essen, bis dass du in den Himmel des Ruhestandes eingehst.« Dass für viele Menschen ihr Beruf etwas ist, das ihnen Freude macht und ihrem Leben Sinn verleiht, ist für sie unvorstellbar. Dem stehen eine völlige Überbewertung der Freizeit, auch Management by Robinson: Warten auf Freitag! genannt, und eine Idealisierung des Pensionsantritts gegenüber. Dieses Dogma ignoriert die gesamte Glücksforschung. Sie hat nachgewiesen, dass Menschen, die ein Leben lang in ihrem Beruf unglücklich sind und alle ihre Hoffnungen auf die Pension projizieren, dort auch keine Erfüllung finden werden.

So haben die Lehrergewerkschafter für ihre Klientel zwar großartige Errungenschaften wie beispielsweise nur 37 Arbeitswochen im Jahr, ausgefeilte Vergütungssysteme und absolute Unkündbarkeit selbst bei nachgewiesener Unfähigkeit durchgesetzt, aber einen Punkt völlig übersehen: In diesem Schlaraffenland sind leider sehr viele sehr unglücklich.

Wie der Rechnungshof aufgedeckt hat, gingen 95 Prozent aller österreichischen Landeslehrer von 2008 bis 2013 entweder mit der Hacklerregelung oder wegen Berufsunfähigkeit in die Frühpension. Ganze fünf Prozent (!) erreichten das gesetzliche Pensionsalter von 65. Den einzelnen Lehrern ist kein Vorwurf zu machen. Ihnen allen wurde das gleiche Angebot gemacht: Du kannst mit vollen Bezügen vorzeitig in Pension gehen oder noch sechs Jahre arbeiten, um dann wahrscheinlich weniger Pension zu erhalten. Es gab fünf Prozent »Heilige«, die Variante zwei gewählt haben. Zwei Milliarden Euro Mehrkosten hat dieser Frühpensionierungsirrsinn gekostet. Unter den 95 Prozent Lehrern, die von diesem irrwitzigen System in die Frühpension geschickt wurden, waren auch viele der Besten ihres Berufsstandes. Keine sehr intelligente Personalpolitik.

Die wundersame Vermehrung der Ferienzeit

Warum sich viele durchaus leistungsbereite Lehrer als Faulpelze diffamieren lassen müssen, zeigt das wirklich skandalöse Beispiel der schulautonomen Tage. Ursprünglich wurde der Vormittag an Elternsprechtagen freigegeben. Mit dem originellen Argument, dass die Stimmen der Lehrer für den Nachmittag geschont werden müssen. Irgendwann verfiel dann ein unbekannter »Held der Arbeit« auf die glorreiche Idee, die Direktorstage, unterrichtsfreien Halbtage und sonstigen schulfreien Tage zu summieren und siehe da – er kam fast auf eine ganze Woche. Die ursprüngliche Idee, dass an den unterrichtsfreien Tagen die Standortbestimmung der Schulen erfolgen, über die Potenziale von Schülern diskutiert werden und Fortbildung stattfinden sollte, landete im Gesetzestext erst in der Fußnote und verschwand dann auf massiven Druck der Lehrergewerkschafter überhaupt still und leise im Begutachtungsverfahren. Und auf einmal arbeiten Lehrer nur mehr 37 statt 38 Wochen im Jahr.

Dass sich der öffentliche Aufschrei darüber in überhörbaren Grenzen hielt, zeigt nur das Desinteresse und die Gleichgültigkeit gegenüber dem öffentlichen Schulsystem. Daran hat sich bis heute nichts geändert. Im Februar 2019 wurde nun beschlossen, die schulautonomen Tage in einheitliche Herbstferien umzuwandeln. Damit zementiert man dreizehneinhalb Wochen Ferien exklusive der Feiertage ein, und das in einem Schulsystem, das überwiegend halbtags betrieben wird. Die Frage, wann die im Regierungsprogramm festgeschriebene verpflichtende Lehrerfortbildung in der unterrichtsfreien Zeit stattfinden soll, wurde dabei völlig verdrängt. Ebenso die berechtigten Sorgen von Eltern, vor allem alleinerziehender, wie sie die Kinderbetreuung zusätzlich zu den neun Wochen Sommerferien nun auch noch in den Herbstferien organisieren sollen. Jede Ausweitung der Ferienzeiten dient mit Sicherheit nicht dem Ziel besserer Lernergebnisse der Schüler, vor allem jener aus bildungsfernen Schichten. Studien aus den USA zeigen, dass zu lange Sommerferien besonders für Kinder aus bildungsfernen Familien ein Problem darstellen – etwa wenn Kinder den Sommer bei ihren Verwandten im nichtdeutschsprachigen Ausland verbringen.

Was wir definitiv nicht brauchen, sind zusätzliche Ferienwochen, sondern schulinterne Klausuren der Direktoren gemeinsam mit ihren Lehrerteams darüber, wie man jede einzelne Schule besser machen könnte, im besten Fall von externen Moderatoren geleitet. Jeder gute Mittelbetrieb leistet sich das heute.

Aufhören mit der Heuchelei

Um Berufe miteinander vergleichen zu können, sowohl was ihre Belastung als auch ihre Möglichkeiten zur Entfaltung betrifft, ist das Zählen von Minuten völlig kontraproduktiv. Beenden wir die wechselseitige Heuchelei, was die Vergleichbarkeit der Arbeitszeiten der Lehrer mit anderen Berufen betrifft. Die Behauptung, dass sich ein Physik- oder Geografielehrer nach 30 Dienstjahren täglich auf jede Unterrichtsstunde vorbereitet, ist genauso falsch wie die Annahme, dass man die psychische Belastung von 50 Minuten in einer Klasse mit 25 Kindern mit anderen Berufen auch nur annähernd vergleichen kann. Jeder, der einmal in einer Klasse gestanden ist, wird das bestätigen. Daher ist die Gesamtarbeitsbelastung eines Lehrers, der seine Verantwortung wahrnimmt, natürlich durchaus mit jener der Privatwirtschaft vergleichbar. Lehrergehälter liegen dagegen vor allem beim Berufseinstieg unter jenen in der Privatwirtschaft.

Die entscheidende Maßnahme für eine bessere öffentliche Transparenz für die Leistungen der Lehrer wäre, dass man diesen Wissensarbeitern entsprechende moderne Arbeitsplätze in den Schulen schafft und sie dafür dann aber auch zur Anwesenheit verpflichtet. Lehrer haben mir glaubhaft Fotos von ihrem anderthalb Meter langen »Arbeitsplatz« im Lehrerzimmer geschickt, der definitiv ungeeignet ist. Volksschuldirektoren nutzen ihr Büro aus Platzmangel gleichzeitig als Lehrerzimmer und spielen zugleich ihre eigene Sekretärin. All das zeigt die Respektlosigkeit, die in diesem System herrscht. Der langjährige Konsens, dass der Staat kein Geld für zeitgemäße Arbeitsplätze investierte und viele Lehrer ohnehin lieber um spätestens zwei Uhr Nachmittag nach Hause gehen wollten, ging zulasten aller Betroffenen. Die Digitalisierung sowie der intensive Schulumbau und -neubau lassen hoffen, dass Schule sich langsam auch in Österreich in Richtung des 21. Jahrhunderts entwickelt.

Lehrer als Helden

Der Film *Der Club der toten Dichter* des australischen Regisseurs Peter Weir war 1990 ein großer Erfolg. Der von Robin Williams dargestellte unkonventionelle Lehrer John Keating versteht sich als Talentsucher und begeistert durch seine »Carpe diem«-Philosophie die Klasse. Eine Lehrerpersönlichkeit wie der fiktive Mr. Keating sollte in unserem Schulsystem die Regel und nicht die positive Ausnahme sein, und er dürfte an dem schulischen Umfeld nicht scheitern, sondern dieses müsste ihn bei seiner Arbeit unterstützen. Das mag vielleicht idealistisch klingen, aber am Beginn vieler Träume steht ein Held. Und es gibt Mister und Missis Keating sehr wohl in unserer harten Schulrealität.

Es war die Zeit der Flüchtlingskinder, die sich vom blutigen Bürgerkrieg im ehemaligen Jugoslawien nach Österreich gerettet hatten. In einer Wiener AHS mit hohem Ausländeranteil, niedriger Kaufkraft und geringer Lebensqualität gab es in den Klassen bis zu zwölf verschiedene Muttersprachen, manche Kinder konnten kein einziges Wort Deutsch. In dieser hoffnungslosen Situation traf eine Gruppe von sieben jungen engagierten Lehrern eine Entscheidung. »Wir bringen diese Kinder alle bis zur Matura. Wenn sie eine Aufgabe nicht schaffen, dann geben wir ihnen mehr Zeit. Wenn etwas zu schwer ist, dann unterstützen wir sie. Wir geben kein Kind auf. Es entstand zwischen uns eine bis dahin völlig unbekannte Kultur des Austausches im Lehrerzimmer. Wir bestärkten einander, tauschten Erfolgsrezepte aus und entwickelten sehr pragmatische Unterrichtskonzepte. Und wir wurden alle reich belohnt. Der Augenblick, als der bosnische Flüchtling, der ohne ein Wort Deutsch zu sprechen in die sechste Klasse der Oberstufe eintrat, zwei Jahre später maturierte, war eines der schönsten Erfolgserlebnisse meiner Lehrerlaufbahn«, erzählte mir eine der damals beteiligten Lehrerinnen.

Auch das Buch *Schule kann gelingen!* von Enja Riegel dokumentiert, wie aus einer ziemlich schlechten Gesamtschule in Wiesbaden eine der lebendigsten Schulen Deutschlands gemacht wurde. Einige der Geschichten, wie aus zwei befeindeten Schülern Lebensfreunde wurden oder wie sich ein gescheiterter Schüler zum Theaterstar entwickelte, treiben einem trotz des sachlichen Erzählstils die Tränen in die Augen. Alle Erfolge mussten erkämpft werden, von Lehrern gegen ihre Kollegen, von Lehrern gegen Eltern und manchmal von der Direktorin gegen fast alle. Schule kann gelingen – aber das bedeutet harte Arbeit aller Beteiligten und oft das Springen über den eigenen Schatten. Aller Anfang ist schwer, wie die Geschichte von Enja Riegel über ihren ersten Tag als Direktorin beweist. Als Riegel das erste Mal als neubestellte Direktorin vor ihr Lehrerkollegium trat, sah sie schwarz. Ausnahmslos alle Lehrer trugen schwarze Trauerkleidung. Die Botschaft war klar: Wir wollen dich hier nicht haben. Du wurdest gegen unseren ausdrücklichen Willen bestellt. Der Wunschkandidat der Lehrer wurde ihr Stellvertreter und leistete ein Jahr lang zähen Widerstand gegen jeden Reformversuch, bevor er aufgab und die Schule verließ. »Als die Schule wieder losging«, erinnert sich Enja Riegel, »war das Kollegium wie ausgewechselt«. Ein Lehrer begrüßte sie mit einem Blumenstrauß und den Worten: »Es wird Zeit, dass wir an die Arbeit gehen.« Alle hatten verstanden, dass die neue Direktorin ihren Führungsanspruch auch gegen Schwierigkeiten behaupten würde. Fast 20 Jahre später verabschiedete das Kollegium Enja Riegel mit einem berührenden Fest, für das sogar ein Zirkuszelt errichtet wurde. Einige der Akteure hatten vor langer Zeit ganz in Schwarz protestiert.

Die Verleihung des Maria-Theresia-Ordens oder Welche Lehrer wir brauchen

Besonders engagierte Lehrer werden nicht besser bezahlt als jene, die ausschließlich das gesetzlich geforderte Minimum leisten. Aber sie bekommen etwas viel Wichtigeres: Ansehen und Wertschätzung. Gehörigen Respekt verdienen die Lehrer an unseren Volksschulen und Mittelschulen, die für großen Einsatz wenig bis gar keine gesellschaftliche Anerkennung ernten. Sie versuchen unter teilweise unzumutbaren Bedingungen, Kindern ihre Lebenschance zu geben. Wir brauchen möglichst viele Lehrer, denen das Arbeiten mit Kindern so viel Freude bereitet und auch so viel Erfüllung bringt, dass es ihre wichtigste Motivation ist, diesen Beruf zu ergreifen. Dafür sollten wir diesen Lehrern in Zukunft jene Wertschätzung geben, die sie verdienen.

Lehrer, die Neues wagen, die mehr Zeit mit Schülern verbringen, als es das strenge Dienstrecht vorsieht, die andere Lehrer motivieren, gemeinsam fächerübergreifende Projekte zu machen, stehen unter einem permanenten Rechtfertigungszwang. Daraus folgt: Wer wenig tut, hat nichts zu befürchten. Wer wagt, verliert.

Den Maria-Theresia-Orden erhielten Offiziere, die einen militärischen Erfolg durch eigene Initiative selbst unter Missachtung eines Befehls erreicht hatten. Dieser Orden sollte heute an Lehrer für eine Lehrplanverweigerung, die zur Rettung eines Talents geführt hat, verliehen werden. Falls ein Lehrer heute der Nichteinhaltung von dummen Vorgaben beschuldigt wird, sollte er sich darauf verlassen können, dass seine Schüler und deren Eltern Zeugnis für ihn ablegen. Vom Bundespräsidenten bekäme er dann einmal im Jahr gemeinsam mit anderen mutigen Lehrern auf dem Wiener Heldenplatz den Maria-Theresia-Orden verliehen.

Die wichtigsten Helden der Zukunft für Österreich werden Menschen sein, die mutig gegen die Feinde der Talente unserer Kinder kämpfen – die meisten von ihnen werden Lehrer sein. Lassen wir das letzte Wort in diesem Kapitel einer besonders engagierten Pädagogin, die ihre Schule zu einem vielfach ausgezeichneten Vorzeigeprojekt gemacht hat. Sonja Schärf-Stangl, Schulleiterin an der Sancta-Christiana-Volksschule in Frohsdorf, beschreibt den Stoff, aus dem Heldenlehrer gemacht sind:

»Das nötige Werkzeug kann sich jeder aneignen – aber ob du im Innersten deines Herzens ein exzellenter Lehrer sein kannst, bestimmt deine Persönlichkeit: Dein Humor wird dich oft gemeinsam mit deinen Kindern lachen lassen, deine Lebenseinstellung offenbaren und dir über schwierige Momente hinweghelfen. Deine Empathie macht dich einfühlsam und lässt dich im richtigen Moment die optimale Zuwendung schenken, die gerade benötigt wird. Deine pädagogische Kreativität macht dich zum Erfinder unterschiedlichster Lernwege, die der Langeweile keine Chance lassen, und deine Begeisterung für leuchtende Kinderaugen im Moment des Gelingens wird immer wieder das Feuer in dir entfachen, das es braucht, um viele kleine Flammen zu entzünden.«

Die unerzogene Generation oder Warum immer mehr Eltern die Schule für ihr eigenes Versagen verantwortlich machen

»Sind nicht die Eltern die Hauptverantwortlichen für das Versagen ihrer Kinder in der Schule?« Diese Frage kommt fast wie das Amen im Gebet nach jedem meiner Vorträge.

Bei der Suche nach einer Antwort auf diese berechtigte Frage werde ich mich in diesem Kapitel auf die Auswirkungen der veränderten Familiensituationen auf die Schule beschränken. Wer sich intensiver mit dem Spannungsfeld »Elternrolle und Erziehung« auseinandersetzen will, dem kann ich die Bücher der Familientherapeutin Martina Leibovici-Mühlberger *Wie Kinder wieder wachsen* oder *Wenn die Tyrannenkinder erwachsen werden: Warum wir nicht auf die nächste Generation zählen können* sehr empfehlen.

Beginnen wir mit einem kurzen Streifzug durch die Seelenlandschaft einiger Schüler unserer Alpenrepublik. Tatjana Schröder-Halek ist Kolumnistin eines österreichischen Jugendmagazins und Buchautorin. Sie hat in den letzten vier Jahren 16 000 E-Mails von Jugendlichen, überwiegend aus NMS im ländlichen Bereich erhalten, die in ihr häufig den einzigen Ansprechpartner auf ihrem Weg in die Welt der Erwachsenen sehen.

Mein langes Gespräch mit ihr hat mir die Augen für die Realität des Schul- und Familienalltags geöffnet, wie ihn viele österreichische Kinder fernab der Großstadt erleben. Ein Bild, das leider wenig mit dem in der Fernsehwerbung vermittelten, mit einer immer lächelnden Mutter, einem gütigen Vater und einem schmusesüchtigen Golden-Retriever-Hund auf dem grünen Rasen vor der Familienvilla gemein hat. Kinder auf der ganzen Welt haben die gleichen Träume – Fußballstar, Pilot, Zugführer, Prinzessin, Ärztin – oder zumindest berühmt für irgendetwas wollen sie werden. Eltern, die vom Leben bis an die Zumutbarkeitsgrenze selbst gefordert, ja teilweise überfordert sind, sehen dagegen oft gar keine andere Möglichkeit, als ihre Kinder in die nächstgelegene Volksschule oder NMS zu schicken. Dort werden den Kindern ihre Träume häufig ganz schnell ausgetrieben. »Du hast keine Chance, sei vernünftig, du machst das, was man dir sagt«, hören viele von ihnen von ihren Eltern und Lehrern. Kinder lernen nicht, zu leben – sondern: zu überleben.

Aus der Traum

»Bekaxö« würde er einmal werden, schrieb Schröder-Halek ein Zwölfjähriger. Erst durch lautes Lesen wurde ihr bewusst, dass er »Bäckergeselle« meinte. Tatsächlich möchte kaum ein Kind von sich aus Heizungsmonteur, Supermarktkassierer oder Fliesenleger werden. Natürlich kann nicht jeder Popstar werden, aber wir fragen die Kinder nicht einmal, was sie wollen und stecken sie, ganz unabhängig von ihren Fähigkeiten, in jene Berufe, in denen wir sie laut Arbeitsmarktstatistik gerade brauchen oder wo sie eine familiäre Tradition fortsetzen.

Eltern können oft gar nicht abschätzen, welche Konsequenzen falsche Weichenstellungen in der Schule für das Leben ihres Kindes nach sich ziehen. Manchmal wird leider mehr Zeit in die Auswahl des richtigen Pauschalangebots für die jährliche Urlaubsreise investiert als in die Suche nach der besten Schule für das Kind. Die für die Eltern am leichtesten zu erreichende Schule hat dann Vorrang gegenüber der für die ganz individuellen Talente ihres Kindes besten Einrichtung. Dazu kommt natürlich, dass das Angebot an guten Schulen vor allem auf dem Land leider oft begrenzt ist. In den Volksschulen herrscht nach wie vor die »Sprengelreglung«, das bedeutet die zwangsweise Zuweisung in die nächstgelegene öffentliche Schule, ein weiteres Indiz für den planwirtschaftlichen Charakter unseres Schulsystems.

Mobbing, Gewalt und Selbstverletzung

Die zwölfjährige Sabine hat einen Vater, der Alkoholiker ist, der sie und die Mutter ständig schlägt, auch ihren jüngeren Bruder. Sabine versucht, ihre Mutter von der Scheidung zu überzeugen. Wenn Sabine, die eine sehr schlechte Schülerin ist, einmal eine gute Note nach Hause bringt, zeigt sie diese als Erstes ihrem Vater, um ihn zu besänftigen. »Du Sau, niemand hat dich gewollt«, bekommt sie daraufhin von ihm zu hören. Sie schlägt jetzt manchmal zurück, um sich und ihren kleinen Bruder zu schützen. Sabine hat vor einiger Zeit begonnen, sich zu »ritzen«, das heißt, sich selbst mit Rasierklingen blutende kleine Wunden zuzufügen. Sie lässt die blutigen Taschentücher in ihrem Zimmer liegen, in der Hoffnung, dass ihre Mutter sie findet und mit ihr darüber redet. Die Mutter findet die Taschentücher, wirft diese weg und schweigt weiter. Sabine geht in keine Beratungsstelle, weil sie Angst hat, »Schande über ihre Familie zu bringen«. Der Pfarrer des kleinen Ortes könnte erfahren, was sich bei ihr zu Hause abspielt. Die beste Freundin bringt sie mit viel Überredungskunst zum Klassenvorstand. Der sagt ihrer Freundin, sie möge sie nicht aus den Augen lassen und gut auf sie aufpassen. Die Freundin fühlt sich dadurch überfordert.

Kinder »akzeptieren« körperliche Gewalt, weil sie selbst meinen, sie zu verdienen und sie nie etwas anderes kennengelernt haben. Die furchtbaren Spuren, die diese Entwürdigung bei ihnen hinterlässt, können sie nicht ahnen. Noch viel schlimmer als Gewalt empfinden es Kinder subjektiv, wenn sie den Eindruck haben, niemand sei für sie da und sie seien in ihrer Familie völlig isoliert. »Ich habe das Gefühl, ich bin unsichtbar«, schrieb ein Mädchen an Schröder-Halek. Die meisten Jugendlichen begehren ihrer Erfahrung nach gegen unfassbare Zustände zu Hause lange Zeit nicht auf, sondern versuchen erst einmal verzweifelt, die Erwartungen der Eltern zu erfüllen und so deren Zuneigung zu gewinnen.

Mobbing gegen Schüler ist leider nicht nur ein reißerisches Thema in den Medien, sondern bestimmt an immer mehr Schulen den Alltag. Ein bisschen zu dick, eine uncoole Schultasche, das falsche Handy, und schon wird man zum Gespött der Mitschüler. Gab es früher in vielen Klassen einen Außenseiter und einen besonders aggressiven Tyrannen, so nimmt die Zahl der Täter und der Opfer zu. Petra wird von ihren Klassenkameraden gemobbt. Sie stinke, sie sei eine Streberin und böse Gerüchte über ihre Mutter werden in Umlauf gesetzt. Die Burschen finden, dass die Zwölfjährige »einen geilen Arsch« habe und beginnen, diesen auch immer öfter anzufassen. Es ist ihr zu peinlich, mit der Mutter darüber zu reden, das könne sie einfach nicht. Sie entschließt sich, zum Klassenvorstand zu gehen. Dieser gibt ihr den Rat, sich möglichst unauffällig zu benehmen, dann werde das schon vorbeigehen.

Viele Lehrer wurden nie auf solche Situationen vorbereitet und versuchen, sie daher auszublenden. Tendenziell erlebt Schröder-Halek den Umgang von NMS-Lehrern mit diesen Problemen in vielen Fällen als wesentlich engagierter als von Lehrern an Gymnasien.

Ein Drittel der Eltern ist überfordert

Die dargestellten Beispiele sind offensichtlich keine Einzelfälle, sondern Indiz für eine teilweise von ihren Eltern vernachlässigte Generation. So argumentiert auch der Sozialforscher und Leiter der Shell-Jugendstudie Klaus Hurrelmann:[1] Er ist der Meinung, dass wir Eltern heute die absolute Schlüsselrolle bei der Erziehung zubilligen, im Vertrauen darauf, dass sie alles richtig machen. Das funktioniere aber nur bei einem Drittel der Eltern. Nur diese haben die notwen-

1 Klaus Hurrelmann in einem Gespräch über »Brauchen wir den Elternführerschein?«. In: GEO Wissen 37, 4/2006, S. 24–29.

dige erzieherische Kompetenz und Bildung sowie auch die wirtschaftliche Basis. Ein weiteres Drittel kämpft sich irgendwie durch.

> *»Und dann gibt es das untere Drittel. Wenn ich in diese Familien hineinschaue, sträuben sich mir die Nackenhaare. Die großen Potenziale der Kinder werden leichtfertig verschüttet. Einige Eltern etwa stehen noch immer zu der Aussage: Eine ordentliche Tracht Prügel zur rechten Zeit kann nicht schaden. Die Forschung zeigt, dass dies falsch ist, weil es Kinder entwürdigt. Hinzu kommt oft eine schlechte gesundheitliche Situation: falsche Ernährung, falsche Tageseinteilung, mangelnde Hygiene. Viele Dinge, von denen wir dachten, wir hätten sie längst überwunden, kommen wieder. Es gibt eine Vielzahl regelrecht verwahrloster Familien. Deren Probleme kriegen wir nicht mehr allein durch Freiwilligkeit in den Griff.«*

Redet man mit Lehrern, so bestätigen diese den Befund von Hurrelmann. Brigitte G. arbeitet seit zehn Jahren als Schulleiterin an einer Grundschule in einer ländlichen Gemeinde:

> *»Eltern haben offensichtlich kein Gespür mehr dafür, wie man das Kind auf einen eigenen Weg schicken kann. Es fehlt ihnen an Wissen und sie sind nicht bereit, sich dieses zu besorgen oder sich zumindest Rat zu holen. Jeder, der ein Kind gezeugt hat, hält sich schon für einen Erziehungsexperten. Viele stellen die Selbstbestimmung ihres Kindes unreflektiert über alles. Da schaut zum Beispiel der Siebenjährige gemeinsam mit dem 13-jährigen Bruder den ganzen Tag Videos auf YouTube, sicher nicht nur altersadäquate. Weist man die Eltern darauf hin, dass sie eingreifen müssen, weil das gefährlich ist, dann bekommt man zur Antwort ›Das können wir nicht, weil das unser Sohn nicht akzeptieren wird.‹ Es sind oft gerade die gebildeten Eltern, die bei jeder notwendigen Entscheidung fragen: ›Wie soll ich das*

meinem Kind erklären?‹ Dann gibt es leider immer mehr überforderte Eltern. Da kommen die Kinder bei Minusgraden ohne Socken oder Strumpfhose in die Schule, weil die Mutter in der Früh nicht aufgestanden ist. Die Kinder bitten dann, ja nicht mit der Mutter zu reden, weil diese sonst noch mit den Kindern schimpfe. Generell kämpfen wir Lehrer damit, dass manche Eltern alles, was wir tun, generell in Frage stellen. Selbst wenn wir zwei tratschende Kinder auseinandersetzen, beschweren sie sich bei der Schulinspektorin wegen Mobbings. Solche kräfteraubenden Konfrontationen habe ich beinahe täglich.«

Klaus Hurrelmann ist ein Verfechter der Idee des Elternführerscheins. Er plädiert für eine Koppelung des ausbezahlten Kindergelds an den Besuch von Elternkursen. Nehmen die Eltern nicht daran teil, wird es gekürzt. »Das klingt rigide, aber der Staat überweist den Familien Geld aus Steuermitteln und darf schon fragen, ob es gezielt zum Wohle der Kinder eingesetzt wird. Es werden heute leider mehr Kinder von jenen Eltern in die Welt gesetzt, die nicht genügend reflektieren, was es bedeutet, ein Kind zu bekommen. Sie investieren wenig in den Nachwuchs, weil sie die Folgen nicht bedacht haben. Und die, die viel investieren könnten, entscheiden sich oft gegen Kinder – das wirkt sich auf Dauer auf die Bildungsressourcen eines ganzen Landes aus.«

Die Schule darf sich ihrer Verantwortung nicht entziehen

Unsere Schulen stehen vor drei Herausforderungen, auf die sie derzeit nicht vorbereitet sind:

1. Wir haben es zum Teil mit einer unerzogenen Generation zu tun, der von ihren Eltern oft die wichtigsten Regeln und Werte im zwischenmenschlichen Umgang nicht mitgegeben

wurden. Viele dieser Kinder können sich in keine Gemeinschaft einpassen und werden immer aggressiver.

2. Wir haben es zum Teil mit einer vernachlässigten Generation zu tun, die von ihren Eltern nicht die notwendige Zeit und menschliche Zuwendung, ja manchmal noch ärger, nicht einmal ein Frühstück vor der Schule, bekommt. Es gibt auch keinen Esstisch mehr im Wohnzimmer auf dem die Kinder Hausaufgaben machen könnten, sondern eine riesige Couch vor dem Fernseher, auf der Fast Food und Chips konsumiert werden. Viele dieser Kinder verwahrlosen und sind sich selbst völlig allein überlassen.

3. Wir haben es zum Teil mit einer überforderten Generation zu tun, der von ihren oft überehrgeizigen Eltern deren eigene Lebenskonzepte und Glückserwartungen aufgezwungen werden. Kinder werden zu Prestigeprojekten. Viele dieser Kinder zerbrechen an den übersteigerten Erwartungen an sie.

Für die Psychotherapeutin Martina Leibovici-Mühlberger sind das alles Symptome der Überindividualisierung unserer Gesellschaft. Das heißt, es wird nur die Verantwortlichkeit für das eigene Leben gespürt. Sie meint, die individuelle Lebensplanung der Eltern hat Toppriorität bekommen, verbindliche Erziehungsnormen gibt es dagegen nicht mehr.

Vor allem Pflichtschullehrer an Volks- und Mittelschulen klagen glaubhaft, dass sich die Anzahl der verhaltensauffälligen Kinder in den letzten Jahren dramatisch erhöht hat und Eltern ihnen dann auch noch die Verantwortung dafür zuschieben wollen. Diese Probleme lasten wie Mühlsteine auf den Schultern der Direktoren und Lehrer, erschweren den Unterricht und kosten Unmengen von Energie. Natürlich sind diese Probleme nicht neu. Nur wurden sie früher vor allem durch ein autoritäres Schulsystem, welches Kinder mit Prügeln und Angst vor Strafe »disziplinierte«, unterdrückt. Heute haben wir glücklicherweise diesen Untertanenstaat überwunden und leben in einer freieren Gesellschaft mit mehr Bürger- und Kinderrechten. Dieser neu gewonnene Freiraum lässt die lange verdrängten Wertekonflikte nun an die Oberfläche gelangen und der Ort, wo sie für uns alle sichtbar werden, ist die Schule. Diese soziale Druckkochtopfsituation in den Schulen wird vor allem in den Großstädten noch durch den hohen Anteil ausländischer Kinder aus sehr traditionellen Kulturen zusätzlich aufgeheizt. Nachdem viele Migranten dem Islam angehören, kommt es immer stärker zum Aufeinanderprallen religiöser Grundüberzeugungen, beispielsweise wenn Mädchen ganzer Klassen vom Turn- und Schwimmunterricht abgemeldet werden. Eine Thematik, die im Kapitel »Die Bildungsfernen rücken immer näher« behandelt wird. Selbst wenn daher die große Mehrheit der Eltern einer Klasse ihre Erziehungsaufgaben gut erfüllt, ist heute die Wahrscheinlichkeit, dass die Klassenatmosphäre durch ein oder mehrere auffällige Kinder völlig zerstört wird, größer als noch vor 20 Jahren.

Kindererziehung ist eine sehr fordernde Aufgabe, und das erste Kind stellt daher für die Eltern immer eine völlig neue Herausforderung dar. Können daher Eltern nicht auf positive eigene Erfahrungen zurückgreifen, weil sich schon ihre Eltern nicht ausreichend um sie gekümmert haben, so fehlt ihnen auch die notwendige Erfahrung, ihre Kinder entsprechend zu erziehen.

Solche Eltern fühlen sich dann überfordert und antworten den Vorwürfen der Lehrer über ihre Kinder in den Sprechtagen: »Ich weiß selber nicht, was ich machen soll. Auf mich hören sie auch nicht. Was soll ich tun?«

Andere Eltern sind aber nach wie vor gegenüber der Schule in einer falsch verstandenen Autoritätsgläubigkeit verhaftet, die sich oft in dem Satz »Das müsst ihr schon selber wissen, wie ihr mit diesen Problemen meines Kindes zurechtkommt, dafür seid ihr ja da« widerspiegelt. Die gleichen Eltern, die von Pontius zu Pilatus laufen, um gegen ein ihrer Meinung nach ungerechtes Strafmandat beim Falschparken anzukämpfen, resignieren bei der Aufgabe, ihre Kinder in schwierigen Phasen zu unterstützen.

Es macht wenig Sinn, jenen Eltern, die mit ihrer Aufgabe – aus welchen Gründen auch immer – überfordert sind, die Schuld zuzuschieben. Den Kindern hilft das gar nicht. Der Staat könnte durchaus versuchen, Eltern mit dem von Experten vorgeschlagenen Elternführerschein zu bewegen, ihre Erziehungsaufgabe besser wahrzunehmen. Wann immer das aber nicht gelingt, muss der Staat selbst die Verantwortung für diese Kinder übernehmen. Wer sonst? Die Schule ist für solche Kinder die einzige Chance, wo zumindest neun Jahre die Möglichkeit besteht, positiven Einfluss zu nehmen, auszugleichen, was im Elternhaus verabsäumt wurde, und zu verhindern, dass Talente unweigerlich verloren gehen. Denn zu glauben, dass die Unteroffiziere des Bundesheeres die nötige pädagogische Kompetenz haben, um zumindest bei den jungen Männern in wenigen Monaten die vernachlässigte Erziehung nachzuholen, glaubt im 21. Jahrhundert wohl nur eine sehr überschaubare Minderheit. Um daher diese Herausforderung bewältigen zu können, benötigen wir dringend ein völlig anderes Modell von Schule, vor allem ein neues Verständnis für die Rolle der Lehrer. Dafür müssen wir diese entsprechend ausbilden und unterstützen.

Lehrer sind die einzige Bezugsperson, wenn Eltern versagen

Von Lehrern zu erwarten, die Rollen des Löwenbändigers, des Sozialarbeiters, des Psychotherapeuten, des Showmasters im Unterricht, der Fachkapazität und des Talententdeckers perfekt zu erfüllen, ist wohl zu viel verlangt.

Wir dürfen aber den Lehrer auch nicht nur auf seine Funktion als Wissensvermittler reduzieren, wie wir das leider in der Vergangenheit getan haben. Lehrer haben immer zwei Aufgaben gehabt:

- Wissen und Verständnis zu vermitteln.
- Bezugsperson für die Kinder zu sein und somit auch Erziehungsverantwortung auszuüben.

Die heute immer wichtigere Aufgabe des Lehrers als Bezugsperson wird weder im »Besoldungsrecht« honoriert noch gefördert. Ohne eine funktionierende Beziehung zwischen Lehrer und Schüler findet Lernen aber nicht statt. In Filmen, wo Lehrer Helden sind – *Der Club der toten Dichter* mit Robin Williams oder *Dangerous Minds* mit Michelle Pfeiffer sind zwei der bekannteren –, geht es immer um dieselben Verhaltensweisen der Lehrerhelden:

- Den Kindern zuzuhören, auch wenn sie scheinbar nicht reden wollen.
- Den Kindern das Gefühl zu geben, dass man sie in ihrer Welt versteht und akzeptiert.
- Den Kindern Verantwortung für das eigene Leben beizubringen.

Um nicht missverstanden zu werden: Lehrer und Sozialarbeiter sind unterschiedliche Berufe mit verschiedenen Kompetenzen – und sollen das in Zukunft auch bleiben. Der Lehrer der Zukunft wird aber sicher verstärkt Fähigkeiten von Sozialarbeitern benötigen, um seine Aufgaben erfüllen zu können, denn Sozialberufe sind beide. Wir werden aber auch mehr Sozialarbeiter und Psychologen in den Schulen brauchen. Die oft nur wenige Stunden zur Verfügung stehenden Schulpsychologen werden für die immer größere Anzahl von vernachlässigten Kindern in Zukunft sicher nicht ausreichen.

Wer soll das alles bezahlen, werden Sie jetzt zu Recht fragen. Wenn wir die aufgezeigten Probleme nicht bereits im Kindergarten und in der Schule lösen, dann werden sie später explodieren. Immer mehr

Studien zum Thema »Sozialkapital«[2] zeigen eindeutig, wie wichtig es für eine Gesellschaft ist, in die kleinsten sozialen Einheiten wie Schulen, Vereine und andere lokale Beziehungsnetzwerke zu investieren. Das ist langfristig weit kostengünstiger, als später die Kosten für mehr Polizei, Gefängnisse, Arbeitslosengeld, Spitäler oder teure soziale Betreuungseinrichtungen zu tragen. Die brennenden Banlieues in Paris, die Brutstätten von sozialem Elend am Rand europäischer Städte und die katastrophale soziale Situation in vielen US-amerikanischen Großstädten sollten uns eine Warnung sein, wie schnell das Gefühl einer vernachlässigten Generation, die sich ungerecht behandelt und chancenlos fühlt, in Wut und Kriminalität umschlägt.

Gibt es Auswege für die vernachlässigte Generation?

Als in Amerikas Schulen die Gewaltattentate immer mehr zunahmen, fragte die Politik verzweifelt, wie man das verhindern könnte. Die Antwort Robert Resslers, Mentor des Kriminalpsychologen Thomas Müller, bei einem Vortrag im Rahmen der FBI-Akademie war ganz klar: »Stellt nicht 10 000 Polizisten vor die Schulen, sondern schickt 10 000 Psychologen in die Schulen.«

Das war natürlich nicht das, was die Politiker hören wollten, die schnell öffentlichkeitswirksame Aktionen präsentieren wollten. Thomas Müller ist der Meinung, dass die Mehrheit der Lehrer allein schon zeitlich gesehen einfach nicht in der Lage sein könne, mit wirklich problematischen Kindern psychologisch richtig umzugehen. Schüler sind total verschieden. Umso schwieriger wird es aber, wenn sich unter den 25 Schülern ein echtes Problemkind befindet. Dieses eine Kind kann das Klassenzimmer für alle anderen 24 und für den Lehrer zur Hölle machen. Ganz besonders schlimm wird es, wenn der Lehrer, selbst labil und oft uneinsichtig für Hilfestellung, zum Täter

2 Ernst Gehmacher: »Jugend ohne Sozialkapital – die soziale Klimakatastrophe«. In: *Conturen* 4/2007, S. 26–33.

werden könnte. Dann kann er die Lebenswege von Generationen von Schülern zerstören. Fast jedem von uns ist so ein Schüler oder Lehrer in seiner eigenen Schulzeit mindestens einmal begegnet. Im besten Fall nicht in der eigenen, sondern in der Nachbarklasse. Jeder Direktor weiß genau, wer die Problemschüler und -lehrer an seiner Schule sind, von beiden kann er sich nur in Extremfällen trennen.

Beim ersten Anzeichen von Realitätsflucht von Problemkindern tritt Müller dafür ein, die Last der Verantwortung von den in anderen Bereichen ausgebildeten Lehrern zu nehmen und bereits in der Frühphase entsprechend ausgebildete Sozialarbeiter oder Psychologen zur Unterstützung der Pädagogen einzusetzen. Es darf daher nicht zwei Monate dauern, bis endlich ein Psychologe an die Schule kommt, wenn ein Schulleiter dringend einen benötige.

»Viele sehen unsere Schule als Sackgasse. Egal, wie engagiert wir sind«, erzählt der Direktor einer NMS. Eltern antworten einfach oft gar nicht auf Briefe der Schule, Sprechtage seien schlecht besucht und es gebe große Verständigungsschwierigkeiten. Eltern lassen ihre Kinder mit ihren Schulpflichten allein. Das beginne schon beim Frühstück. Ein Großteil der Kinder käme morgens mit leerem Magen zur Schule. Ihr erster Weg in der Früh führt zum Schulbuffet, wo sie sich selbst versorgen. Daher sind die Lehrer an NMS oft gleichzeitig Sozialarbeiter und Familienersatz. Unterstützt werden sie dabei zehn Stunden in der Woche von einer besonders ausgebildeten Beratungslehrerin. Susanne Mayerhofer war früher selbst Hauptschullehrerin und sieht sich als »Feuerwehr«. Ihr Job sei, Eskalationen zu verhindern. Lehrer wenden sich an sie, wenn ihnen Schüler besonders auffallen. Manche Kinder hätten Angst vor dem Nach-Hause-Gehen und wären plötzlich besonders aggressiv oder verschlossen. Mayerhofer steht ein eigener kleiner Raum zur Verfügung, in dem sie mit den Kindern unzensiert und vertraulich sprechen kann. In einer Ecke dieses Zimmers steht ein schwarzer Punchingball. Schüler können zu ihr kommen und ganz einfach darauf einschlagen. »Wenn ich nicht da bin, schieben mir die Kinder oft Zettel unter der Tür durch.«

Es gibt immer Licht und Hoffnung

Dass man mit großem Engagement und einer klaren Vision auch in den härtesten Schulen der Welt erfolgreich sein kann, beweist Bill Strickland seit 40 Jahren mit seinem Bidwell Training Center. Strickland wurde in einer der ärmsten Gegenden von Pittsburgh als Afroamerikaner geboren. Nachdem er seinen Job als Pilot eines Jumbojets Boeing 747 wegen einer der vielen Luftfahrtkrisen verloren hatte, entschied er sich eines Tages, ein Ausbildungszentrum für hoffnungslose Jugendliche zu bauen. Doch er versuchte nicht etwa, ein heruntergekommenes Gebäude von der Stadtverwaltung zu mieten und einige arbeitslose Lehrer zu rekrutieren. Er ging seinen Traum ganz anders an.

Er gewann einen Schüler des legendären Architekten Frank Lloyd Wright dafür, ein 5700 Quadratmeter großes Gebäude zu entwerfen. Er trieb sechseinhalb Millionen Dollar auf, um das Projekt zu verwirklichen. Vor dem Gebäude wurde eine riesige Wasserfontäne errichtet, innen war viel Licht und Wasser, Orchideen wurden von den Jugendlichen gezüchtet und es gab nur ausgezeichnetes Essen. »Das Schlimmste, was dir Armut antut, ist nicht der Mangel an Geld, sondern wie sie deine Seele verändert. Licht und Wasser wurden von Gott nicht nur für die Luxusvillen der Reichen gegeben. Ich wollte eine Atmosphäre für die Jugendlichen schaffen, die ihnen zeigte, wie schön das Leben sein konnte.« Ich hatte die große Freude, mit Bill Strickland 2007 drei Tage im Stift Melk zu verbringen, und empfehle allen, die daran glauben, dass man die Welt sehr wohl auch als Einzelner verbessern kann, sich mit seinem Projekt auseinanderzusetzen.[3] Nur eine Zahl, die seinen großartigen Erfolg dokumentiert: In den ersten fünf Jahren erreichten fast 80 Prozent der vorher völlig chancenlosen Jugendlichen, die sein Programm besuchten, einen Abschluss und absolvierten ein College.

3 www.manchesterbidwell.org

Was wir von diesem visionären Sozialreformator für die Situation in unseren schlimmsten Klassenzimmern lernen können, ist, dass es immer Hoffnung gibt. Respekt und Wertschätzung sind die wichtigsten Waffen, die Bill Strickland und seine Lehrer jeden Tag einsetzen, um die verlorenen Jugendlichen seiner Heimatstadt Pittsburgh für das Leben zurückzugewinnen. Seine Schule ist die einzige im ganzen Viertel, in der die Schüler nicht mit Metalldetektoren auf Waffen untersucht werden.

Bill Strickland dient als Beispiel dafür, wie hoch qualifizierte und motivierte Einzelkämpfer noch vieles retten können, was ein schlimmes soziales Umfeld angerichtet hat. Und glücklicherweise gibt es auch in Österreich und Deutschland viele ähnlich engagierte Menschen und Initiativen wie Ashoka (*www.ashoka-cee.org*) oder Teach For Austria (*www.teachforaustria.at*). Ich durfte selbst Mentor für einen Fellow von Teach For Austria sein, der mir sehr berührend erzählt hat, wie dankbar die Schüler an seiner NMS waren, weil er sich die Zeit nahm, mit ihnen zu reden. Sie blühten im wahrsten Sinn des Wortes auf.

Nur: Noch so viele Einzelkämpfer werden nie ausreichen, um die Talente aller Kinder zu retten, deren Eltern mit ihrer Erziehung einfach überfordert oder prinzipiell bildungsfeindlich sind. Die Schule hat in Zukunft gar keine andere Wahl, als es zu einer ihrer Hauptaufgaben zu machen, Verantwortung für diese Kinder zu übernehmen. Denn viele jener Kinder werden selbst wieder Eltern sein. Manche früher, als es für sie gut ist, und mit einem Partner, den sie nicht selbst ausgesucht haben. Die Sehnsucht nach einer glücklichen Familie steht bei der jungen Generation ganz oben in der Werteskala – noch weit vor materiellen Werten. Dort liegt auch die Chance.

Noch vor 200 Jahren waren Kinder Investitionsobjekte. Man bekam sie, weil es sich wirtschaftlich lohnte, sie auf den Feldern mitarbeiten mussten oder man einen Nachfolger für den Betrieb brauchte. Kinder waren eine Altersversorgung. Sie waren einfach nützlich. Heute sind Kinder in der Regel Wunschkinder. Kinder zu erziehen ist spannender als jeder Beruf und jeden Tag ein neues Abenteuer. Kinder sind die einzige unkündbare Beziehung im Leben eines Menschen.

Die dunkle Seite der Ohnmacht oder Wie viel Ablehnung und Fehlurteile hält ein junger Mensch aus?

Der Dechant des Ortes besuchte das Haus der Eltern von Franz, als dieser drei Jahre alt war. Es war das Gerücht zu ihm gedrungen, dass der kleine Franz lange Predigten hielt, sobald man ihn auf den Wohnzimmertisch stellte – in einem Alter, in dem die meisten Kinder die ersten zusammenhängenden Sätze zu sprechen beginnen. Zur großen Überraschung des Kirchenmannes passierte das kleine Wunder tatsächlich. Franz hielt auch vor dem Dechant eine lange Predigt, die Teile aus dessen Kanzelrede vom letzten Sonntag enthielt, aber von dem Kind eigenständig weiterentwickelt wurde.

Franz fiel in der Volksschule nicht besonders auf, er war sehr ruhig, fand keine Freunde, erbrachte aber außergewöhnliche schulische Leistungen auf fast allen Gebieten. Die Eltern hatten für ihn schon eine Lehrstelle als Elektriker in Aussicht, die Franz nach Abschluss der Hauptschule antreten sollte. Der Dechant setzte sich bei den Eltern mit seiner Ansicht durch, dass ihr Kind unbedingt ein Gymnasium besuchen müsse. Auch dort war Franz ein Außenseiter. Dies hatte einerseits mit seiner einfachen sozialen Herkunft unter großenteils aus gutbürgerlichem Milieu stammenden Mitschülern und andererseits mit seiner unbeholfen wirkenden, von starkem Dialekteinschlag und leichten Sprachfehlern geprägten Sprechweise zu tun. Er zeigte zwar geniale Leistungen in Mathematik, Physik, Chemie und Geschichte, die weit über die eines guten Schülers hinausgingen, aber sie verhalfen ihm nicht zur ersehnten Anerkennung.

Einen absoluten Höhepunkt seines Könnens lieferte Franz bei der Matura, wo er vor der Prüfungskommission eine fachlich hochstehende Diskussion mit seinem Physiklehrer auf dem Gebiet der Relativitätstheorie führte. Die übrigen Mitglieder der Kommission konnten dieser Auseinandersetzung nicht mehr folgen. Sie endete in einer Streitfrage, in der beide Kontrahenten, der Lehrer und der Schüler, unbeirrbar ihren Standpunkt verteidigten. Der Physiklehrer ließ die Maturakommission wissen, dass es ungefähr zwölf Menschen auf der Welt gäbe, die die Relativitätstheorie wirklich verstanden hätten. Durchaus nicht unter mangelndem Selbstbewusstsein leidend, ließ der Physiklehrer keinen Zweifel daran offen, dass er sich zu den zwölf zählte. Er müsse daher darauf beharren, dass sein Standpunkt in dieser einen Streitfrage der richtige sei, er respektiere aber das enorme Wissen des Schülers, benote ihn mit »Sehr gut« und werde in Zukunft nur mehr davon reden, dass es 13 Menschen gäbe, die die Relativitätstheorie wirklich verstünden. Franz gehöre für ihn ab heute dazu. Bei der zehnjährigen Maturafeier gab der Physiklehrer dann vor allen ehemaligen Schülern sogar zu, dass Franz damals recht gehabt hätte und er das einfach vor der Maturakommission nicht eingestehen wollte.

Es war naheliegend, dass Franz seiner Leidenschaft folgte und theoretische Physik in Graz inskribierte mit dem Ziel, Atomphysiker zu werden. Da er aus einem sehr einfachen Elternhaus kam, suchte er um ein Stipendium an. Dem Ansuchen wurde zwar stattgegeben, doch die bewilligte Summe lag unter dem eingereichten Betrag. Es wäre daher notwendig gewesen, nochmals einzureichen oder ein Gespräch mit dem zuständigen Beamten zu führen. Franz empfand diesen Bescheid aber als Abweisung, brach sein Studium nach nur drei Monaten ab und ging als Hilfsarbeiter erst ins Stahlwerk Donawitz und anschließend weiter nach Deutschland, um bei Daimler-Benz als Fließbandarbeiter sein Auslangen zu finden. Er war dort mit vielen Ausländern zusammen, Türken, Polen, Italienern und Jugoslawen. Er wohnte gemeinsam mit ihnen auf engstem Raum, half ihnen beim Ausfüllen von Formularen und gab ihnen sogar manchmal Geld.

Eines Tages merkte Franz, dass seine Unterwäsche fehlte. Offensichtlich wurde sie von Kollegen aus der gemeinsamen Garderobe entwendet, mit der erkennbaren Absicht, ihn zu ärgern, da sie ja keinerlei Wert hatte. Er stellte sofort sein Engagement für alle Kameraden ein und entwickelte eine ausgefeilte Methode, um den Übeltäter zu finden. Er spannte einen dünnen Faden, der für den Täter unmerkbar beim Öffnen des Garderobeschranks riss, aber Franz auch im Schlaf warnte. Innerhalb kürzester Zeit wurde der »Täter« gefasst.

Nach einiger Zeit bewarb sich der Hochbegabte, der am Fließband arbeitete, um eine Stelle als technischer Zeichner bei Daimler-Benz. Auch für diese Aufgabe wäre er weit überqualifiziert gewesen. Trotzdem wurde sein schüchtern vorgebrachtes Anliegen abgelehnt. Man müsse bei der Vergabe von qualifizierten Stellen eigene Staatsbürger bevorzugen, hieß es.

Ohne auch nur zu kündigen und das ihm zustehende Geld abzuholen, kehrte Franz in seine Heimatgemeinde zurück. Er verfiel in eine schwere Depression und wurde sogar in die Psychiatrie eingeliefert. Nach einiger Zeit fand er eine Stelle bei einem ehemaligen Mitschüler als technischer Zeichner. Er war extrem tüchtig, nur scheiterte er an seinem Perfektionswahn. Für technische Berechnungen von Kraftwerken, die eine Fehlertoleranz von einem Meter auf eine Distanz von Tausenden von Kilometern zulassen, versuchte er diese auf unter ein Hundertstel Millimeter zu drücken. Er wurde gekündigt mit dem Hinweis, dass er einfach nicht tragbar sei für diese Aufgabe, man ihn aber an eine andere Firma vermitteln werde. Franz nahm dieses Angebot nicht an und zog sich noch mehr in das Haus seiner Eltern zurück, wo er in einem angefügten Zubau arbeitete. Seine Eltern wussten nicht, woran, wollten ihn aber nicht stören. Seit seiner frühen Kindheit hatte er ihnen klargemacht, dass er seine Ruhe brauche. »Wenn der Franzl arbeitet, muss er allein sein, da dürfen wir ihn nicht stören«, erzählten sie den wenigen Bekannten.

Franz plante alles in seinem Leben bis ins kleinste Detail – sogar den eigenen Tod. »Es würde für mich einen großen Triumph bedeuten, meine Leiche fern von menschlichem Zugriff gebracht zu haben. Sollte meine Leiche aber dennoch gefunden werden, möchte ich bei Nacht und Nebel und ohne Pfarrer begraben werden.« Wie an so vielen Dingen, die er sich vorgenommen hat, würde er zuletzt auch an diesem Ziel scheitern. Franz Fuchs sollte es dafür zu negativer Berühmtheit bringen.

Von 1993 bis 1997 verübte Franz Fuchs im Namen einer »Bajuwarischen Befreiungsarmee« zahlreiche Anschläge mit Brief- und Rohrbomben. Die Anschlagserie forderte vier Todesopfer, 15 Menschen wurden zum Teil schwer verletzt. Die Opfer waren entweder selbst Migranten oder unterstützten diese durch politische und soziale Aktivitäten. Am 26. Februar 2000 beging Franz Fuchs in seiner Zelle Selbstmord.

Diese Zelle war die österreichweit am besten kontrollierte Zelle und rund um die Uhr videoüberwacht. Franz Fuchs hatte durch scheinbar freundschaftliche Gespräche mit dem Wachpersonal ein ideales Zeitfenster für die Tat errechnet. Obwohl er beide Hände bei der Festnahme durch seine eigene Bombe verloren hatte, gelang es ihm, sich mithilfe des Kabels seines Rasierapparats und des Leitungsrohrs vom Wasserkasten an der Decke zu erhängen. Für die Vorbereitung und Durchführung seiner letzten Tat standen ihm gerade 20 Minuten zur Verfügung. Er hatte es geschafft, in einer Zeit, in der niemand damit rechnete, und auf eine Art, die niemand für möglich gehalten hätte, fast alle zu überraschen. Franz Fuchs war auch handwerklich sehr talentiert.

Die Psyche des Attentäters

Meine Gespräche mit dem Kriminalpsychologen Thomas Müller, der das Täterprofil des Briefbombenattentäters vor seiner Ergreifung ausgearbeitet hat, und mit dem Gerichtspsychiater Reinhard Haller, der das Gutachten über Franz Fuchs erstellt hat, erwiesen sich als so spannend, dass ich mich entschlossen habe, sie dem Leser nicht vorzuenthalten.[1] Die Frage, ob es im Leben von Franz Fuchs mögliche Wendepunkte gegeben hätte, ist natürlich Spekulation, kann aber wie alle Fallstudien beim Leser zumindest neue Fragen darüber auslösen, warum aus einem in vielen Bereichen genial begabten Menschen ein Mörder und Attentäter wurde, der sein eigenes Leben und das von vielen anderen zerstört hat.

Mir ging es vor allem darum, herauszufinden, welche Rolle die bisher öffentlich wenig beleuchtete Kindheit und Schulzeit von Franz Fuchs für seine Taten gespielt haben könnte. Die oben dargestellte Lebensgeschichte von Franz Fuchs beruht ausschließlich auf den Tatsachen, die Reinhard Haller herausgefunden hat. Haller ist Facharzt für Psychiatrie und Neurologie, gerichtlich beeideter Sachverständiger und gilt als internationaler Experte für Kriminalpsychiatrie. Er hat mehrere Bücher veröffentlicht, darunter *Die Seele des Verbrechers* oder *Die Macht der Kränkung*. Reinhard Haller kam zum Fall Fuchs, weil es ihm gelungen war, als damals sehr junger Gerichtspsychiater den Prostituiertenmörder Jack Unterweger zum Reden zu bringen, der zuvor 30 Gutachter abgelehnt hatte. Unterweger, der ein Meister der Manipulation von Menschen war, entschied sich damals für Haller, weil er hoffte, mit dem jungen Mann leichtes Spiel zu haben.

Ich fragte Haller, wie es ihm gelungen sei, Fuchs zum Reden zu bringen, was Letzterer ja ursprünglich konsequent abgelehnt hatte. Haller schilderte mir seine erste Begegnung mit Fuchs in dessen Zelle während der Untersuchungshaft.

Fuchs machte beim ersten Kontakt sofort klar, dass er nicht bereit wäre, sich untersuchen zu lassen, und das Gespräch für ihn beendet wäre. Haller antwortete, dass er Vorarlberger sei, die ganze Nacht im Zug hergefahren sei, nur für dieses Gespräch, und er die Antwort auf

1 Eine genaue Analyse von Reinhard Haller können Interessierte unter dem Titel »Psychiatrische und psychodynamische Aspekte des Falles Franz Fuchs – genannt ›das Bombenhirn‹« lesen. Vgl.: Thomas Bender und Thomas Auchter (Hrsg.): *Destruktiver Wahn zwischen Psychiatrie und Politik. Forensische, psychoanalytische und sozialpsychologische Untersuchungen.* Gießen 2004, S. 249–266.

eine einzige Frage wolle. Dann würde er die Gesprächsverweigerung von Fuchs akzeptieren und sofort wieder abreisen.

»Warum hatte die ›Bajuwarische Befreiungsarmee‹[2] in allen Bundesländern Stützpunkte, nur nicht in Vorarlberg?«, fragte ihn Haller.

Woher er denn genau aus Vorarlberg sei, wollte Fuchs daraufhin wissen.

Haller antwortete wahrheitsgemäß, dass er aus dem kleinen Ort Frastanz komme.

»Wann war die Schlacht von Frastanz, in der die Vorarlberger gegen die Appenzeller gekämpft hatten?«

Haller war von dieser Frage völlig überrascht, da Fuchs ja von der Außenwelt abgeschnitten in der Zelle lebte und daher keine Ahnung über ihn und seine Herkunft haben konnte. Durch einen reinen Zufall kannte er die richtige Antwort, weil ein Plakat, das an diese Schlacht erinnerte, eine Zeit lang in der Nähe von seinem Haus gehangen hatte.

»Das war am 20. April 1499«, antwortete Haller.

»Daraufhin begann Franz Fuchs, mir stundenlang über die Kriege und Völkerwanderungen in Vorarlberg zu erzählen. Ich hatte seine Prüfung durch Zufall bestanden. Ich war seiner würdig. Der Bann war gebrochen.«

Franz Fuchs ist das Paradebeispiel für ein gekränktes Genie. Er erwies sich in fast allen Bereichen als genial, mit Ausnahme seiner mangelnden sozialen Intelligenz, die auf einer schweren narzisstischen Kränkung beruhte. Daher waren sich fast alle Experten – mit Ausnahme des Kriminalpsychologen Thomas Müller – einig, dass es sich um keinen Einzeltäter, sondern um eine Gruppe handeln müsse. Nur Müller glaubte immer an einen Einzeltäter und baute seine Strategie darauf auf.

Offensichtlich hatten Fuchs' Erfahrungen mit seiner von Ausländern gestohlenen Unterwäsche in seiner Zeit als Fließbandarbeiter

2 »Bajuwarische Befreiungsarmee« war die von Franz Fuchs geschaffene Bezeichnung, unter der er seine Verbrechen verübte.

bei Daimler-Benz seinen Hass auf die Ausländer ausgelöst. Als er dann noch als technischer Zeichner abgelehnt wurde, weil er in Deutschland selbst Ausländer war, lief das Fass bei ihm über. Er berief sich auf das Naturrecht und begann nun in seinem eigenen Land Österreich den Kampf gegen Ausländer. Fuchs wollte mit seinen terroristischen Aktivitäten vor allem Wirkung bei Journalisten erzielen. Ihm war klar, dass ein einziger Bombenanschlag, wie zum Beispiel in Rom oder in London, nur kurzfristige Aufmerksamkeit bringen würde. Die Angst, die jeder verdächtige Brief als potenzielle Briefbombe auslöste, war dagegen viel größer und erzeugte die von Fuchs angestrebte nationale Hysterie. So wie Franz Fuchs bei der Matura zeigen wollte, dass er weltweit der beste Kenner der Relativitätstheorie sei, wollte er nun der beste Bombenbauer der Welt werden. Bombenbauer versuchen normalerweise, die Bombe so zu konstruieren, dass bei der Explosion der Schaltplan völlig zerstört wird, weil dieser Rückschlüsse auf den Täter erlauben würde. Franz Fuchs hat seine Schaltpläne in den Bomben in Harz gegossen, damit die Ermittler erkennen konnten, was für ein genialer Bombenbauer er war. Seine Waffe basierte auf der Grundidee mit dem dünnen Faden, die Fuchs in Deutschland entwickelt hatte, um den »Unterhosendieb« zu entlarven.

Veranlagung, soziales Umfeld, Eigenmotivation oder Zufall? Warum waren die Feinde des talentierten Franz Fuchs so stark, dass er selbst zum Feind der Gesellschaft wurde? Fuchs war offensichtlich mit einer Vielzahl von besonderen Fähigkeiten veranlagt. »Kein mir bekannter Verbrecher in der Geschichte vereinigte so viele unterschiedliche Rollen. Er war ein hervorragender Historiker, Ideologe, Grafiker, Chemiker, Physiker, Stratege, Elektroniker, Logistiker, Schriftsteller und auch Frontsoldat, der seine Anschläge unter enormem Stress auch selbst ausführte«, meint Haller.

Woher die schwere Kränkung kam, die zu der narzisstischen Störung führte, ist nicht eindeutig. Man weiß, dass Fuchs ohne Vater aufwuchs, der auswärts arbeiten musste, und die Mutter eine sehr strenge Frau war. Die wichtigste Bezugsperson für ihn stellte die

Großmutter dar, die ihm vor allem beibrachte, dass man alles selbst perfekt beherrschen musste. Seine gesamte Familie war offensichtlich mit seinem Talent völlig überfordert. Erst der Dechant erkannte seine Begabung und setzte für Fuchs die Weichenstellung in Richtung Gymnasium durch.

Fuchs war aber immer ein Einzelgänger und nicht in der Lage, soziale Beziehungen aufzubauen. Er hatte keine Freunde und ganz offensichtlich zeitlebens auch nie eine Beziehung zu einer Frau. Wann immer er etwas als schwere Kränkung erlebte, wie zum Beispiel die Ablehnung seines Ansuchens um ein Stipendium, war niemand da, der ihn vor einer Überreaktion bewahren konnte.

Das Problem von Franz Fuchs bestand nicht darin, dass sein Talent nicht erkannt wurde. Es wurde aber nie in die richtigen Bahnen gelenkt. Der Physiklehrer, welcher Franz Fuchs bei der Matura in den Klub jener 13 Menschen aufgenommen hatte, die die Relativitätstheorie verstanden hatten, machte sich offensichtlich selbst Vorwürfe. Er verteidigte Fuchs bei der Gerichtsverhandlung und sagte aus, dass er diese Taten einem so freundlichen Menschen wie Fuchs einfach nicht zutrauen würde. Der Physiklehrer glaubte bis zuletzt an die Unschuld von Franz Fuchs.

Kann man Gewalttäter in der Schule erkennen?

Keinen Zweifel an der individuellen Verantwortung von Franz Fuchs lässt Kriminalpsychologe Thomas Müller: Er hat in seiner Laufbahn über 2000 Kapitalverbrechen analysiert, darunter auch jene von Fuchs. Müller erlernte sein Handwerk beim Erfinder des Täter-Profilings, Robert K. Ressler, Anfang der Neunzigerjahre beim FBI. »Für die kriminelle Neigung kann man niemanden verantwortlich machen, für die Tat ist jeder voll verantwortlich. Positiv formuliert: Das Talent habe ich bekommen, für die Nutzung bin ich verantwortlich, wenn man mir die Chance gibt.«

Ich fragte Müller, ob man schon in der Schullaufbahn erkennen könne, dass hier ein möglicher Gewalttäter heranwachse, und was man dagegen tun könne. Seine klare Antwort:

> *»In der Schule ist es leider fast immer schon zu spät. Psychologisch erleben spätere Täter im Alter zwischen drei und sechs Jahren Situationen, die sie einfach nicht mehr bewältigen können.*
> *Das kann der die Mutter schlagende Vater sein, das kann die Kommunikationsverweigerung der Eltern sein, die zur Isolation führt. Die Natur hat uns dafür mit einem einfachen Schutzmechanismus versorgt. Wir flüchten in unsere Fantasien. Dort sind wir mächtig. Wir können den schlagenden Vater töten. Ja, wir können jede noch so kleine Demütigung mit roher Gewalt rächen. Viele Verhaltensauffälligkeiten und Provokationen gegenüber Eltern oder Lehrern sind oft nur Hilfeschreie nach Beachtung und Kommunikation. Werden diese Signale nicht erkannt, dann kann ein Gewaltvideo der Nährboden und eine verletzende Bemerkung eines Lehrers der Eskalationsauslöser sein. Die meisten Lehrer können gar nicht psychologisch darin geschult sein, diese Signale richtig zu deuten.«*

Seiner Ansicht nach ist die immer knappere Zeit der Schlüssel vieler familiärer Probleme. Das rasante Tempo der Kommunikation in den sozialen Medien macht es für viele Eltern zunehmend schwieriger, die Gesprächsfähigkeit mit ihren Kindern aufrechtzuerhalten. Wenn die Kinder dann das Gefühl haben, dass sie mit ihren Sorgen und Problemen alleingelassen werden, flüchten sie umso mehr in virtuellen Welten. Manche Eltern beruhigen ihr Gewissen, indem sie dem Kind immer die neuesten elektronischen Geräte kaufen. Ein neues Handy ersetzt aber kein menschliches Gespräch. Ein »Jetzt nicht« stellt nach Thomas Müller für viele Kinder eine Weiche in Richtung Absonderung und Vereinsamung. »Wir haben keine Zeit für Gespräche mit unseren Kindern, mit unseren Partnern und mit den Alten. Sprachlosigkeit ist der erste Schritt in die Isolation. Und die schlimmste gewaltfreie Folter ist die Isolation.«

Wie gefährlich diese Entwicklung nicht nur für unsere Schulen, sondern für unsere Gesellschaft ist, zeigen die Erfahrungen von Thomas Müller. Er kommt auf drei wesentliche Ursachen für das Verhalten pathologischer Täter:

- Isolation
- mangelndes Selbstwertgefühl
- keine funktionierende soziale Kommunikation

Alle diese Faktoren trafen auf Franz Fuchs zu. Er war ganz offensichtlich ein psychisch schwer gestörter Mensch, der immer mehr in seine eigene Welt flüchtete. Dass er auf der anderen Seite hochbegabt war, ist ebenfalls aufgrund aller Fakten unbestritten. Gerade die Kombination aus hoher Begabung und großem Hass gegen die Gesellschaft ist fatal. Denn besonders Begabte gehen keine Kompromisse ein. Entweder sie identifizieren sich mit den Werten ihrer Umgebung, so werden sie zu wertvollen Mitgliedern der Gemeinschaft, oder sie lehnen dieses System ab, dann rebellieren sie dagegen, leisten Widerstand bis zur Sabotage und Gewalt. Anpassen tun sich besonders Begabte nie.

Reinhard Haller, der in Summe 100 Stunden mit Franz Fuchs gesprochen hat, kommt zu dem Schluss: »Wenn einige Dinge im Leben des Franz Fuchs anders gelaufen wären, dann hätte Österreich vielleicht einen Physiknobelpreisträger mehr und auf alle Fälle einen toten Terroristen weniger.«

Das Schwarze Loch oder Wohin die Talente vieler junger Menschen auf dem Weg zum Erwachsenen verschwinden

Genetiker sagen: »Die Gene sind Bleistift und Papier, aber die Geschichte schreiben wir selbst.« Das Talent eines Menschen hängt von vier Faktoren ab:

- der genetischen Veranlagung
- dem Umfeld von Gesellschaft, Eltern, Lehrern und Freunden
- der Eigenmotivation
- dem Zufall

Welche dieser Faktoren entscheiden tatsächlich darüber, ob junge Menschen ihr Talent gut umsetzen können oder ob es verloren geht – und wer ist dafür verantwortlich?

Eine aufwendige Studie von Mihaly Csikszentmihalyi untersuchte 208 ausgewählte talentierte Teenager von ihrem Eintritt in die Highschool, die amerikanische Form unserer Oberstufe, bis zu ihrem Schulabschluss.[1] Alle wurden von ihren Lehrern vor dem Beginn der Highschool als besonders begabt in den fünf Fächern Kunst, Sport, Mathematik, Musik und Naturwissenschaften identifiziert.

Im Zentrum der Untersuchung stand die Frage, wie die große Lücke zwischen dem hohen Prozentsatz talentierter Kinder und dem weit geringeren Prozentsatz besonders begabter Erwachsener entsteht. Die Ausgangsthese war, dass die Weiterentwicklung von Talen-

1 Mihaly Csikszentmihalyi: *Talented Teenagers: The Roots of Success and Failure.* Cambridge 1993.

ten eines der wichtigsten Ziele der Gesellschaft sein sollte, um den humanitären Fortschritt gewährleisten zu können. Ich will mich bei der kompakten Darstellung der Ergebnisse dieser Studie vor allem auf drei Aspekte konzentrieren:

1. Welche Rolle spielt die Gesellschaft dabei, ob sich Talente auf bestimmten Gebieten entfalten können?
2. Was sind die Gründe, warum manche der besonders begabten Jugendlichen ihr Talent während der Schulzeit weiterentwickeln können, während andere es verschwenden?
3. Welchen Einfluss hat die Schule auf die Entwicklung von Talenten?

Dem vierten wichtigen Aspekt – der Rolle der Eltern – habe ich das Kapitel »Prinzip Selbstverantwortung oder Wie Eltern die Talente ihrer Kinder richtig fördern können« gewidmet.

Um eines gleich vorwegzunehmen: Erwarten Sie keine einfachen Antworten. Talent ist keine Eigenschaft wie ein hoher IQ, die einem Menschen angeboren ist, sondern ein komplexes soziales Phänomen. Schon allein was in einer Gesellschaft als besonders wertvolle Eigenschaft gewertet und daher anerkannt wird, ist sehr unterschiedlich. So galt Epilepsie in manchen Kulturen als göttliche Gabe und wurde hoch verehrt. In unserer Gesellschaft gelten Menschen, die einen IQ von höher als 130 haben, als besonders begabt, das hängt aber mit dem sehr hohen Stellenwert zusammen, den wir dem abstrakten logischen Denken geben.

Talent kann man sich daher am besten als eine Entwicklungschance vorstellen, und nicht als etwas, das man hat oder nicht. Talent ist ein Prozess, der sich über Jahre entfaltet, und nicht etwas, mit dem man geboren ist und das man für den Rest seines Lebens besitzt. Talent bei Kindern bedeutet daher immer nur die Möglichkeit, dass etwas Besonderes daraus wird.

1. Die Rolle der Gesellschaft

Angeborenes Talent auf einem bestimmten Gebiet erhöht die Wahrscheinlichkeit, auch bessere Leistungen zu erzielen. Voraussetzung dafür sind Umweltbedingungen, die es überhaupt erst ermöglichen, dass sich ein Talent entwickeln kann. Wäre Mozart in Afrika aufgewachsen, wo keine Klaviere existierten, gäbe es heute seine Oper *Die Zauberflöte* nicht. Genauso wenig könnte ein junger Mensch, der mathematisch genial begabt ist, ein großer Mathematiker werden, wenn es keine Fachexperten, keine wissenschaftlichen Institutionen und vor allem keine gesellschaftliche Anerkennung der Mathematik in seiner Gesellschaft gäbe, wie das Beispiel von Srinivasa Ramanujan zeigt. Sein insgesamt neun Seiten langer Brief, der am 16. Januar 1913 an den damals führenden Mathematiker der Welt, Godfrey Harold Hardy, gerichtet war, enthielt eine Vielzahl mathematischer Sätze, allerdings ohne Beweise. Hardy erkannte das Talent des jungen Inders und war tief beeindruckt von den Formeln. Ein einfacher Blick reichte Hardy aus, um zu erkennen, dass diese nur von einem Mathematiker höchster Klasse entwickelt worden sein konnten. Hardy lud Ramanujan nach England ein. Es sollte sich zeigen, dass Hardy nicht nur selbst ein grandioser Mathematiker, sondern auch als Talententdecker Weltklasse war. Ramanujan entwickelte sich zu einem der größten Mathematikgenies seines Jahrhunderts und wurde »Fellow of the Royal Society«, eine der höchsten wissenschaftlichen Auszeichnungen seiner Zeit. Für die meisten seiner revolutionären Formeln lieferte er keine Beweise, sie wurden aber von Mathematikern späterer Generationen bestätigt. Doch dies soll kein Buch über die Entdeckung der Geheimnisse der Mathematik sein, das kann Rudolf Taschner wahrlich besser.

Die spannende Lebensgeschichte von Ramanujan mit dem Titel *Die Poesie des Unendlichen* (Originaltitel: *The Man Who Knew Infinity*) wurde im Jahr 2015 verfilmt. Seine Biografie zeigt, wie knapp die Grenze zwischen Ruhm und Bedeutungslosigkeit ist – auch großes

Talent muss erst entdeckt werden. Nicht einmal Ramanujans Ehrgeiz und seine hohe Eigenmotivation hätten ausgereicht, es in Indien zu mehr als einem tüchtigen Buchhalter in der Hafenverwaltung mit einem seltsamen Hobby zu bringen. Mathematik war in Indien damals weder ein besonders angesehenes Gebiet, noch war das Land mit den führenden Experten auf der Welt vernetzt. Am Anfang bestand die größte Herausforderung für Ramanujan darin, sich erst die Aufmerksamkeit und dann den Zugang zu jener Welt zu erkämpfen, in der man sein Talent überhaupt erkennen konnte.

Ramanujan wuchs zumindest in einer sozialen Schicht auf, in der er lesen, schreiben und rechnen lernte. Wir können uns aber leicht vorstellen, wie viele hoch entwickelte genetische Anlagen der Menschheit durch die Tatsache verloren gehen, dass viele Menschen nie richtig lesen und schreiben lernen, besonders in armen Ländern. Allein dieses Faktum zeigt, wie leicht widerlegbar die Behauptung ist, dass sich Begabung ohnehin im Leben immer durchsetze. In einer Kultur, die bestimmten Fachgebieten keine Relevanz gibt, oder in Ländern, denen die ökonomischen Möglichkeiten fehlen, der Mehrheit der Bevölkerung auch nur Lesen und Schreiben beizubringen, geht zweifellos eine Vielzahl von Talenten verloren, ganz unabhängig davon, wie ehrgeizig und begabt ein junger Mensch ist. Es ist beschämend, dass auch reiche Länder wie die USA, Deutschland und Österreich nicht in der Lage sind, allen Kindern zumindest Lesen und Schreiben in einer ausreichenden Qualität beizubringen, wie die erschreckend hohen Prozentsätze von funktionalen Analphabeten, die nicht sinnerfassend lesen können, in diesen Staaten zeigen.

2. Dem Erfolg und Scheitern von talentierten Teenagern auf der Spur

»Viele Menschen suchen nach dem Glück wie ein Betrunkener nach seinem Haus. Sie können es nicht finden, aber sie wissen, dass es existiert.«
Voltaire

Die 208 in der Studie von Csikszentmihalyi interviewten Jugendlichen wiesen große Unterschiede darin auf, wie gerne sie ihre Begabung auch tatsächlich ausübten.[2] Obwohl sie alle über ein sehr hohes Begabungsniveau verfügten, litten manche unter dem großen Leistungsdruck, dem sie seitens ihrer Eltern und Lehrer ausgesetzt waren. Einige der mathematisch Begabten waren durchaus selbstbewusst, was ihre Fähigkeiten betraf, während andere, die objektiv gesehen gleich begabt waren, sich für nicht klug genug hielten. Manche wählten freiwillig Kurse, die unter ihrem Niveau waren, um ihre Eltern mit guten Noten zu befriedigen. Andere waren so motiviert, dass sie es nicht erwarten konnten, jeden Tag in die Schule zu gehen.

Ein wesentliches Ergebnis ist, dass talentierte Schüler, deren Hauptmotivation aus der Ausübung ihrer Begabung herrührt, nicht nur langfristig erfolgreicher, sondern – und das ist noch viel wesentlicher – auch glücklicher mit ihrem Leben sind. Ähnlich talentierte Schüler, die primär durch Druck oder in Erwartung von zukünftigen Belohnungen motiviert sind, verlieren oft die Lust an ihrem Talent, hören auf, es auszuüben und es ist für sie selbst und für alle verloren. Die Wahrscheinlichkeit, eine Begabung, die in der Pubertät nicht mit viel Konzentration, hoher Intensität und Freude ausgeübt wird, im späteren Leben tatsächlich zu nutzen, ist sehr gering. Bestenfalls wird dann oft ein Hobby daraus.

Junge Naturwissenschaftler sollten schon früh erleben, dass Forschen auch Freude macht und nicht nur Pflicht ist. Dagegen ist es für

---

2 Ebd.

junge Künstler entscheidend, rechtzeitig zu beginnen, über den langfristigen Nutzen ihres Schaffens nachzudenken.

Von der Persönlichkeitsstruktur her zeichnen sich begabte Kinder, die ihr Talent auch während der Pubertät weiterentwickeln können, vor allem durch zwei Eigenschaften aus, die unabhängig vom Ausmaß und dem Gebiet ihrer Begabung sind:

Erstens sind sie offen für das tiefe positive Erleben, das ihnen die Ausübung ihres Talents ermöglicht, und sie lassen sich weniger von anderen Dingen ablenken als vergleichbare Altersgenossen. Sie geben der Ausübung ihres Talents mehr Priorität als dem Verbringen von Zeit mit Freunden, Fernsehen, aber auch Tätigkeiten wie Hausarbeit oder Hobbys.

Zweitens brauchen sie auch mehr Zeit des Alleinseins, um ihr Talent vertiefen zu können, das führt mitunter zu emotionalen Schwankungen und düsteren Stimmungen, die sie aber durch jene Glücksgefühle, die sich durch das Ausleben ihres Talents einstellen, ausgleichen können.

3. Die Schule als Talentfalle

Die positive Wirkung einer harmonischen Familie, die ihr Kind fördert und unterstützt, kann von demotivierenden negativen Lernerfahrungen in der Schule unterminiert werden. Der Einfluss der Schule kann gar nicht hoch genug eingeschätzt werden, wenn es darum geht, ob Talente in der schwierigen Zeit der Pubertät überleben oder im Schwarzen Loch versinken.

Csíkszentmihályi verwendete in der Studie spezielle Pager, die die Schüler nach dem Zufallsprinzip mehrmals am Tag aufforderten, bestimmte Fragen zu ihrer Tätigkeit im jeweiligen Augenblick auf Notizblöcken zu notieren. Dabei stellte sich heraus, dass die Schüler sich am wohlsten auf den Gängen und im Buffet gemeinsam mit ihren Freunden fühlten. Dagegen empfanden sie 75 Prozent der Dinge, die sie im offiziellen Unterricht tun mussten, als demotivierend. Interessant ist, dass sowohl die Motivation als auch die Aufmerksamkeit bei freiwilligen Übungen, die außerhalb des offiziellen Unterrichts stattfanden, durchaus hoch waren. Es war folglich keineswegs mangelndes Interesse, zu lernen, sondern offensichtlich die Art des klassischen Schulunterrichts, die Schüler so abstieß. Die Zeit im regulären Unterricht wurde von der überwiegenden Mehrzahl als langweilig empfunden – Zeit, die man als verloren betrachtete. Überspitzt formuliert kann man sagen, das Positive an der Schule waren für die Schüler die Pausen, die gemeinsame Zeit mit den Klassenkameraden und die Freude auf das Nach-Hause-Gehen, um dann endlich das tun zu können, wofür sie sich wirklich interessierten. Das galt besonders für hoch talentierte Schüler. Ein verheerender Befund, den die Schüler den Schulen ausstellten. Warum fühlen sich Schüler so unwohl während der Unterrichtsstunden?

Die Schlüsselrolle der Schule bei der Förderung der Talente nehmen Lehrer ein, die sich nicht mit der Rolle des theoretischen Wissensvermittlers zufriedengeben, sondern Begeisterung für ihr Fach wecken können und persönliche Beziehungen zu ihren Schülern aufbauen. Solche Lehrer unterrichten nicht defensiv nach der »Und täglich grüßt die Langeweile«-Methode, sondern ihnen ist es ein leidenschaftliches Anliegen, ihre Schüler stark im Unterricht zu aktivieren und sie nach ihren Leistungsmöglichkeiten zu fordern. Viele Jugendliche finden das Leben der Erwachsenen, die sie kennen, also das ihrer Eltern und Verwandten, total langweilig und sinnentleert. Enthusiastische Lehrer vermitteln ihren Schülern dagegen, dass das Leben mehr ist, als seine Zeit lustlos im Beruf abzudienen, jeden Monat sein Geld zu beheben und sich auf das Wochenende zu freuen – »Meisterlehrer« sind einfach interessante Menschen. Sie werden dann zu Idolen der Jugendlichen, die im Laufe des Lebens durchaus länger in Erinnerung bleiben als die vielleicht kurzfristig verehrten Popstars und Filmhelden ihrer Jugend. Es war bei den vielen Gesprächen, die ich für dieses Buch geführt habe, immer wieder faszinierend, mit welcher Begeisterung Menschen über ihren Lieblingslehrer sprechen. Beim Mathematiker Rudolf Taschner war das sein Chemielehrer, der Dichter und Geigenspieler war, der Kafka während chemischer Experimente rezitierte und die Verbindung von Goethes *Wahlverwandtschaften* mit den Elementen aufzeigte.

Zusammenfassend die Ergebnisse der Studie von Csíkszentmihályi über talentierte Teenager: Die Chance, dass ein individuelles Talent entdeckt und ausgeübt werden kann, hängt sehr von der Wertschätzung ab, die eine Kultur einem bestimmten Fachgebiet entgegenbringt. Daher geht schon eine Vielzahl von Talenten verloren, weil sowohl die wirtschaftlichen als auch die praktischen Möglichkeiten fehlen, damit sich bestimmte Talente überhaupt entwickeln können. Die wichtigste Aufgabe der Erziehung besteht darin, ein Umfeld zu schaffen, das bei Schülern Glückserlebnisse auslöst, wenn sie ihre Talente ausüben – zu ihrem eigenen Nutzen und dem der Gesellschaft. Der wichtigste individuelle Faktor, der über Erfolg oder Scheitern begabter Kinder entscheidet, ist, dass die später Erfolgreichen in der Pubertät sehr konzentriert und mit hohem Zeitaufwand ihr Talent ausüben, es zu ihrem wichtigsten Lebensinhalt machen. Sie lassen sich weniger als vergleichbare Teenager von anderen Dingen ablenken.

Je talentierter ein Kind ist, desto frustrierter reagiert es auf schlechten Unterricht. Doch sind engagierte Lehrer oft die einzige Chance für talentierte Schüler, wenn sie zu Hause nicht unterstützt werden. Lehrer liefern auch die entscheidenden Rollenvorbilder für Schüler, wie Experten eines bestimmten Fachgebiets aussehen. Man unterschätzt die Vorbildfunktion, die Lehrern für die von ihnen vertretenen Fachgebiete zukommt. Schüler müssen das Gefühl haben, dass sie zu einem bestimmten Fachgebiet ihres Talents einmal etwas Wertvolles werden beitragen können. Und dazu benötigen sie die Bestätigung durch einen enthusiastischen Lehrer. Das folgende Beispiel zeigt, wie heikel und fordernd die Beziehung zwischen einem großen Lehrer und einem einzigartigen Talent sein kann – und wie schmal der Pfad zwischen dem Absturz ins Schwarze Loch und dem Aufstieg ins Rampenlicht der Welt ist.

Der Meisterlehrer

1981 landete der aus Kiew ausgewanderte Boris Kuschnir ohne Geige und ohne Geld in der Tasche in Wien. Er spielt Zubin Mehta vor, und durch eine Reihe von glücklichen Zufällen wird der hochbegabte Geiger, der am Moskauer Tschaikowsky-Konservatorium studiert hat, Erster Konzertmeister am Bruckner Orchester in Linz. Sein größtes Talent entdeckt er aber durch einen Zufall.

Im Alter von acht Jahren spielt ihm der damals völlig unbekannte Julian Rachlin vor. Rachlin wurde von einigen Lehrern, denen er vor Kuschnir vorgespielt hat, durchaus großes Talent bescheinigt, das schlummernde Genie entdeckte aber keiner. Woran er denn das Genie von Rachlin erkannt habe, frage ich Boris Kuschnir, der ja zuvor überhaupt nicht als Lehrer tätig war. »Der kleine Rachlin hat großartig Hunderte von Noten gespielt, wie so viele andere besonders begabte junge Musiker, aber da gab es eine Note, eigentlich eine halbe Note, die war genial. Es war wie ein Schatten, den ich erkannt habe. Und ich habe von diesem Augenblick an versucht, ihm zu helfen, die zweite Hälfte dieser halben Note selbst zu entdecken.«

Boris Kuschnir erkannte durch Julian Rachlin die Gnade seines eigenen Talents. Er konnte junge Talente wie mit Röntgenstrahlen durchleuchten. Wie in jeder guten Ausbildung musste zuerst ein Fundament gelegt werden, auf dem man dann viele Jahre aufbauen konnte.

Unzählige große Talente gehen der Musik etwa mit 20 Jahren verloren, weil sie beim Spielen Haltungsfehler haben, die ihnen später schwer zu schaffen machen.

Die Herausforderung im Umgang mit Talenten ist nicht, Dinge vorzuschreiben. Man darf sich nicht einmischen, sondern nur dem

Talent bei seiner Entfaltung helfen. Sonst besteht die große Gefahr, dass »der kleine Rachlin wie der große Kuschnir spielt – aber er soll ja sein eigenes Genie entfalten, darauf kommt es an«. Der Lehrer, so Kuschnir, müsse die Größe haben, um mit einem Genie auf einem Niveau kommunizieren zu können, aber ohne es zu bevormunden. Viele Schüler verlassen ihren Lehrer leider viel zu früh und kommen daher über ein bestimmtes Niveau nie hinaus.

Im Unterschied zum Sport, wo es eine Reihe von Angeboten für besonders talentierte Fußballer oder Skifahrer gibt, kann unser Schulsystem generell mit einseitigen Ausnahmebegabungen leider nur schlecht umgehen. Selbst an dem Musikgymnasium, das Rachlin besuchte, herrschte wenig Verständnis dafür, dass die wichtigste Zeit zum Üben für ihn zwischen 8 und 14 Uhr war, also in der Zeit des regulären Unterrichts. Nach der Schule seien Kinder einfach sehr müde und der Zwang der Hausaufgaben tue sein Übriges. Man könne keine Ausnahmen zulassen, für ein einziges Kind könne nicht alles anders sein, wurde dann oft aufseiten der Schule argumentiert. Die einzige ehrliche Antwort, die der Schüler Rachlin natürlich nicht geben konnte, wäre: »Ich bin eine Ausnahme, weil ich ein genialer Musiker bin.« Besondere Menschen brauchen besondere Regeln – und die sind in unserem System leider nicht vorgesehen. Zumindest nicht so lange, bis der große Ruhm ausbricht.

1988 gewann Julian Rachlin als 13-Jähriger den begehrten »Young Musician of the Year«-Preis der Eurovision in Amsterdam. Über Nacht erntet er internationale Lobeshymnen. Nach diesem Erfolg lud ihn Lorin Maazel zu den Berliner Festwochen mit dem Orchestre National de France ein und wenig später zu einer Tournee durch Europa und Japan mit dem Pittsburgh Symphony Orchestra. Mit 15 Jahren spielte Rachlin als jüngster Solist, der je zusammen mit den Wiener Philharmonikern musiziert hat, unter der Leitung von Riccardo Muti.

Schnell meldeten sich einige »Freunde« des talentierten Schülers Rachlin bei seinen Eltern. Er müsse jetzt nach Amerika, er brauche die berühmtesten Lehrer, er müsse die wirtschaftlichen Chancen durch ausgedehnte Tourneen nutzen. Julian Rachlin hatte kluge Eltern, die höflich, aber bestimmt antworteten: »Wir sind sehr zufrieden mit seinem Lehrer. Wir bleiben in Wien, weil er sich hier wohlfühlt.«

Was treibt den Meisterlehrer Boris Kuschnir eigentlich selbst an, was macht ihn glücklich? »Wenn ich Menschen helfen kann, dann bin ich glücklich. Wenn mich große Musiker aus der ganzen Welt anrufen, um mir einen Schüler vorzuschlagen, dann bin ich natürlich stolz.«

Es mag für jeden hoch motivierten Volksschul-, NMS- oder AHS-Lehrer, der in unserem System nicht die Wertschätzung bekommt, die er verdient, wenig Trost sein, dass auch ein Meisterlehrer wie Boris Kuschnir in Österreich seine Niederlagen einstecken musste.

Kuschnir arbeitete zwar viele Jahre als Professor am Konservatorium Wien Privatuniversität, aber als er sich um eine von zwei vakanten Professuren an der Universität für Musik und darstellende Kunst in Wien bewarb, kamen trotz seines hervorragenden Probeunterrichts andere zum Zuge. Und das bei jemandem, der mit Julian Rachlin und Nikolaj Szeps-Znaider zumindest zwei Musiker an die Weltspitze geführt hat …

Wie Talent unser Lebensglück beeinflusst

Unzweifelhaft hat eine Gesellschaft sehr wohl Einfluss darauf, welchen Stellenwert bestimmte Talente haben und wie man besonders günstige Bedingungen für sie schafft. Österreich und Deutschland sind daher gut beraten, weniger auf die nächsten genetisch bedingten Supergenies wie Mozart oder Goethe zu hoffen, sondern die individuelle Förderung von Talenten auf möglichst vielen, heute vielleicht auch gar nicht als bedeutend erkannten Gebieten zur nationalen Priorität zu machen. Uns sollte sehr zu denken geben, welchen Stellenwert Singapur seinen Lehrern zukommen lässt und welche Ergebnisse dieser erst 1965 gegründete Staat damit schon erzielt hat. Singapur, das keinerlei natürliche Rohstoffe oder Anbauflächen besitzt, hat erkannt, was der wichtigste Rohstoff einer Nation ist: das geistige Potenzial ihrer Kinder.

Abseits von allen volkswirtschaftlichen Wettbewerbsüberlegungen mit dem Ziel, sich nationale Vorteile zu verschaffen, gibt es einen wesentlich wichtigeren Grund, warum wir dem Entdecken und Fördern von Talenten einen viel höheren Stellenwert in unserer Gesellschaft geben sollten. Und der betrifft uns alle. Es geht um unser persönliches Glück. Viele Studien bestätigen, dass Geld, Sicherheit und ein bestimmtes Maß an Komfort für uns durchaus notwendig sein mögen, aber nicht entscheidend sind. Für ein glückliches Leben brauchen wir das Gefühl, dass unsere Talente wertvoll sind und anerkannt werden.

Voraussetzung dafür ist, dass diese Begabungen rechtzeitig erkannt und gefördert werden. Aus einem talentierten Kind wird dann ein auf seinem Gebiet erfolgreicher Erwachsener, wenn es ihm selbst große Freude macht, sein Talent möglichst intensiv auszuleben. Eine unterstützende Familie erweist sich dabei als sehr hilfreich und enthusiastische Lehrer können einen entscheidenden Beitrag dazu leisten, damit Begabungen nicht ins Schwarze Loch abstürzen. Eigentlich ginge es nur darum, diese natürliche Neugier und Freude, die in jedem Kind stecken, lebendig zu halten. Eine große Chance bestünde darin, dass die meisten Kinder durchaus gerne in die Volksschule gehen, die Mädchen allerdings deutlich lieber als die Buben. Die Freude an der Schule nimmt leider in der Mittelstufe, egal ob AHS oder Mittelschule, deutlich ab.

Der wichtigste Faktor ist eindeutig die Eigenmotivation jedes talentierten Kindes. Wir haben unser Schicksal selbst in der Hand.

»Du schreibst die Geschichte deines Lebens selbst – und du kannst deine eigene Legende schaffen, oder auch nicht«, meint die chilenische Schriftstellerin Isabel Allende.

Prinzip Selbstverantwortung oder Wie Eltern die Talente ihrer Kinder richtig fördern können

Geben Sie bitte einmal den Begriff »smart baby« bei *www.amazon.com* in Ihren Computer ein. Bei mir führte dieses kleine Experiment zu 867 Nennungen von Büchern, die von Titeln wie *How to Multiply Your Baby's Intelligence* bis zu *How Smart is Your Baby?* reichten. Diese Publikationen enthalten natürlich alle die bei amerikanischen Büchern typischen Checklisten wie »Die Entwicklung Ihres Babys Woche für Woche und wie Sie helfen können«. Wenn Sie die Übung auf der deutschsprachigen Amazon-Seite mit dem Begriff »Baby Intelligenz« versuchen, erhalten Sie durchaus ähnliche Ergebnisse. Den US-Topbestseller von Glenn und Janet Doman *Wie Sie die Intelligenz Ihres Babys vervielfachen. Wer früh beginnt …* gibt es natürlich auch schon lange auf Deutsch. Nur wie früh sollte Begabungsförderung beginnen?

Das Wichtigste für ein Kind sind entwicklungspsychologisch unumstritten die ersten drei Lebensjahre. Eine intensive emotionale Beziehung zur Mutter oder zu einer anderen fixen Bezugsperson prägt entscheidend die psychische Gesundheit und Stabilität der Persönlichkeit für den Rest des Lebens. Um es an einem krass überzeichneten Beispiel klarzumachen: Vergleichen wir die Chancen für eine gesunde Persönlichkeitsentwicklung für zwei Kinder: Im Fall A hatte es bis zum dritten Lebensjahr eine intensive und glückliche Beziehung zu seiner Mutter, diese stirbt dann aber durch einen Unfall und das Kind landet in einem Waisenhaus oder bei wenig sorgenden Verwandten. Im Fall B wächst das Kind in den ersten drei Lebensjahren bei einer Mutter auf, die nicht in der Lage ist, eine warmherzige Beziehung zu ihrem Kind aufzubauen, und dieses fühlt sich emotional abgelehnt. Anschließend wird ihr Kind von besonders fürsorglichen Eltern adoptiert, die sich aufrichtig bemühen, ihm eine fördernde Erziehung mit allen Möglichkeiten zukommen zu lassen. Die Wahrscheinlichkeit, eine emotional gefestigte und beziehungsfähige Persönlichkeit zu werden, ist für das Kind im Fall A deutlich besser.

Die tiefe Verletzung der ersten drei Jahre im Fall B hingegen lässt sich nur sehr schwer wiedergutmachen. Die emotionale Geborgenheit ist für das Kleinkind daher das Wichtigste. Interessierten empfehle ich das Standardwerk *Bindungen – das Gefüge psychischer Sicherheit* der beiden Bindungsforscher Karin und Klaus E. Grossmann.

Wann und wie sollen Eltern das Lernen fördern?

Im Prinzip zeigt uns die Hirnforschung, dass ein Kind Neues umso schneller lernt, je mehr es schon weiß.[1] Langzeitstudien belegen, dass Kinder, die sich frühzeitig mit mathematischen Phänomenen beschäftigt haben, noch Jahre danach leichter rechnen lernen. Die Neurowissenschaften weisen nach, dass Lernen ein aktiver und assoziativer Vorgang ist.

Folglich lassen sich Informationen eben nicht beliebig in unseren Kopf hineinstopfen, wie manche Eltern und Lehrer glauben. Das Gehirn selektiert aus der Flut von Reizen jene heraus, die ihm bedeutsam erscheinen, und das sind vor allem Fakten, Klänge und Bilder, die mit früheren Erfahrungen zusammenhängen. Die Lernforschung im Labor bestätigt somit, dass Lernen theoretisch genau so stattfindet, wie Howard Gardner es in seinem Konzept der multiplen Intelligen-

1 Alexandra Rigos: »Hirnforschung – Wie das Lernen gelingt«. In: *GEO Wissen* 31/2003, S. 34–43.

zen darstellt.[2] Diese wissenschaftlichen Erkenntnisse haben einen Trend zur frühkindlichen Förderung ausgelöst, dessen Angebote leider oft auf der vorschnellen Nutzung von populärwissenschaftlichen Ratgebern basieren.

Von Peking über New York, von Hamburg bis Wien stressen sich wohlhabende Eltern mit einer großen Herausforderung: ihr Kind im idealen Kindergarten unterzubringen. Startete der Kampf um die besseren Karrierechancen für den eigenen Nachwuchs früher meistens damit, das richtige Gymnasium oder Internat für den zehnjährigen Sprössling oder die höhere Tochter zu finden, beginnt dieser Wettbewerb für manche Kinder bereits mit zwei bis drei Jahren. Mittelmäßige öffentliche Schulen, Arbeitsplatzsorgen und Angst vor einer noch härteren Konkurrenz in einer globalisierten Welt plagen zunehmend nicht nur die gut begüterte Oberschicht, sondern auch den Mittelstand.

Der Kult der »Selbstoptimierung« beginnt schon beim Kleinkind. »Ich will bei meinem Kind nichts versäumen. Ich habe es spät bekommen, und es wird auch bei einem Kind bleiben – ihm will ich alles bieten«, sagt eine Mutter, die ihr Kind in einem Früh-Englischkurs untergebracht hat.[3] »Am liebsten würde ich für meine dreijährige Tochter auch noch einen Spanisch- und einen Französischkurs buchen. Für mich ist das die Liebe, die ich weitergebe.« An dieser Liebe ehrgeiziger Eltern gedeiht ein explodierender Markt für Frühförderung. Die Palette reicht von »Benimmkursen« oder Beschallungen in diversen Sprachen zur rechtzeitigen Herausbildung von Synapsen im Gehirn bis zur Yamaha-Musikakademie, die man schon ab sechs Monaten besuchen kann. Auch die alleinerziehende Verkäuferin, die sich die 49 Euro monatlich für den Früh-Englischkurs mühsam absparen muss, kann sich dem Druck nicht entziehen: »Damit mein Kind es einmal leichter hat als ich.« Ob man seinen Kindern damit wirklich

2 Das Konzept der multiplen Intelligenzen von Howard Gardner habe ich ausführlich im Kapitel »Individuelle Begabung als Störfall« dargestellt.

3 Ursula Ott: »Der Kult um die Kleinsten«. In: *GEO Wissen* 37/2006, S. 76–83.

etwas Gutes tut? Die Fotos in dem Artikel »Der Kult um die Kleinsten«, erschienen in *GEO Wissen*, hinterlassen einen anderen Eindruck. Sie zeigen begeisterte Mütter, die »One, two, three« deklamierend durch den Saal hüpfen oder gemeinsam mit ihren Kindern auf dem Schoß »Bodybuilding« fürs Gehirn machen. Die Kinder wirken auf den Fotos dagegen teilnahmslos bis apathisch. Bilder sagen manchmal mehr als Worte. Was sagt die Wissenschaft?

Die angesehene Expertin Patricia Kuhl vom Institut für Lernen und Gehirnwissenschaften der Universität Washington in Seattle warnt davor, neurowissenschaftliche Erkenntnisse vorschnell auf die Erziehung zu übertragen, wie sie selbst erfahren musste. Als sie vor zehn Jahren veröffentlichte, dass Babys Laute aller Sprachen erfassen konnten, beschallten ehrgeizige Eltern ihre Kinder mit Sprachkassetten. Kuhl untersuchte daraufhin Babys, die mit Mandarin beschallt wurden, um schon frühzeitig auf die vermeintlich neue Weltsprache Chinesisch programmiert zu werden. Der gewünschte Effekt blieb aus. Denn Kleinkinder lernen die Nuancen einer Sprache nur im direkten Kontakt mit den Eltern und anderen Bezugspersonen. Hörten sie den Text dagegen vom Band oder aus dem Fernsehapparat, war das völlig sinnlos. Ein Kleinkind kann zwar problemlos zwei Fremdsprachen akzentfrei sprechen lernen, allerdings eben nur dann, wenn es tatsächlich zweisprachig aufwächst.

Für verlässliche Antworten auf viele Fragen der frühkindlichen Lernforschung ist es noch zu früh, um sie seriös auf Familien und Kindergärten zu übertragen. Es wird noch Jahre dauern, bis wir wissen,

- wann ein Kind eine Fremdsprache erlernen soll.
- wie Kinder am besten soziale Kompetenz erwerben.
- ob pädagogische Software für Kleinkinder wirklich ratsam ist.
- wie sich die frühe Nutzung von Smartphones auswirkt.

Viele Eltern haben aber nicht die notwendige Geduld, um abzuwarten und wollen ihren Kindern unter allen Umständen einen Startvorteil im Leben verschaffen. Nach dem Motto: Hilft es nicht, so schadet es zumindest nicht. Was leider nicht stimmt.

Durch übertriebene Förderung leide die Eltern-Kind-Bindung, warnt der Göttinger Hirnforscher Gerald Hüther.[4] Er sieht »mit Sorge die Instrumentalisierung des Kindes zur Erhöhung des eigenen Selbstwertes«. Der Erwartungsdruck der Eltern führe zur »Angst des Kindes, es den Eltern nicht recht zu machen«. Diese negative Lernerfahrung wird dann im Gehirn gespeichert. Oft spielen auch die Sorge um den eigenen Status[5] und das Prestige einer Schule für die Eltern eine wesentlichere Rolle als die Bedürfnisse des Kindes. Ob man seinem Kind mit einer »standesgemäßen Erziehung« im sozialen Getto, wo dieses ausschließlich mit Kindern von Ärzten, Rechtsanwälten, Spitzenmanagern und Politikern durchaus aller politischen Richtungen zusammenkommt, wirklich etwas Gutes tut, ist keinesfalls erwiesen. Denn die Berührung mit der Lebenswirklichkeit kommt dann oft umso schockartiger.

Wie einfach es ist, seinem Kind Gutes zu tun, bringt Andrew Meltzoff, ein Kollege von Patricia Kuhl an der Universität Washington, auf den Punkt: »Eltern haben alles, was nötig ist, um Kinder zur Entdeckung ihrer sozialen Umwelt anzuregen: Gesichter und Mimik, eine Stimme, Hände, Körperwärme. Keine Software, kein elektronisches Spielzeug kann das ersetzen.«

Was Eltern wirklich tun können

Die Studie über talentierte Teenager von Mihaly Csikszentmihalyi im Kapitel »Das Schwarze Loch« hat empirisch nachgewiesen, dass das familiäre Umfeld einen wesentlichen Einfluss darauf hat, ob sich das Talent eines Kindes entfalten kann. Entbehrungen, Konflikte und Ab-

4 Ebd.

5 Alain de Botton: *StatusAngst*. Frankfurt am Main 2004.

lehnung des Kindes durch die Eltern sind die ganz großen Feinde des talentierten Kindes.[6] Aber auch wenn Eltern zum Beispiel aufgrund ihrer persönlichen Werte dem abstrakten Denken keinen hohen Stellenwert beimessen oder Kunst ablehnen, färbt diese Einstellung schnell auf das Kind ab und es wird nur sehr selten sein Talent auf diesem Gebiet ausleben. Eine harmonische Familie, die das talentierte Kind unterstützt, aber auch im richtigen Ausmaß fordert, erhöht maßgeblich die Chance dafür, dass sich dieses auf die Ausübung seines Talents konzentrieren kann und auch möglichst oft dabei positive Flow-Erlebnisse erreicht. Genau diese besonderen Glücksgefühle motivieren das Kind wiederum innerlich, so viel Zeit wie möglich in sein Talent zu investieren. Dadurch wird eine positive Verstärkungsspirale ausgelöst.

Woher sollen Eltern wissen, wann sie und vor allem wie sie die besonderen Talente ihrer Kinder fördern können? Drei Dinge können Eltern tun:

- *Wissen:* Ohne selbst das notwendige Rüstzeug und Grundverständnis auf dem Gebiet zu haben, auf dem ein Kind besonders talentiert ist, werden Eltern das Talent oft gar nicht erkennen, aber jedenfalls nicht fördern können. Das führt zu der Problematik, dass Eltern primär Begabungen in ihren Kindern auf Gebieten entdecken oder zu entdecken glauben, für die sie sich interessieren oder auf denen sie selbst begabt sind. Umso wichtiger ist das Urteil von kompetenten Dritten. Den meisten Lehrern fehlt dafür leider das Wissen, weil sie nie dafür ausgebildet wurden.
- *Motivation:* Mit emotionaler Unterstützung und positiver Ermutigung können Eltern ihren Kindern den harten Weg vom talentierten Kind zum anerkannten Meister einer Disziplin wesentlich erleichtern. Vor allem die für die

6 Mihaly Csikszentmihalyi: *Talented Teenagers: The Roots of Success and Failure.* Cambridge 1993.

Entwicklung von Talenten sehr kritische Zeit der Pubertät fordert von Eltern das richtige Maß aus Führung und Bereitschaft zum Loslassen.

- *Konzentration:* Ohne die konsequente und intensive Auseinandersetzung mit einem bestimmten Gebiet über einen langen Zeitraum ist die Erbringung außergewöhnlicher Leistungen nicht möglich. Auch der beste Lehrer scheitert, wenn es dem Schüler an der notwendigen Bereitschaft zur Anstrengung fehlt.

Zu diesen drei Bereichen kommen die ständige Neugier, das Gebiet weiter zu erforschen, die emotionale Ausgeglichenheit, um auch in Phasen der Einsamkeit, beim Training oder der Arbeit durchzuhalten, und vor allem die Fähigkeit, innere Freude und Befriedigung bei der Ausübung des Talents zu empfinden. Damit meint Csíkszentmihályi den von ihm entdeckten Flow-Effekt, also das völlige Aufgehen in einer Aufgabe. Für ihn ist das überhaupt das Erfolgsgeheimnis glücklicher Menschen: Sein Talent zu nutzen, macht glücklich.

»Ich habe Künstler, Sportler und Wissenschaftler beobachtet, die ihre Tätigkeit absolut lieben, die nichts anderes tun wollen als das, womit sie sich beschäftigen. Und sie machen das nicht, um später etwas dafür zu bekommen, sie machen es nicht für Geld und auch kaum für Ruhm. Auch die Anerkennung durch die Kollegen ist ihnen nicht das Wichtigste, sie machen es, weil es für sie so wichtig ist, weil es ihnen so viel Freude bereitet und auch so viel Erfüllung bringt.«

Eltern können diesen Flow-Effekt auch an sich selbst und an ihren Kindern beobachten, um die Motive für ihre eigene Motivation, das Talent ihres Kindes zu fördern, und die des Kindes selbst besser zu verstehen.

- Empfinden Sie tiefe innere Befriedigung dabei, wenn Sie Ihr Kind bei seinem Talent unterstützen, unabhängig davon, ob Sie dafür Anerkennung von anderen Eltern und der

Öffentlichkeit bekommen? Überwiegt diese Freude im Augenblick den berechtigten Stolz, den Sie empfinden, wenn andere das Talent Ihres Kindes sehen?

Und die wichtigste Frage, die Sie sich stellen sollten, um die Grenzen auszuloten, bis zu welchem Ausmaß die Konzentration auf das Talent Ihres Kindes zu rechtfertigen ist:

- Erfüllt die Ausübung seines Talents Ihr Kind mit tiefer innerer Freude? Ist diese innere Befriedigung für Ihr Kind die stärkste Quelle – wichtiger als eine gute Note, ein gewonnener Wettbewerb oder eine verliehene Auszeichnung?

Die Glücksforschung hat herausgefunden, dass Menschen, die in Tätigkeiten wie beim Sport, in der Religion, beim Singen, Tanzen oder Theaterspielen, aber auch beim Forschen innere Glücksgefühle, also Flow-Erlebnisse haben, diese ständig wiederholen werden – einfach deshalb, weil es ihnen Freude bereitet. Es ist ganz wichtig, zu verstehen, dass »angestrengtes konzentriertes Arbeiten« eben nicht automatisch zu Unlustgefühlen führen muss. Eltern sollten daher nicht in die »Bestechungsfalle« tappen, ihr Kind erst mit Druck zu zwingen, zwei Stunden zu üben, um es dann dafür zu belohnen, weil es so brav war. Sinnvolle Talentförderung erfordert von den Eltern viel Genauigkeit, Aufmerksamkeit und Kreativität. Denn eine der wichtigsten Voraussetzungen, damit Ihr Kind Freude an der Ausübung seines Talents hat, ist, das richtige Maß zwischen Unterforderung, die zur Langeweile führt, und Überforderung, die in Frustration endet, zu finden. Solange ein Kind sich auf diesem Pfad der richtigen Herausforderung bewegt, wird es sein Talent nicht nur durch Lernen und Anstrengung weiterentwickeln, es wird auch große Freude dabei empfinden. Dieser schmale Pfad ist aber nicht leicht zu finden. Und wenn man einmal vom Weg abgekommen ist, dann bietet sich eine Vielzahl von anderen Möglichkeiten für ein Kind oder einen Jugendlichen an, seine

Zeit zu verbringen – von passiven Dingen wie Musik hören, im Internet surfen oder mit Freunden herumhängen.

Die Studie zeigt auch, dass talentierte Jugendliche gerne mehr Zeit mit ihrer Familie verbringen als durchschnittlich begabte, und sie bevorzugen vor allem Vieraugengespräche innerhalb der Familie.[7] Je mehr sie sich harmonisch in ihre Familie eingebunden und unterstützt fühlen, desto besser können sie sich auf die Ausübung ihres Talents konzentrieren. Das bevorzugt natürlich Kinder aus Familien, deren finanzielle und kulturelle Situation sie nicht zwingt, sehr viel im Haushalt mithelfen und auch nicht zu viele Neben- beziehungsweise Hilfsjobs annehmen zu müssen. Nebenjobs haben keinen positiven Einfluss auf die Talententwicklung. Die Zeit, die talentierte Kinder in ihre Begabung investieren, ist weit wichtiger als die mögliche praktische Erfahrung in Nebenjobs. Ja, sogar scheinbar simple Dinge spielen eine Rolle: Wie lange am Tag läuft der Fernseher, kann das Kind sich in Ruhe zurückziehen und wie viel Zeit wird für das tägliche Auswählen der Kleidung aufgewendet? Von Albert Einstein ist ja die Tatsache bekannt, dass er die gleichen Kleidungsstücke in einer Vielzahl besaß, weil er einfach nicht jeden Morgen darüber nachdenken wollte, was er anziehen soll.

Das ist natürlich eine extreme Form des Zeitsparens, die dem sehr eigenwilligen Charakter Einsteins entsprach.

Eltern können ihre Kinder vor allem dabei unterstützen, selbst herauszufinden, welche Tätigkeiten sie wirklich mit Freude erfüllen. Daher verzichte ich in diesem Buch auch bewusst darauf, Begabungstests oder Checklisten für bestimmte Talente anzubieten. Mir sind die dargestellten Zusammenhänge, wie aus einem talentierten Schüler ein glücklicher und beruflich erfüllter Erwachsener wird, viel wichtiger.

---

7 Ebd.

Das Drama des begabten Kindes

Der 12. Dezember 2000 war kein guter Tag im Leben von Al Gore. Der Oberste Gerichtshof hatte mit fünf zu vier Stimmen gegen eine neuerliche Nachzählung der Stimmen im umstrittenen US-Bundesstaat Florida entschieden. Damit war endgültig klar, dass George W. Bush der 43. Präsident der Vereinigten Staaten von Amerika sein würde, obwohl Al Gore 532 994 mehr Stimmen im Land bekommen hatte. Sein ganzes bisheriges Leben war er von seinen Eltern, der Vater war selbst schon Senator in Tennessee gewesen, darauf vorbereitet worden, einmal Präsident der USA zu werden. Diesem Ziel wurde alles untergeordnet. Gore hat acht Jahre lang all die Demütigungen als in Wirklichkeit völlig machtloser Vizepräsident von Bill Clinton ertragen, sich von den besten Coaches der Welt in Leutseligkeit und Lockerheit für seine Fernsehauftritte trainieren lassen, um dann den härtesten Wahlkampf seines Lebens gegen das aus seiner Sicht intellektuelle Leichtgewicht George W. Bush zu verlieren. Alles war umsonst gewesen – sein Lebenstraum zerplatzte wie eine Seifenblase.

Das Schlimmste für Gore: Er hatte versagt. Er hatte die in ihn gesetzten Hoffnungen enttäuscht.

Gore verfiel in eine tiefe Depression. In dieser Phase half ihm ein Buch. Er war so begeistert davon, dass er es all seinen Freunden und Unterstützern schickte. Dieses Buch hieß *Das Drama des begabten Kindes* und stammte von der Schweizer Psychotherapeutin Alice Miller.[8]

Es ist eine gewagte Spekulation von mir, dass es vielleicht die folgenden Zeilen ziemlich am Beginn in Millers Buch waren, die Al Gore zwangen, weiterzulesen und immer tiefer in die Verstrickungen seines eigenen Lebens einzutauchen.

»Nach der vorherrschenden Meinung müssten diese Menschen – der Stolz ihrer Eltern – ein starkes und stabiles Selbst-

8 Alice Miller: *Das Drama des begabten Kindes.* Frankfurt am Main 2004.

bewusstsein haben. Aber gerade das Gegenteil ist der Fall. Alles, was sie anpacken, machen sie gut bis hervorragend, sie werden bewundert und beneidet, sie ernten Erfolg, wo es ihnen immer wichtig ist, aber alles das nützt nichts. Dahinter lauert die Depression, das Gefühl der Leere, der Selbstentfremdung, der Sinnlosigkeit ihres Daseins – sobald die Droge der Grandiosität ausfällt, sobald sie nicht ›on top‹ sind, mit Sicherheit der Superstar, oder wenn sie plötzlich das Gefühl bekommen, vor irgendeinem Idealbild ihrer selbst versagt zu haben. Dann werden sie gelegentlich von Ängsten oder schweren Schuld- und Schamgefühlen geplagt. Was sind die Gründe einer so tiefen Störung bei diesen begabten Menschen?«[9]

Al Gore ist nur ein besonders prominentes Beispiel dafür, wie Kinder ihre eigenen Lebensträume den ehrgeizigen Projektionen ihrer Eltern opfern. Was viele der Kindheitsgeschichten der sehr erfolgreichen Klienten von Alice Miller gemeinsam hatten, ist das völlige Ausbleiben von echtem emotionalem Verstehen und Ernstnehmen des eigenen Kindheitsschicksals sowie die völlige Ahnungslosigkeit in Bezug auf die eigenen wahren Bedürfnisse jenseits der Leistungszwänge. Die Verinnerlichung des ursprünglichen Dramas ist so vollkommen gelungen, dass die Illusion der guten Kindheit gerettet werden kann. In Wirklichkeit war ihre Kindheit durch mangelnden Respekt, Kontrollzwang, Manipulation und Leistungsdruck charakterisiert, oft gekoppelt mit Verachtung und Ironie bis zu Spott und Zynismus.

Miller macht klar, dass es ein ureigenes Bedürfnis jedes Kindes ist, von Anfang an als das, was es jeweils ist, beachtet und ernst genommen zu werden. In einer Atmosphäre der Achtung und Toleranz für die Gefühle des Kindes kann es in der Trennungsphase die Symbiose mit der Mutter aufgeben und die notwendigen Schritte zur Autonomie vollziehen. Eltern, die selbst unter diesen gesunden Voraussetzungen

9 Ebd., S. 16.

aufgewachsen sind, tun sich viel leichter, ihrem Kind das Gefühl der Sicherheit und Geborgenheit zu vermitteln, in dem sein Vertrauen wachsen kann. Eltern, die das selbst nicht mitbekommen haben, sind bedürftig und suchen ihr ganzes Leben lang, was ihnen ihre eigenen Eltern nicht zur rechten Zeit geben konnten: Ein Wesen, das ganz auf sie eingeht, sie ganz versteht und ernst nimmt. Die Gefahr, dass jene Eltern diesen ungestillten Zwang, endlich wirklich geliebt und angenommen zu werden, an ihren Kindern befriedigen wollen, ist sehr groß.

Da sich diese Prozesse unbewusst abspielen, geht es auch überhaupt nicht um die Schuldfrage. Die Gefahr dieser Ersatzbefriedigung wird durch die erstaunliche Fähigkeit des Kindes, die Bedürfnisse der Eltern intuitiv zu spüren, noch verstärkt. Das Kind übernimmt dann, oft bis zum Tode der Eltern, die ihm zugeteilte Funktion und sichert sich damit die »Liebe« der Eltern. Es spürt, dass es gebraucht wird, gibt damit seinem Leben eine Existenzberechtigung.

Ich habe dieses Thema mit Absicht in dieses Kapitel, das sich mit der Rolle der Eltern bei der individuellen Begabungsförderung auseinandersetzt, eingefügt. Die Warnung, die im »Drama des begabten Kindes« so deutlich aufgezeigt wird, richtet sich an die Eltern. Nicht immer nimmt das Drama des begabten Kindes so ein Happy End wie bei Al Gore, dem 2007 für seine Bemühungen um eine Bewusstmachung der Klimakrise der Friedensnobelpreis verliehen wurde. Bei ihm dauerte die Suche nach seinem wahren Selbst fast bis zu seinem 60. Lebensjahr.

Das Weltwissen der Siebenjährigen

Gerade weil im öffentlichen Schulsystem so nachlässig mit den Talenten unserer Kinder umgegangen wird, versuchen viele Eltern, selbst Verantwortung zu übernehmen. Das kann durchaus etwas Positives und sogar Notwendiges sein. Nun, hoffentlich mit der nötigen Vorsicht gegenüber zu viel Ehrgeiz der Frühförderung den eigenen Kindern gegenüber gewappnet, möchte ich auch die Gegenposition von Alice Miller darstellen. »Um uns in der Welt schrittweise einquartieren zu können, sind wir darauf angewiesen, dass man sie uns zeigt«, schreibt Donata Elschenbroich in ihrem Bestseller *Weltwissen der Siebenjährigen*. Elschenbroich arbeitet am Deutschen Jugendinstitut auf dem Gebiet der international vergleichenden Kindheitsforschung und stellt die Frage: Was sollen Eltern ihren Kindern in den ersten Lebensjahren vermitteln, womit sollen sie in Berührung kommen? »Die eigene Anwesenheit als positiven Beitrag erleben, einen Schneemann bauen, in einer anderen Familie übernachten« sind nur einige Erfahrungen, die Siebenjährige einer Umfrage zufolge nach Meinung von Menschen jeden Alters, aller Schichten und Bildungshintergründe gemacht haben sollten.

Elschenbroich ist intelligent genug, keine Patentrezepte oder Checklisten, welches Wissen Kindern vermittelt werden sollte, anzubieten. »Im Kind die Kraft zu bestärken, sein eigener Lehrer zu sein, darum geht es«, so die Autorin. Sie gibt daher Anregungen, das Kind bestmöglich zu fördern und ihm wichtige Erfahrungen nahezubringen – Inspirationen für Eltern, die sich gezielter mit der frühkindlichen Erfahrungswelt beschäftigen möchten.

Jedes Kind sollte schon einmal ein Baby massiert, ein chinesisches Schriftzeichen geschrieben, auf der Bühne gestanden haben. Es sollte einen Streit aus zwei Positionen erzählen können und wissen, was Heimweh ist. Die Palette reicht von ganz schlichten, einfachen Dingen (zum Beispiel andere Wahrnehmungsformen zu fördern, etwa Geruchs- oder Geschmackssinn), über kleine Experimente zur sanften Hinführung auf einfache physikalische Zusammenhänge (»Wie kann ein Gummibärchen trocken auf den Grund einer mit Wasser gefüllten Schüssel tauchen?«) bis hin zu ausgefallenen Ideen (ein fremdsprachiges Lied lernen, in einen Bach springen). Dass dieser Kanon *Weltwissen der Siebenjährigen*, den Donata Elschenbroich aufstellt, heftige Diskussionen unter Eltern und in pädagogischen Fachkreisen ausgelöst hat, verwundert nicht.

Der Titel *Weltwissen der Siebenjährigen* trifft den Zeitgeist wahrscheinlich besser als *Das Drama des begabten Kindes*. Wir leben in einer Zeit, in der die meisten Eltern ihr Kind eher möglichst früh auf den erwarteten harten Wettbewerb um die beste Ausbildung und gute Berufschancen vorbereiten wollen, als dass sie von den Selbstzweifeln und Schuldgefühlen geplagt werden, die Alice Miller bei vielen ausgelöst hat. Die Wahrheit für verantwortungsvolle Eltern liegt wohl wie so oft in der Mitte. Eine einfache Selbstprüfung kann Ihnen vielleicht manchmal helfen, die schwierige Gratwanderung zwischen dem Besten für Ihr Kind und zu viel des Guten zu schaffen: Wann immer Sie in die Augen Ihres Kindes schauen, sehen Sie da die Wünsche, Träume und Hoffnungen Ihres Kindes oder Ihre eigenen?

Die Rolle der Väter

Wurde in diesem Kapitel sehr oft von den Müttern gesprochen, soll nun ausdrücklich auf die wichtige, weil teilweise unterschiedliche Verantwortung der Väter hingewiesen werden. Väter haben eine ganz besondere Art, mit Kindern umzugehen. Sie leisten einen einzigartigen Beitrag zu deren Entwicklung, fasst die Mainzer Psychologin Inge Seiffge-Krenke den Forschungsstand zusammen. Im Alter zwischen fünf und acht Jahren sind es vor allem die Väter, die für Bewegung sorgen und mit Sportarten wie gemeinsames Laufen, Drachensteigen, Fußballspielen oder Radfahren die Autonomie des Kindes fördern. In schulischen, beruflichen und politischen Fragen sind oft die Väter der wichtigste Ansprechpartner sowohl für die Söhne als auch für die Töchter. Die Soziologen Paul Amato und Alan Booth von der Pennsylvania State University wiesen in einer langjährigen Studie den positiven Zusammenhang zwischen dem Bildungsgrad und Einkommen der Väter und dem Bildungserfolg der Kinder nach.[10]

10 *GEO Wissen* 37/2006, S. 30 ff.

Faktum ist aber, dass wir zunehmend in einer väterlosen Gesellschaft leben und es auch immer weniger männliche Lehrer – in den Volksschulen und Kindergärten sind sie fast völlig verschwunden – gibt. Vor allem für die Buben fehlen daher die männlichen Rollenvorbilder.

Der amerikanische Schriftsteller Robert Bly hat in seinem heftig diskutierten Buch *Eisenhans: Ein Buch über Männer* das gleichnamige Märchen der Brüder Grimm psychologisch analysiert und vor allem die Wichtigkeit männlicher Bezugspersonen für Buben in ihrer Erziehung dargestellt. Diese seien unersetzlich für deren balancierten Umgang mit ihrer Männlichkeit in ihrem späteren Leben. Bly zeigt in seiner stark archetypisch geprägten Untersuchung auf, dass von den primitiven Stämmen bis zur Nachkriegsgeneration vor allem die Großväter für die Sozialisation junger Männer verantwortlich waren. Durch die Auflösung der traditionellen Familienformen fehlen nicht nur die Väter, sondern auch die Großväter, was für Bly ein zentrales Problem unserer Gesellschaft darstellt.

Der Zusammenhang zwischen einer verantwortungsvollen Rolle der Väter und den Lebenschancen der Kinder ist unbestritten. In einer Studie des Oxford Centre for Research into Parenting wurde herausgefunden, dass Söhne, deren Väter in der Erziehung engagiert waren, deutlich seltener straffällig wurden und Töchter später im Leben besser mit psychischem Stress umgehen konnten.

Die Freuden und Leiden der Eltern eines hochbegabten Kindes

Wenn eine Mutter von ihrem knapp dreijährigen Sohn gefragt wird: »Mama, was ist eine Dolchstoßlegende?«, dann wird ihr endgültig bewusst, dass ihr Sohn etwas anders ist. Als der kleine Jonas zu sprechen begann, redete er von Beginn an in ganzen Sätzen und nicht alterstypisch in der Babysprache. Ein herumliegendes Nachrichtenmagazin *profil*, welches Jonas offensichtlich gelesen hatte, löste die Frage nach der Dolchstoßlegende aus. Es stellte sich schnell heraus, dass sich Jonas Lesen und Rechnen selbst beigebracht hatte. Mit fünf Jahren wird er dann »eingeschult«.

Wie reagierte unser Schulsystem auf ein Kind, das im Prinzip beim Schuleintritt so weit war, wie es nach vier Jahren Volksschule hätte sein sollen? »Sehr rüde«, antwortet mir die Mutter von Jonas, Frau Brigitte Kraft. Die Eltern entschieden sich daher, das Kind in eine Montessori-Volksschule zu geben, wo zwei Lehrer Zeit für zehn Kinder hatten. Dieses dem Hauslehrersystem ähnliche Modell kam Jonas sehr entgegen. Wirklich schwierig wurde es für ihn und vor allem für seine Eltern, als Jonas in die AHS-Unterstufe gehen sollte. Sein Wissensvorsprung gegenüber gleichaltrigen Kindern hatte sich in der Volksschule noch weiter vergrößert. Die Eltern versuchten, diese Herausforderung durch die im Gesetz auch vorgesehene Möglichkeit des Überspringens einzelner Klassen zu lösen. Der Teufel steckte jedoch im Detail. Beim Wiener Stadtschulrat war ursprünglich ein Jurist für dieses »Problem« zuständig, dem einfach jedes Verständnis dafür fehlte, was ein hochbegabtes Kind ist. Jonas nannte ihn spaßhalber immer »Dr. G'setz«. Zur Ehrenrettung der Beamten des Wiener Stadtschulrates muss man sagen, dass es dank dem großartigen Landesschulinspektor Karl Blüml doch gelang, den Sieg der bürokratischen Dummheit über ein hochbegabtes Kind zu verhindern. Jonas Kraft durfte letztendlich zwei Klassen überspringen und absolvierte die Unterstufe am Bundesrealgymnasium 19 (BRG 19) in zwei Jahren. Diese zwei Jahre waren mit viel Leid für Jonas und mit übermenschlichen Anstrengungen für seine Eltern verbunden. Die Lehrer in unserem Regelschulsystem haben leider in ihrer Ausbildung wenig bis gar nichts über Hochbegabung gelernt. Im BRG 19 hatte Jonas zumindest das Glück, dass hier drei Lehrer unterrichteten, die gleichzeitig auch an Österreichs erster Schule für Hochbegabte, der Sir-Karl-Popper-Schule, lehrten. Es war logisch für Jonas, die Oberstufe dort zu absolvieren.

»Die Popper-Schule war ein Segen für Jonas«, sagt Brigitte Kraft. »Endlich wurde er als Gleicher unter Gleichen akzeptiert. Es war keine Schande mehr, dass er gerne Russisch lernte und unbedingt mehr Chemieunterricht wollte. Er konnte so reden, wie ihm der Schnabel gewachsen war. Der Unterricht fand auf Augenhöhe statt. Die Lehrer der Popper-Schule zeichneten sich einfach durch eine ganz andere Haltung gegenüber den Schülern aus.« Jonas Kraft begann mit 17 Jahren sein Studium der Technischen Chemie.

Ich kenne den Fall von Jonas Kraft fast von Anbeginn an, weil mich die Eltern als Mitbegründer der Sir-Karl-Popper-Schule kontaktiert hatten. Sein Beispiel zeigt, wie schwer wir es besonders begabten Kindern und ihren Eltern machen. Die Familie Kraft, die nicht zu den Spitzenverdienern zählt, hatte rein finanziell eine ungeheure Last allein zu tragen. Das Ehepaar hat auch einen körperbehinderten Sohn, für den es problemlos erhöhte Kinderbeihilfe bezieht und auch sonst eine Vielzahl von Unterstützungen erhält. Auf die besonderen Bedürfnisse hochbegabter Kinder ist unsere Gesellschaft aber nicht vorbereitet. Die Eltern verdienen, dass man sie nicht die gesamte finanzielle Last allein tragen lässt.

Unser Umgang mit hochbegabten Kindern erfordert ein radikales Umdenken. Dieses beginnt damit, dass alle (!) Lehrer in ihrer Ausbildung zumindest die Grundkenntnisse im Umgang mit besonderen Begabungen erwerben. Eine Studie von Martina Müller aus dem Jahr 2016 ergab, dass Lehrende an österreichischen Pädagogischen Hochschulen zum einen nur ansatzweise über facheinschlägiges Wissen zum Thema Begabungsförderung verfügen – dieses also auch nicht an zukünftige Lehrkräfte vermitteln können – und zum anderen generell die Begabungsförderung als *nicht* wichtig für die Lehrerfortbildung einstufen. Die Schulverwaltung muss endlich Hochbegabte als Glücksfälle und nicht als Probleme erkennen.

Warum Talentförderung so einfach sein könnte

Die Hauptaufgabe von Eltern besteht darin, optimale Bedingungen dafür zu schaffen, damit aus der kindlichen Begabung ein reifes Talent werden kann, das auch die vielen Ablenkungen durch die Pubertät überlebt. Die wichtigste Verantwortung von Eltern besteht darin, alles zu tun, damit ihre Kinder die bestmöglichen Lehrer bekommen – und diese Entscheidung nicht nur als gottgegeben zu akzeptieren. Eine Orientierungshilfe dazu finden Sie im Kapitel »Die richtige Schule für Ihr Kind«.

Ein Talent, das seine Bestimmung erfüllt, kann für jeden Menschen zu einer Quelle des Glücks und des beruflichen Erfolgs werden, die ein Leben lang kräftig fließt.

Schule als Überlebenstraining oder Kommen nur die Härtesten durch?

»Die englische Schulbildung ist die beste der Welt – falls man sie überlebt.«
Peter Ustinov

Im März 1892 flüchtete Hermann Hesse aus dem Seminar Maulbronn und wurde erst einen Tag später auf freiem Feld aufgegriffen. Es folgten heftige Konflikte mit den Eltern und eine Odyssee durch verschiedene Schulen. Hesse wurde von seinen Eltern mit 15 Jahren in eine Anstalt für Geistesschwache und Epileptiker gesteckt, wo er beim Unterricht geistig behinderter Kinder helfen musste. Seine tragische Schulzeit arbeitete er schon in jungen Jahren in seiner Erzählung *Unterm Rad* auf. Welterfolge wie *Siddhartha, Der Steppenwolf, Narziß und Goldmund* oder *Das Glasperlenspiel* führten 1946 zur Verleihung des Nobelpreises für Literatur.

Paulo Coelho war ein Rebell, der gegen Vorstellungen und Ziele seiner Eltern aufbegehrte. Sie wiesen ihn mit 17 Jahren zweimal in die psychiatrische Anstalt Casa de Saúde Dr. Eiras ein, weil sie dachten, er sei geisteskrank. Die Erfahrung stationärer psychiatrischer Behandlung schilderte der brasilianische Schriftsteller später in seinem Roman *Veronika beschließt zu sterben.* »Im Vergleich zu den Folterkellern der brasilianischen Militärdiktatur war die Zeit in der Psychiatrie durchaus angenehm«, erzählt Coelho über diese Erfahrung.

Heute gilt er als einer der erfolgreichsten Schriftsteller weltweit. Seine Bücher erschienen in über 170 Ländern und verkauften sich bisher über 225 Millionen Mal.

Manfred Eigen, der 1967 den Nobelpreis für Chemie gewann, musste die Schule mit 15 Jahren verlassen, um im Zweiten Weltkrieg an der Flak zu dienen. Er wurde drei Jahre später von den sowjetischen Truppen gefangen genommen, konnte aber flüchten, wanderte durch ganz Deutschland, um an der Universität von Göttingen zu inskribieren, die einen hervorragenden Ruf in den Naturwissenschaften hatte. Obwohl er nie eine Schule abgeschlossen hatte, promovierte Eigen mit 22 Jahren.

Diese und ähnliche Beispiele zeigen auf, dass außergewöhnlich Begabte oft über viel Beharrlichkeit und Durchhaltevermögen verfügen. Sie legen den Schluss nahe: Genies setzen sich immer durch.

Manche Leser mögen dieser Aussage spontan zustimmen. Auch ich selbst, als ein begeisterter Leser von Biografien, bin versucht, daran zu glauben, dass die wirklich großen Begabungen der Geschichte sich gegen alle Widerstände durchgesetzt haben. Doch Vorsicht. Ich spüre, dass sich ein Feind des talentierten Kindes – die Macht des Vorurteils – in meinem Denken auszubreiten droht. Denn wir wissen natürlich nicht, wie viele große Geister der Menschheit verloren gegangen sind, weil ihr Talent eben nie die Chance hatte, sich zu entfalten.

An dem Faktum, dass weit mehr Kleinkinder eines Jahrgangs über ein hohes oder zumindest auf einem Gebiet überdurchschnittliches Begabungspotenzial verfügen, als es dann später begabte Erwachsene gibt, kann niemand vorbei. Mir geht es aber in diesem Buch nicht primär darum, wie viele Nobelpreisträger und große Künstler der Welt verloren gegangen sind, sondern um eine Frage, die uns alle betrifft: Was können wir tun, damit das Besondere, das Außergewöhnliche, das Andere, das Revolutionäre, das Naive, das Mutige, das Gute und das Schöne, das in so vielen Kindern keimt, so weit gefördert und unterstützt wird, damit es seinen Feinden nicht wehrlos ausgeliefert ist?

Ich möchte Ihnen die Schulkarrieren zweier Menschen vorstellen, die heute in ihrem Beruf sehr erfolgreich und glücklich sind. Ihre

Lebenswege zeigen, wie viel Kraft und Mut, aber auch Zufall und Hilfe von »unerwarteten Verbündeten« notwendig sind, um sich gegen die Feinde des eigenen Talents durchzusetzen.

Die Schule der »Jedermänner«

»Auf zu Gott!« Mit diesem Ruf des Präfekten, der dazu sein Brevier laut zusammenklatschte, wurden die 150 Kommilitonen des Konvikts Josephinum St. Paul im Lavanttal in Kärnten jeden Morgen um Punkt sechs Uhr aus ihren Träumen gerissen. Auf sie wartete ein weiterer Tag, der durch archaische Gleichförmigkeit geprägt sein würde. Oberstes pädagogisches Prinzip war die geplante Ereignislosigkeit. Dem Aufstehen folgte das gemeinsame Waschen mit eiskaltem Wasser entlang langer Wasserrinnen. Selbst das Essen gehorchte einem Speiseplan, der Jahr für Jahr die gleichen zwölf bis vierzehn Gerichte auf die fünf bis sechs Meter breiten Tische im Speisesaal brachte. Es gab weder Servietten noch Tischtücher, die Teller standen auf grauen, abwischbaren Eternitplatten, die von einer schmierigen Fettschicht überzogen waren.

Das Spektrum der Persönlichkeitstypologien der Lehrer reichte von manisch korrekt bis sadistisch bösartig, von willkürlich und zynisch bis harmlos lieb. Am schlimmsten war jedoch das Gefühl des Eingesperrtseins in diesem grauen Klotz, der die imposanten Ausmaße von zwei Fußballfeldern hatte. Nur in Ausnahmefällen und nie länger als 30 Minuten durfte man diese Trutzburg der Erziehung verlassen. Die schönsten Zeiten im Jahr waren daher jene, wenn man nach Hause fahren durfte, also zu Weihnachten, Ostern, Pfingsten und natürlich im Sommer. Leider waren das auch immer die Termine, an denen die Trimesterzeugnisse verteilt wurden. Für schlechte Schüler war die Freude, dem Konvikt in Richtung nach Hause entfliehen zu dürfen, daher stets durch unliebsame Diskussionen mit ihren Eltern getrübt, die ihren Tadel über ungenügende

Noten auch noch mit der einen oder anderen Ohrfeige handgreiflich unterstützten.

Peter Simonischek, von seinen Kollegen »Simse« genannt, war nicht nur ein schlechter, sondern ein miserabler Schüler. Als er im Jahr 1956 in das Konvikt St. Paul »einrückte«, ahnte er noch nicht, dass er dort mehr als die vorhergesehenen acht Jahre seines Lebens verbringen würde. »Ich blieb dann neun Jahre, in denen alles Fremde und Unheimliche, alles Unpersönliche und Unbeseelte zum vertrautesten, beseeltesten, persönlichsten Eigentum meines Herzens wurde.«

In dieser von Unterdrückung, Ungerechtigkeit und eiserner Strenge aufgeladenen Atmosphäre gab es einen einzigen Lichtblick im Leben des jungen Simonischek. Im Gegensatz zu den meisten Jugendlichen in seinem Alter wusste er, was einmal seine Bestimmung – sein Lebenstraum – sein würde. Sein Vater nahm ihn mit 16 Jahren zur Wiedereröffnung des Grazer Schauspielhauses mit. Helmut Lohner spielte den Hamlet so zerbrechlich und durchlässig, dass dieser Abend zu einem Erweckungserlebnis für Simonischek wurde.

Schauspieler werden und sonst nichts, das war von jenem Augenblick an klar für ihn. Glücklicherweise gab es im Konvikt St. Paul eine Theatergruppe, die vom Zeichenlehrer Hanzer, liebevoll »Wölli« genannt, geleitet wurde. Bis spät in den Abend bauten die Schüler mit diesem Lehrer, in dem eine Künstlerseele steckte, Kulissen. Das erste Stück war *Barrabas*, ein biblisches Werk, dann folgte die Posse *Einen Jux will er sich machen* von Nestroy. Simonischeks sehnlichster Wunsch nach einer Hauptrolle im *Jux* wurde aber nicht erfüllt. Die guten Rollen bekamen die braven Schüler, also jene mit guten Noten – nicht etwa die schauspielerisch begabten wie er. Es wäre den Eltern gegenüber nicht zu rechtfertigen gewesen, dass ein Schulversager wie Simonischek »Theater spielte, anstatt zu lernen«. Das eherne Gesetz unseres Schulsystems, dass man dort, wo man herausragendes Talent besitzt, unter keinen Umständen gefördert werden darf und man dafür mit aller Macht dazu gezwungen wird, dort im besten aller Fälle mittelmäßig zu werden, wo es einem an Begabung mangelt, herrschte gerade in einer Traditionsanstalt wie St. Paul, die ihren guten Ruf zu verteidigen hatte. Die Zeit mit der Theatergruppe und mit seinem geliebten »Wölli« war der einzige Lichtblick am offiziellen Stundenplan des Konvikts. Simonischek ahnte nicht, dass es gerade sein Lieblingslehrer sein würde, der ihm die bitterste menschliche Enttäuschung seiner Internatszeit bereiten würde.

Simonischek und seine Mitschüler begannen ihren eigenen Lehrplan – neben dem offiziellen, der wie an jedem anderen Gymnasium von den Fächern Latein, Mathematik und Physik dominiert wurde – zu entwickeln. Die Schüler erzogen sich selbst und machten aus dem autoritären, von Druck und Angst geprägten Konvikt ihre eigene Schule der großen Gefühle. Auf diesem geheimen Lehrplan standen Gegenstände wie Freundschaft, Hoffnung, Enttäuschung, Hass, Liebe, Intrigen und die tiefe Einsamkeit und Verzweiflung. Vor allem der Umgang mit der ganz systematisch eingesetzten Ungerechtigkeit seitens der Lehrer war eine große Herausforderung. Gerhard, der beste Freund Simonischeks, benötigte bei der letzten Schularbeit in Latein vor der Jahresnotenkonferenz beim berüchtigten Pater Michael zumindest ein »Genügend«. Diese Situation kennend, war Gerhard sehr gut vorbereitet und wurde auch von den Besten der Klasse während der Arbeit gut »versorgt«. Da er eine besonders schöne große Schrift hatte, war bei der Hälfte der Arbeit sein Heft voll. Er hob die Hand und fragte den Professor brav, was er denn jetzt tun solle. Dieser nahm zwei leere Seiten aus Gerhards Vokabelheft, signierte diese und forderte ihn auf, diese der Arbeit beizulegen. Gerhard schrieb die Arbeit zu Ende und gab sein Heft mit den beiden in der Mitte eingelegten Seiten als Erster ab. Bei der Stunde der Wahrheit zwei Wochen später verteilte Pater Michael die üblichen »Sehr gut«, »Gut« und »Nicht genügend«, um dann sehr zu bedauern, dass bei Gerhard leider die halbe Arbeit fehle und er sie daher mit »Nicht genügend« beurteilen müsse. Was ihm sehr leidtäte, da die erste Hälfte quasi fehlerfrei geschrieben sei. An die eingelegten Seiten konnte sich der Pater nicht mehr erinnern und dieses »Nicht genügend« zwang Gerhard, zur Nachprüfung im Herbst anzutreten. Er fiel durch und musste die Klasse wiederholen.

Auch Simonischek fiel in der siebten Klasse in Mathematik und Latein durch. Als Simonischek das Ergebnis der entscheidenden Prüfung, des »Todeszapfs«, erfuhr, reagierte er auf seine Weise. Er griff zur Gitarre und komponierte aus den Worten des Mathematiklehrers nach der Prüfung ein Lied: »Schauen Sie, Simonischek, was soll ich denn machen, wenn Sie nicht können die einfachsten Sachen?« Alle Mitschüler im Studiersaal fielen in den Kanon ein und aus der Niederlage wurde zumindest kurzfristig ein emotionales Gemeinschaftserlebnis. Doch das war erst der Beginn der schulischen Leidensgeschichte von »Simse«. Bei der Wiederholung der siebten Klasse fiel Simonischek zum zweiten Mal in Mathematik durch, und das hätte das Verlassen der Schule zur Konsequenz gehabt. Doch wie in vielen spannenden Theaterstücken traten auch in der »Schule des Lebens« des Konvikts St. Paul unerwartete Verbündete auf. Der Mathematiklehrer hatte offensichtlich seine Durchfallrate so weit überzogen, dass es eine Sammelbeschwerde mehrerer betroffener Eltern beim Landesschulrat gab. »Simse« und einige andere Schüler wurden mit einem Beschluss des Landesschulrats in die achte Klasse befördert. Sogar der strenge Vater von Simonischek riet dem Sohn nun, die Schule zu wechseln, um nicht ein weiteres Jahr diesem Lehrer ausgesetzt zu sein und die Matura endgültig zu gefährden. »Ich wollte St. Paul nicht als Verlierer verlassen«, entschied aber Simonischek und blieb.

Es war eindeutig, dass er Nachhilfeunterricht benötigen würde, um das achte Schuljahr zu schaffen. Er wandte sich also an seinen geliebten »Wölli«. Mit den Worten »Simonischek, dir kann ich keine Nachhilfe geben, ich muss mit den Kollegen solidarisch sein« lehnte sein Lieblingslehrer aber sein Ansinnen ab, was ihn tief enttäuschte. Das war die Rache des Systems an der Entscheidung des Landesschulrats gegenüber einem Lehrer des Konvikts.

Auch ohne diese Unterstützung schaffte Peter Simonischek den Schulabschluss in neun Jahren. Gelernt hatte er dort eine Menge, vor allem für seinen zukünftigen Beruf als Schauspieler.

Mich hat die Schulkarriere von Peter Simonischek als Autor dieses Buches vor allem deshalb interessiert, weil ich herausfinden wollte, warum ein und dieselbe Schule im Lavanttal zwei spätere »Jedermänner«, nämlich Attila Hörbiger und eben Peter Simonischek, hervorgebracht hat. Paul Hörbiger und Hugo Wolf sind ebenfalls »St. Pauler«. Interessanterweise war auch Klaus Peters, ein von seinen Schülern bewunderter Lehrer und wesentlicher Geburtshelfer der Sir-Karl-Popper-Schule, ein Leidensgefährte und Klassenkollege von Simonischek in St. Paul. Hatte ich ursprünglich gehofft, in St. Paul einem unentdeckten Meisterlehrer auf die Spur zu kommen oder eben einer ganz besonderen Pädagogik, die dem Schauspieltalent junger Menschen seit Generationen zum Durchbruch verhalf, stand ich nach dem Gespräch mit Simonischek vor einem Rätsel. Ganz offenkundig war den großen Künstlern eher trotz und nicht wegen St. Paul später der Durchbruch geglückt. Oder gab es doch eine geheime Quelle in dieser totalitären Erziehungsanstalt, die junge Schauspieler speiste? Jedenfalls sprach ich Peter Simonischek darauf an, ob es ein reiner Zufall gewesen sei, dass St. Paul so herausragende Schauspieler produziert hat. »Man lernt nirgends so gut zu lügen wie in einem Internat«, antwortete er spontan.

Von St. Paul sei ihm vor allem die Solidarität unter den Kameraden in bester Erinnerung. Der Druck und die Ungerechtigkeit von oben waren so eklatant, dass es zu einer Verbrüderung wie unter Widerstandskämpfern im Kampf gegen eine Diktatur gekommen sei. Immerhin gab es in dieser katholischen Diktatur keine Stasi. Jemand anderen an die Lehrer zu verraten, kam unter den Mitschülern nicht vor. Niemand hätte es sich leisten können, gegen die Gruppensolidarität zu verstoßen, man wäre für immer geächtet worden. Das Zusammengehörigkeitsgefühl seiner Klasse sei nach wie vor so stark, dass bei Maturafeiern meist alle kämen.

»Alle für meine Schauspielerkarriere notwendigen emotionalen Stimmungen habe ich in St. Paul gelernt. Es hat in meinem Leben und in meinen Rollen fast nie eine Situation gegeben, für die ich keine entsprechende Erinnerung aus meiner Internatszeit habe. Ich habe für mich gelernt, dass es gar nicht so sehr darum geht, ob die Schulzeit eine Summe von glücklichen Ereignissen oder von Enttäuschungen ist, sondern was man daraus lernt. In diesem Sinne waren die neun Jahre im Konvikt St. Paul ein ganzes reiches, erfülltes Leben, in dem fast alles, was mir später begegnet ist, schon einmal geschah.«[1]

Ein Religionslehrer als rettender Engel

Eine Vorladung zum Bundespräsidenten ist für die meisten Österreicher etwas Besonderes. Für Anna T., die nervös im barocken Vorzimmer von Theodor Körner wartete, ging es um ihre Existenz. Sie hatte in ihrer Verzweiflung einen Brief an den damaligen Bundespräsidenten geschrieben, in dem sie auf ihre heute für viele sicher unvorstellbare Situation hinwies. Sie lebte als alleinerziehende Mutter mit ihren vier Buben in einer Zimmer-Küche-Wohnung – fünf Menschen in einem Raum. Als sie zum Bundespräsidenten vorgelassen wurde, lag ihr Brief auf dessen Schreibtisch, einige Passagen rot angestrichen.

Theodor Körner fragte höflich, aber genau nach, ob denn alle Fakten der Wahrheit entsprachen. Als sie dies bejahte, wurde sie mit den Worten »Sie werden von mir hören« entlassen.

Zu ihrer großen Überraschung erhielt sie tatsächlich drei Wochen später einen sogenannten Bezugsschein für eine 67-Quadratmeter-Wohnung mit vier Zimmern in der Rustenschacherallee nahe den Praterauen. Für ihre vier Kinder war das ein Paradies, weil sie viel

1 Als Quellen für den Beitrag über die Schulzeit von Peter Simonischek dienten mir ein persönliches Gespräch mit ihm und sein Buch *Ich stehe zur Verfügung*, in dem er ein ganzes Kapitel mit dem Titel »Erzogen haben wir uns selbst« seiner Zeit im Konvikt St. Paul gewidmet hat.

Zeit in dieser »grünen Lunge« der Stadt verbringen konnten. An der extrem angespannten finanziellen Situation änderte das allerdings nichts.

Der als drittes Kind geborene Gerhard war in der Volksschule ein aufgeweckte Kind mit einer strengen, aber guten Lehrerin. Seine Brüder besuchten trotz aller finanziellen Schwierigkeiten das Gymnasium. Gerhard merkte jedoch den ungeheuren Druck, der auf seiner Mutter und den Brüdern im Gymnasium lastete. Er zog für sich den Schluss, dass ein weiteres Kind, das mit dem schulischen Überleben am Gymnasium kämpfen würde, die ohnehin sehr labile und angespannte Atmosphäre in der Familie endgültig zum Überkochen bringen würde. Gerhard entschied sich daher für die Hauptschule, besuchte den Ersten Klassenzug und schloss mit Vorzug ab.

Nach der Hauptschule machte er die Aufnahmeprüfung an der Handelsschule und erzielte ein so gutes Ergebnis, dass der Direktor der Schule der Mutter empfahl, das begabte Kind doch an die Handelsakademie zu geben. Doch Gerhard traf selbst die Entscheidung, einfach so schnell wie möglich in drei Jahren die Handelsschule abzuschließen, um den beengten Verhältnissen zu Hause entfliehen zu können und endlich auf eigenen Beinen zu stehen.

Die erste Klasse der Handelsschule bestand er ohne größere Probleme, in der zweiten Klasse kam es zu einem deutlichen Leistungsabfall, der in der dritten Klasse, dem Jahr des geplanten Abschlusses, in einem Totalabsturz mündete. Mit 17 Jahren hatte er jede Lust an der Schule verloren und das Halbjahreszeugnis zeigte ihm eine aussichtslose Perspektive. Er hatte in fünf Gegenständen ein »Nicht genügend« und sich durch seine Respektlosigkeit zusätzlich das Missfallen von entscheidenden Lehrern gesichert. Ein »Befriedigend« in Betragen war der Lohn, damals ein verheerendes Signal an potenzielle Arbeitgeber. Gerhard verfiel in resignierende Stimmung, die Konflikte mit der Mutter eskalierten und die Aussicht, noch ein weiteres Jahr Schule anhängen zu müssen, zerstörten alle Hoffnungen auf ein selbstbestimmtes Leben.

Es gab einen einzigen Lehrer, der Gerhard T. faszinierte und für den er große Achtung empfand. Der Religionslehrer Prof. K., der auch an der Universität unterrichtete, beeindruckte ihn sowohl mit seiner unkonventionellen Unterrichtsmethode als auch mit seinem großen Wissen. Prof. K. bot seinen Schülern zwei Möglichkeiten. Denen, die sich für seinen Unterricht interessierten, würde er alle Fragen beantworten und mit ihnen auch über Themen reden, die nichts mit Religion zu tun hatten. Diejenigen, die sich nicht interessierten, konnten in seinen Stunden machen, was sie wollten, sogar essen oder Hausaufgaben abschreiben, solange sie die anderen nicht störten.

In Religion mutierte Gerhard T. zum Musterschüler, der ein Heft führte wie ein Bilderbuch, der mit Eifer und Fleiß bei der Sache war, tief beeindruckt davon, dass Prof. K., wenn er einmal keine Antwort auf eine Frage wusste, dies zugab, dafür aber umso umfassender in der nächsten Stunde darauf einging. »Er hat meine Seele berührt. Gerade weil man bei ihm keinen Zwang erlebte, fiel bei mir jeder Anreiz weg, gegen ihn aufzubegehren, wie ich das bei allen anderen Lehrern tat.«

Als Prof. K. vom drohenden schulischen Debakel des Gerhard T. in der Lehrerkonferenz erfahren hatte, nahm er diesen ins Gebet. »Das wird so nicht kommen, dafür werde ich sorgen. Aber du musst dich ab sofort total ändern.« Tatsächlich pilgerte Gerhard zu allen fünf Lehrern, in denen er hoffnungslos auf ein Durchfallen zusteuerte, und fragte jeden einzelnen:

»Was muss ich tun, um bei Ihnen positiv abschließen zu können?« Die Hürden reichten von »Ich muss Sie drei Mal prüfen« des Buchhaltungslehrers bis zu »Lernen Sie das Buch auswendig bis in die Fußnoten« des Staatskundelehrers. Die meisten Lehrer merkten noch an: »Das ist doch völlig aussichtslos bei Ihnen.« Doch Gerhard T. begann zu lernen, Tag und Nacht auf engstem Raum zu Hause, er kämpfte von Prüfung zu Prüfung. Sein Religionslehrer motivierte ihn und bestätigte ihm nochmals, dass er einem »Befriedigend« in Betragen niemals zustimmen werde.

Am Tag der Zeugnisverleihung ließ der Klassenvorstand den Namen T. an der im Alphabet vorgesehenen Stelle aus und rief ihn erst als Letzten auf. »Wie Sie es geschafft haben, nach diesem Halbjahreszeugnis noch positiv abzuschließen, kann ich mir noch irgendwie vorstellen. Aber Ihre Betragensnote ist mir wirklich unbegreiflich: Gerhard T. Betragen ›Sehr gut‹.«

Gerhard T. war ganz klar, dass dies nur der Religionslehrer gewesen sein konnte. Er hatte offensichtlich die ganze Lehrerkonferenz in Geiselhaft genommen, um seinem Schützling eine Chance auf dem Jobmarkt zu eröffnen. Diese nutzte der Handelsschulabsolvent besser als fast alle mir bekannten Wirtschaftsuniversitätsabgänger – mich selbst eingeschlossen.

Nach einigen Jobs als Sachbearbeiter wurde ihm das Schichten von Belegen langweilig. Sein Bruder arbeitete mittlerweile für einen Bauträger, der Eigentumswohnungen verkaufte.

Gerhard T. erkannte schnell, dass es damals billiger war, ein ganzes Zinshaus zu kaufen als eine Eigentumswohnung. Mit 22 Jahren machte er sich selbstständig, bald darauf erwarb er seinen ersten Anteil an einem Zinshaus, deren noch viele weitere folgen sollten. Seit vielen Jahren betreibt er mit zwei Partnern eine Immobilienentwicklungsgesellschaft, die zu den erfolgreichsten Mitspielern auf dem boomenden Immobilienmarkt zählt. Existenzielle Sorgen plagen ihn schon lange nicht mehr – die entscheidende Weichenstellung zwischen einem gescheiterten Handelsschulabbrecher und einem etablierten Unternehmer verdankt er einem Religionslehrer.

Wie hart darf Schule sein?

Sie werden jetzt am Ende dieses Kapitels vielleicht sagen, dass Peter Simonischek einfach so ein Riesentalent war, dass es sich auch gegen die harte Schule von St. Paul durchgesetzt hat – oder vielleicht sogar gerade deshalb. Aber in diesem Kapitel geht es nicht primär um Peter

Simonischek. Es geht um jene Vielzahl von jungen Menschen, die nicht das Ausnahmetalent von Simonischek haben und daher an Ungerechtigkeit und Gleichgültigkeit im Schulsystem zerbrechen. Es geht um jene 24 anderen in einer Klasse, die wie Gerhard T. darauf angewiesen sind, dass es zumindest einen engagierten Lehrer gibt, der für sie kämpft.

Um es ganz klar zu sagen: Ein Schulsystem, das jeden Schüler ständig lobt und ihn auf einem Ruhekissen der Selbstzufriedenheit bettet, wäre völlig verfehlt. Schulen sollen weder Kuschelzonen noch Militärcamps sein. Wir brauchen intelligente Schulen, die ihre Schüler fordern, ja manchmal sogar bewusst überfordern, um sie auch den Umgang mit dem eigenen Versagen zu lehren. Aber die Schule darf ein Kind niemals brechen.

Wenn ich einen Wappenspruch für alle Schüler vorschlagen dürfte, die durch ein unbarmherziges System gezwungen sind, den harten Weg der Selbsterziehung zu gehen, dann würde der so lauten:

»Traue dich! Engagiere dich! Scheitere! Steh wieder auf! Versuche es nochmals! Scheitere wieder! Versuche es nochmals! Aber höre niemals auf, weiterzugehen. Der Fortschritt für die Menschheit wird von jenen gemacht, die diesen Kampf aufnehmen. Nicht von jenen furchtsamen Seelen, die sich von Traditionen unterdrücken lassen, die Verantwortung scheuen, die Schuld immer bei anderen suchen und ständig Angst davor haben, scheinbar mächtigen Autoritäten zu missfallen.«[2]

---

2 Der Schlusssatz ist von einem Zitat von Tom Peters, dem US-Trainer, Guru und Mitautor des meistverkauften Business-Bestsellers aller Zeiten – *Auf der Suche nach Spitzenleistungen* –, inspiriert.

Die Bildungsfernen rücken immer näher – Wenn 80 Prozent einer Klasse dem Unterricht nicht folgen können

Witold S., einer meiner besten Freunde, kam als Zehnjähriger aus Polen völlig ohne Deutschkenntnisse nach Wien. Innerhalb kurzer Zeit lernte er in einem Internat so perfekt Deutsch, dass er heute als Testleser meiner Bücher sprachliche Nuancen mit mir diskutiert, meistens gebe ich ihm recht. Elham P., eine persische Freundin von mir, begann, ohne ein Wort Deutsch zu können, mit 18 ihr Studium der Technischen Chemie in Wien und schloss es in der Mindestzeit mit Auszeichnung ab. Sie folgte damit jenen Menschen aus dem Iran, die eine Generation vor ihr vor dem Mullah-Regime geflohen waren. Viele von ihnen arbeiten heute in Österreich und Deutschland als Ärzte, wie man anhand der persischen Namen erkennen kann, wenn man die Ärzteseiten im Internet anschaut. Als Folge der Bürgerkriege im ehemaligen Jugoslawien (Balkankriege) in den Neunzigerjahren flüchteten ganze Familien, viele von ihnen muslimische Bosnier, nach Österreich. Die Integration ihrer Kinder in das Schulsystem konnte damals mit großen Anstrengungen weitgehend bewältigt werden. Eines haben die Geschichten dieser Migranten gemeinsam: Sie kamen meist aus Familien, in denen Bildung einen hohen Wert hatte, wurden in Schulklassen integriert, in denen Deutsch die dominierende Muttersprache war – und sie hatten eine hohe Eigenmotivation zu lernen, um ein selbstbestimmtes Leben führen zu können.

Mir erscheint diese persönliche Vorbemerkung notwendig, bevor in diesem Kapitel die schlechten, teilweise katastrophalen Schulleistungen von Migranten analysiert werden. Versucht man den Ursachen nachzugehen, warum Kinder aus bestimmten Schichten und Kulturen in allen Vergleichstests sehr schlecht abschneiden, dann ist vor allem eine in dieser Diskussion seltene Qualität gefragt: die Fähigkeit, zu differenzieren.

Generalisierungen wie »Schüler mit Migrationshintergrund« oder »Schüler aus islamischen Ländern« treffen nicht präzise genug den Kern des Problems. Kinder aus osteuropäischen oder asiatischen Ländern übertreffen oft sogar die Schulleistungen ihrer deutschsprachigen Klassenkollegen. Es geht daher dezidiert um bildungsferne, teilweise sogar bildungsfeindliche Schichten.

Bilden diese in Bezirksteilen abgeschottete Subkulturen, stellen sie unser bisheriges Schulsystem vor oft unlösbare Probleme. Zum Großteil handelt es sich um Migranten aus den unteren Schichten ihrer Herkunftsländer, die in deren Kultur und Religion noch sehr verhaftet sind. Aber auch unter den schon lange in Österreich lebenden Menschen gibt es viele, die mit der Erziehung ihrer Kinder völlig überfordert sind und daher Bildungsarmut und Chancenlosigkeit über Generationen »vererben«, wie uns die OECD zu Recht vorwirft. Das Problem der bildungsfernen Schichten in unseren Schulen, ob einheimisch oder eingewandert, ist massiv und kann weder schöngeredet noch verdrängt werden. Wollen wir nicht Verhältnisse wie in den berüchtigten Vororten von Paris oder in Stadtteilen mancher deutschen Städte, so bedarf es der Offenlegung aller Fakten und klarer Strategien, die sich an erfolgreichen Beispielen wie Kanada orientieren.

Brennpunktschulen: Bilderbücher als Vorbereitung auf ein Leben von Sozialhilfe

Andrea Walach, seit fast 20 Jahren Direktorin an einer Neuen Mittelschule (NMS) in Wien, löste mit einem mutigen Interview im März 2016 eine Debatte über die horrenden Mängel in Wiens Schulen aus: »Wir haben am Ende der Volksschule viele Kinder, die nicht lesen können, und in den NMS zieht sich das fort. Dieses Jahr haben wir das so dramatisch wie noch nie erlebt: Von 68 neuen zehnjährigen Kindern können nur vier durchschnittlich sinnerfassend lesen. Einige Kinder können gar kein Deutsch. Wir haben jetzt Bilderbücher für Volksschüler angefordert.«[1] Das Bildungsministerium reagierte reflexartig mit einer Abmahnung, in der Frau Walach mitgeteilt wurde, »sie solle nicht über etwas reden, von dem sie keine Ahnung habe«. Nach heftigen öffentlichen Protesten gegen diesen Maulkorb schaltete der Wiener Stadtschulrat schnell um auf Kooperation, besuchte die Schule und erlaubte der Direktorin – bis dahin streng verboten –, Schüler in Kleingruppen nach ihren Fähigkeiten zu unterrichten. Diese durften allerdings nicht Leistungsgruppen heißen. Das hätte die heile Welt der geglückten Talentförderung von Analphabeten und Schülern mit AHS-Reife in ein und derselben Klasse offiziell als geplatzte Illusion entlarvt.

Eineinhalb Jahre später betrachtete es Walach schon als großen Erfolg, dass nicht mehr ein Drittel der Kinder nach der Schule direkt zum AMS (Arbeitsmarktservice) gehen musste. Eine Hauptverantwortung sieht sie bei den Eltern: »Die Eltern sind zu Hause und gehen meist nicht arbeiten. Sie übergeben uns ihre Kinder voller Vertrauen und hoffen, dass wir Ärzte oder Anwälte aus ihnen machen, und ziehen sich dann zurück, weil sie sich auch gar nicht mehr kümmern können, weil sie selbst kaum Deutsch können, manchmal nicht einmal Lesen und Schreiben. Das Schulsystem ist aber so konzipiert, dass etwa Hausaufgaben daheim gemacht werden müssen. Wenn sich da aber niemand darum kümmert, funktioniert das nicht. Wir haben auch in diesem Jahr Kinder, die von vielleicht dreißig Hausübungen nur drei auch gemacht haben.« Walach scheut sich nicht, die Tabus wie mangelnde Integrationsbereitschaft der Eltern offen anzusprechen: »Was leider oft vorkommt ist, dass Projektwochen von Familien verweigert werden, weil sie die 200 Euro dafür nicht zahlen können.

1 *Bernhard Gaul: »SOS:›Hatten noch nie so viele Kinder, die nicht lesen können‹«. In: Kurier, 10.12.2017*

Weil die Familienbeihilfe des Kindes für Verwandte oder den Hausbau in Serbien oder der Türkei gebraucht wird. Das sollte verhindert werden können. Die Familienbeihilfe ist ja für das Kind gedacht.«[2]

Die verheerende Kombination von fundamentalistischer Religion und Bildungsfeindlichkeit

Für Susanne Wiesinger, Lehrerin an einer Brennpunktschule im zehnten Wiener Gemeindebezirk, ist die gescheiterte Integration von bildungsfernen Eltern aus islamischen Kulturen eine wesentliche Ursache für die schlechten Schulleistungen ihrer Kinder: »Lehrer in Brennpunktschulen unterrichten kaum noch. Wir schlichten und verhindern Konflikte. Viele Fähigkeiten und Kompetenzen wie Lesen und Schreiben, die wir lange Zeit für selbstverständlich gehalten haben, sind es nun nicht mehr. Viele Inhalte, die wir noch vor 10 bis 15 Jahren unterrichtet haben, sind aus dem Klassenzimmer so gut wie verschwunden. Der Lehrplan ist für uns zu einer leeren Hülle verkommen. In Schulen mit diesen Problemen kann ihn kaum ein Lehrer erfüllen.«[3] Noch immer beherrschten vor allem viele der muslimischen Einwanderer kaum die deutsche Sprache, obwohl sie teilweise schon seit Jahrzehnten in Österreich lebten. »Darunter leidet natürlich auch der Spracherwerb der Kinder. Zu Hause wird kein Deutsch gesprochen. Es werden keine Geschichten auf Deutsch vorgelesen, es werden überhaupt kaum Geschichten vorgelesen. Selbst Geschwister sprechen daheim miteinander oft nur in ihrer Muttersprache. Einerseits aus Respekt vor ihren Eltern, die noch weniger Deutsch sprechen als sie selbst. Andererseits aus Sorge. Es könnte nämlich der Eindruck entstehen, sie würden verbotene Dinge besprechen.«[4] Ob

2 Ebd.

3 Susanne Wiesinger: *Kulturkampf im Klassenzimmer: Wie der Islam die Schulen verändert. Bericht einer Lehrerin.* Wien 2018.

4 Ebd.

Biologie, Deutsch, Musik, Zeichnen, Turnen, Schwimmen oder Geschichte: Die islamischen Gebote und Verbote, gepaart mit desolaten Deutschkenntnissen, würden den offiziellen Lehrplan für Volks- und Mittelschulen zur reinen Fiktion machen. Trotzdem würden Lehrer vom Stadtschulrat genötigt, positive Noten selbst bei schulischem Totalversagen herzuschenken.

In ihrem im Herbst 2018 erschienenen Buch *Kulturkampf im Klassenzimmer: Wie der Islam die Schulen verändert. Bericht einer Lehrerin* schildert Susanne Wiesinger detailreich, wie der konservative bis fundamentalistische Islam immer mehr Einfluss auf ihre Schüler nimmt. Ein besonders erschreckendes Beispiel seien die Reaktionen ihrer Schüler auf den am 7. Jänner 2015 von zwei Islamisten verübten Anschlag auf die Redaktion der Satirezeitschrift *Charlie Hebdo* in Paris gewesen. Elf Menschen wurden dabei getötet. Weltweit gingen Menschen auf die Straße und bekundeten ihre Solidarität mit den Opfern durch den Spruch »Je suis Charlie«. Nicht wenige ihrer Schüler feierten dagegen die Attentäter wie Helden. Die Opfer spielten für sie keine Rolle. Die Ursachen für den Terroranschlag lagen für viele Schüler in der Politik Israels und der USA – und besonders in der Beleidigung des Propheten Mohammed durch die Karikaturisten.

Die Zustandsbeschreibung von Susanne Wiesinger von Wiener Brennpunktschulen am Beispiel Favoriten hat aus zwei Gründen Brisanz. Favoriten ist mit mehr als 200 000 Einwohnern der bevölkerungsreichste Bezirk Wiens, mehr als jeder zehnte Wiener lebt dort. Und Frau Wiesinger engagierte sich jahrelang als sozialdemokratische Lehrergewerkschafterin, kann also nicht ins rechte ausländerfeindliche Eck gerückt werden.

Ich habe Susanne Wiesinger zweimal persönlich erlebt, ihr Engagement im Interesse der Schüler wirkt sehr authentisch und mutig. Ihre detailreichen Schilderungen klingen glaubhaft und beängstigend: Überholte Rollenbilder zwingen Mädchen zur frühen Heirat mit Verwandten und behindern ihre freie Entwicklung; die totale Dominanz der Religion über naturwissenschaftliche Erkenntnisse macht jeden aufgeklärten Diskurs unmöglich; das Verschweigen von Gewalt gegenüber Mitschülern und Lehrern verhindert Rechtsstaatlichkeit; die rigorose Auslegung des Korans verbietet Kindern, kulturelle Angebote wie Theater, Oper, Museen, Kino, Musikunterricht wahrzunehmen; die generelle Ablehnung der westlichen Lebensart führe zu einer Abschottung in Parallelgesellschaften. Projektwochen, Schwimmunterricht oder Skikurse würden oft gar nicht mehr angeboten, weil die Teilnahme muslimischen Mädchen von ihren Eltern ohnehin untersagt wird – und dies von den Direktoren und Schulbehörden zunehmend akzeptiert werde.

Wiesingers Fazit: »Lehrer entlassen immer mehr strenggläubige Jugendliche ohne berufliche Perspektive in die Gesellschaft … Was soll aus Jugendlichen in Österreich werden, die schlecht Deutsch sprechen, kaum lesen und schreiben können, zu Hause geschlagen werden, alles nach der Scharia ausrichten und schon jetzt mit Messern in die Schule kommen?«

Fakten und Daten

Wien besteht nicht nur aus Favoriten. Österreich ist größer als Wien. Wie stellt sich die Situation der Bildungsfernen dar, wenn wir die Perspektive subjektiver Erfahrungen einzelner Lehrer und Direktoren um die objektiven Fakten und Daten erweitern?

Wien:

- Der Anteil an Kindern mit nichtdeutscher Muttersprache in Wien lag 2017 in den Volksschulen bei 63,1 Prozent, in den NMS bei 77,1 Prozent.[5]
- Dieser hohe Anteil von Kindern mit nichtdeutscher Muttersprache konzentriert sich auf bestimmte Bezirke, in

5 Statistik Austria, Dezember 2017.

denen es tatsächlich zu Klassen kommt, wo bis zu 90 Prozent der Schüler sehr schlecht oder gar nicht Deutsch verstehen. Der Bezirk mit dem höchsten Anteil an im Ausland Geborenen ist Rudolfsheim-Fünfhaus mit mehr als 48 Prozent, gefolgt von Brigittenau mit knapp 45 Prozent und Margareten mit rund 44 Prozent.

- Bei den im Jahr 2018 erhobenen Bildungsstandards Mathematik für die vierte Schulstufe erreichten in Wien 13 Prozent die Bildungsstandards überhaupt nicht, in den übrigen Bundesländern betrug der entsprechende Anteil zwischen vier Prozent im Burgenland und je sieben Prozent in der Steiermark und Tirol.[6] Dazu muss gesagt werden, dass der städtische Raum aufgrund der Bevölkerungszusammensetzung grundsätzlich schlechter als der ländliche abschneidet. Wien steht somit symptomatisch für die Herausforderungen der Bildungsfernen in den Städten.

Österreich:[7]

- Der Anteil der Schüler mit Migrationshintergrund lag im Jahr 2000 noch bei elf Prozent und steigerte sich bei der letzten PISA-Testung 2015 auf bereits 20 Prozent.
- 31 Prozent der 15-Jährigen in Österreich sind in mindestens einer der drei PISA-Domänen Mathematik, Lesen und Naturwissenschaften besonders leistungsschwach, 13 Prozent sogar in allen drei Feldern.
- Nur 46 Prozent der Schüler mit Migrationshintergrund erreichten das Basislevel in den getesteten Bereichen bei PISA 2015. Zum Vergleich: Bei jenen Schülern, die ebenso wie ihre Eltern in Österreich geboren wurden, erfüllten 76 Prozent diese Grundanforderungen.

---

6 BIFIE-Ergebnisse der Standardüberprüfung Mathematik, 4. Schulstufe (2018) im Überblick.

7 PISA-Studie 2015.

- Schüler mit Migrationshintergrund schneiden bei Schulleistungen tendenziell in den meisten OECD-Ländern schlechter ab als einheimische Kinder. In Österreich ist dieser Prozentsatz von Schülern mit Leistungsschwächen mit 53 Prozent allerdings erschreckend hoch, während er bei kanadischen Schülern mit Migrationshintergrund nur bei 18 Prozent liegt.
- Beim Leseverständnis ist der Leistungsunterschied zwischen Schülern mit ausländischen Wurzeln und solchen ohne mit 64 Punkten sogar der größte in allen 25 OECD-/EU-Ländern mit mehr als fünf Prozent Jugendlichen mit Migrationshintergrund!

Die Gründe für das schlechte Abschneiden der Schüler aus bildungsfernen Schichten liegen nicht nur in den aufgezeigten Schwächen unseres Schulsystems, sondern meist viel tiefer in den individuellen Schicksalen der jungen Menschen: teilweise verheerende soziale und finanzielle Familienverhältnisse, keine Mentoren, negatives Feedback statt Wertschätzung und vor allem das fehlende Bewusstsein der Eltern dafür, das eigene Leben durch Bildung positiv beeinflussen zu können. So vielfältig die Ursachen sind, so individuell ausgerichtet müssten die Förderprogramme sein. Mindestens neun Jahre sind eine lange Zeit, in der es unsere Gesellschaft in der Hand hätte, mit allen Mitteln zu versuchen, den Betroffenen Lebenschancen zu eröffnen. Nach dem Ende der Schulzeit gibt es deutlich geringere Möglichkeiten, Einfluss auf die Lebenswege zu nehmen. Eines sei klar gesagt: Der wichtigste Faktor für ein gelungenes Leben ist die Eigenmotivation jedes Menschen. In der Schule sollte man lernen, sein Leben selbst in die Hand zu nehmen, besonders dann, wenn das zu Hause verabsäumt wurde.

Die unangenehme Wahrheit

In vielen Ländern der Welt geben Eltern, die es sich leisten können, ihre Kinder in Privatschulen. Besonders in Brennpunktgebieten werden dadurch die öffentlichen Schulen zu sozialen Restschulen. Dieser Trend ist auch in Österreich unübersehbar. Wer wohlhabend und gebildet ist, schickt seine Kinder auf Privatschulen. Aber auch die Mittelschicht verliert zunehmend ihr Vertrauen ins öffentliche Schulsystem. Daher ist es Wunschdenken, zu glauben, dass bildungsaffine Eltern ihre Kinder aus Idealismus in Schulen mit einem hohen Anteil nicht-deutschsprachiger Schüler schicken oder gar dazu gezwungen werden könnten.

Derartige Versuche führten in US-amerikanischen Städten zu Aufständen der Eltern und scheiterten durchwegs.

Umso dringlicher ist eine Totalreform der öffentlichen Schulen. Wir müssen mit allen Mitteln verhindern, dass unser öffentliches Schulsystem zur Ausbildung von Dynastien von Sozialhilfeempfängern verkommt. Solange wir an Halbtagsschulen und fast 14 Wochen Ferien festhalten, wird sich nichts ändern.

Gerade Schüler von bildungsfernen Migranten, die am Nachmittag (Sprach-)Nachhilfe und pädagogische Betreuung bräuchten, gehen oft nicht in Ganztagsschulen, weil ihre Eltern das prinzipiell ablehnen oder sie die Kosten dafür nicht übernehmen wollen. Trotz sozialer Staffelung der Kosten für Mittagessen (3,60 Euro täglich) und Nachmittagsbetreuung (5,70 Euro) schulden Wiener Familien den Behörden derzeit rund 1,8 Millionen Euro an nicht bezahlten Beiträgen. Da die Eltern nicht selten am Ausfüllen des Beihilfeformulars scheitern, bleibt am Ende doppeltes Leid: Die Familien müssen die Beiträge nachzahlen und das Kind verliert seinen Betreuungsplatz am Nachmittag.

Hoffnung geben dafür die mittleren und höheren berufsbildenden Schulen, in denen die Kinder von aufstiegsorientierten Migranten oft geradezu aufblühen. Vor allem die privaten BHS und BMS erleben einen regen Zustrom.

Wie reagieren die Unternehmen auf die bekannten Missstände in unserem Bildungssystem?

Unternehmen können von zehn Anwärtern, die sich um eine Lehrstelle bewerben, nur zwei nehmen, weil den anderen trotz eines positiven Schulabschlusses grundlegende Fähigkeiten wie Rechtschreibung und Grundrechnungsarten fehlen. Unternehmer klagen glaubhaft, dass Bewerber um Lehrstellen nicht in der Lage sind, einfachste Rechenoperationen wie Prozentrechnungen auszuführen. Da in der Zwischenzeit fast alle Unternehmen betriebsinterne Aufnahmetests für Lehrstellensuchende durchführen, helfen geschenkte positive Zeugnisnoten den jungen Menschen überhaupt nicht. Die traurige Wahrheit unserer Gesellschaft lässt sich nicht dauerhaft verschleiern: Nach neun Jahren Schule und ungeachtet oft positiven Schulabschlusses werden viel zu viele Jugendliche chancenlos ins Leben geschickt.

Im Jahr 2016 habe ich Topunternehmen wie Hilti, Grass und das Bauunternehmen Wilhelm+Mayer in Vorarlberg besucht, weil ich das Lehrlingsthema in der Bildungsdiskussion für völlig vernachlässigt halte. Diese drei Unternehmen sind für ihre exzellente Lehrlingsausbildung bekannt und haben gelernt, mit der immer schlechter werdenden Qualifikation der Schulabgänger zu leben. So müssen Weltklasse-Unternehmen, die täglich im Wettbewerb stehen, klassische Aufgaben der Schule wie die Vermittlung von mathematischen Grundkenntnissen übernehmen. Hilti hat sich entschlossen, überhaupt nicht mehr auf die Schulnoten der Lehrstellenbewerber zu achten, sondern es zählen ausschließlich die Motivation und die Persönlichkeit. Diese Fähigkeiten werden in intensiven »Schnuppertagen« herausgefunden, an denen die Bewerber in Gruppen bereits gemeinsam ein Produkt herstellen. Die besten Bewerber erhalten eine maßgeschneiderte Ausbildung, in der soziale Kompetenzen und die Vermittlung von technischem Fachwissen eine zentrale Rolle spielen. Sie müssen sich um ihre Zukunft in der digitalen Welt keine Sorgen machen. Die Unterstützung durch die Berufsschulen sehen die Unternehmen sehr differenziert. Ihre Einschätzungen reichen von hoher Zufriedenheit, wenn sich Direktoren und Lehrer mit den Anforderungen der Unternehmen proaktiv auseinandersetzen, bis zu verlorener Zeit, wenn praxisferne Lehrer auf unmotivierte Schüler treffen, denen schon lange die Freude am Lernen ausgetrieben wurde. Ein Lehrlingsausbildner erzählte mir, dass seine Lehrlinge teilweise nach den gleichen »Zetteln« lernen müssen, die er selbst als Lehrling vor 15 Jahren bekommen hat.

Wenn wir wollen, dass bildungsferne Schüler nicht in Bildungssackgassen verloren gehen, dann brauchen sie Schulen, in denen sie mehr und besser lernen.

Bildung ist eine Bringschuld und gleichzeitig eine Holschuld

Es ist die Aufgabe des Staates, ein leistungsfähiges Bildungssystem mit maximaler individueller Talentförderung und intensiver Unterstützung für alle Gesellschaftsschichten anzubieten. Es ist aber auch die Verantwortung aller Eltern, am Bildungserfolg ihrer Kinder mitzuwirken. So sie das verweigern, ist ein differenziertes Anreiz- und Sanktionssystem notwendig, das Sozialleistungen mit dieser Mitwirkungspflicht verknüpft. Ohne diese Bringschuld der Eltern werden gerade Kinder aus den ärmsten Schichten nie aus dem Teufelskreis entkommen. Bildung ist die einzige Chance für sie.

Wer über mehr Bildung verfügt, wird seltener gekündigt, verdient mehr und zahlt daher höhere Steuern, ist in geringer Gefahr, kriminell zu werden, wird seltener krank und lebt deutlich länger. So einfach ist das. Trotzdem leugnet die Politik diese eindeutigen Zusammenhänge und versucht, den Absturz unseres Bildungssystems schönzureden. Die Sozial- und Gesundheitskosten werden explodieren, weil man jeden fünften jungen Menschen in neun Jahren im Schulsystem völlig vernachlässigt, um ihn danach 60 Jahre erhalten zu müssen. Das ist ziemlich dumm.

Es geht auch anders – so schafft es Kanada zum Weltmeister der Chancengerechtigkeit

Die Leistungen von Migrantenkindern liegen in Kanada weit über dem Durchschnitt der OECD-Länder. Entscheidend dafür ist die an klaren Kriterien orientierte – höflich formuliert: »humankapitalorientierte« – Einwanderungspolitik. Ganz wesentlich ist aber sicher ebenso das integrative Schulsystem Kanadas mit seinen leistungsorientierten Gesamtschulen und Ganztagsstrukturen. In Toronto, der größten Stadt Kanadas mit der höchsten Einwanderungsquote, konzentrieren sich »schwierige Einwanderungsgruppen« und soziale Problemgruppen. Die öffentliche Schulbehörde, der Toronto District School Board (TDSB) mit seinen mehr als 550 Schulen, reagiert auf diese Herausforderungen vorbildlich: Der TDSB gilt nach Einschätzung von Experten als »Weltmeister in Teilhabe und Chancengleichheit«.

Wichtige Elemente dieses Ansatzes, die im Zusammenwirken ihre ganze Kraft entfalten, sind:[8]

1. Leitbild für Teilhabe und Chancengleichheit
   Der TDSB hat ein umfassendes Equity Foundation Statement als Leitbild, das die gesamte Arbeit an den Prinzipien von Teilhabe und Chancengleichheit ausrichtet. Das Selbstverständnis aller Akteure zeichnet sich dadurch aus, keine zusätzlichen Leistungen anzubieten, sondern Integration im Sinne eines Mainstreaming-Ansatzes aus der schulischen Praxis heraus zu leisten. Hieraus resultiert eine offene Schulkultur, die in beeindruckender Weise von allen Akteuren mitgetragen wird – von der Schulverwaltung, den Schulleitungen, den Lehrkräften, Kindern und Eltern bis zu den Migrantenverbänden.

8 Toronto District School Board: Herausragendes Engagement für Integration durch Bildung. Informationen zum Preisträger des Carl-Bertelsmann-Preises (CBP) 2008 »Integration braucht faire Bildungschancen«.

2. Leadership durch Führungskräfte
   Alle Führungskräfte von der Schulbehörde bis zu den Schuldirektoren übernehmen Verantwortung dafür, damit das Leitbild an jeder Schule konsequent umgesetzt wird.

3. Faire Ressourcensteuerung durch Learning Opportunity Index
   Die Schulen in sozialen Brennpunkten mit den größten Integrationsherausforderungen, was die Zusammensetzung der Schülerschaft angeht, bekommen die meiste Unterstützung. Dafür hat der TDSB einen Index entwickelt, bei dem alle Schulen gemäß dem sozioökonomischen Hintergrund ihrer Schüler Punkte erhalten und angemessen gefördert werden. So werden die Ressourcen fair gesteuert.

4. Integrative Lernkultur und individuelle Förderung
   Curricula und Lernmethoden sind auf die multikulturelle Zusammensetzung der Schülerschaft eingestellt. Kooperative Lernarrangements und individuelle Förderung bestimmen die Lern- und Unterrichtskultur. Der Schulalltag spiegelt in seiner Gedenk- und Festkultur die ethnische Vielfalt wider. Der TDSB bemüht sich darum, dass dies auch für die Zusammensetzung der Lehrerkollegien gilt.

5. Regionale Unterstützungssysteme für Schulen und Lehrkräfte
   Qualifizierung für Lehrkräfte und spezielle Ressourcen für den Englischunterricht und andere Herausforderungen für Migrantenkinder werden von der Schulbehörde vorbildlich zur Verfügung gestellt.

6. Öffnung der Schulen für die Community, insbesondere Einbindung der Eltern
   Der TDSB fördert die Schulen darin, die Eltern, Nachbarschaften und ethnische Communitys einzubinden. In Stadtteilen mit besonders hoher Einwanderung arbeiten in den Schulen Integrationsberater (*settlement workers*), die

Eltern bei schulischen und sonstigen Integrationsfragen beraten. Viele Schulen bieten auch Qualifizierungsmaßnahmen an (»Parenting and Family Literacy Centres« an über 55 Schulen). Außerschulische Partnerschaften mit zivilgesellschaftlichen Organisationen und Unternehmen gehören zum Standardrepertoire der Schulen.

7. Innovative Maßnahmen für Problemgruppen
   Um die Abbrecherquoten bestimmter Problemgruppen (etwa Jugendliche mit afrokaribischem oder portugiesischem Hintergrund) zu reduzieren, startete der TDSB zuletzt die *Inner City Model School*-Initiative, die in Problemstadtteilen besonders benachteiligte Schüler und ihre Eltern fördert. Auf Drängen der afrokanadischen Community hat der School Board die »Africentric School«-Initiative gestartet, eine Schule, die sich speziell am Förderbedarf der afrokanadischen Schüler ausrichtet. Das war in der Stadt umstritten, zeigt aber den Mut und die Experimentierfreude sowie die Dialogfähigkeit der Schulbehörde gegenüber den ethnischen Communitys.

8. Zuwandererkinder profitieren von längeren gemeinsamen Lernzeiten
   Für Kinder und Jugendliche aus Zuwandererfamilien wirken sich längere gemeinsame Lernzeiten mit einheimischen Kindern und Jugendlichen positiv aus, weil sie dadurch ihre Startnachteile (zum Beispiel mangelnde Englischkenntnisse) besser ausgleichen können.

Licht am Horizont für die Bildungsfernen

Folgt man PISA-Koordinator Andreas Schleicher, so führt ein hoher Migrantenanteil nicht zwangsläufig zu schlechteren Schülerleistungen. Kinder arabischsprachiger Migranten, die in den Niederlanden die Schule besuchen, sind jenen in Dänemark bei den Naturwissenschaften um rund ein Lernjahr voraus. Der kulturelle Hintergrund der Schüler spielt beim Abschneiden zwar durchaus eine Rolle, ist aber »keine Erfolgsgarantie«. So erreichen etwa nicht alle Länder mit konfuzianischer Tradition, wo Bildung und Schulleistung hohen Wert haben, PISA-Spitzenplätze. Staaten wie Kanada oder Finnland schaffen es hingegen ohne Drill wie in Südkorea ganz nach oben. In seinem Buch *Weltklasse – Schule für das 21. Jahrhundert gestalten* verdeutlicht Schleicher, dass es für die Bildungsfernen durchaus Licht am Horizont gibt: »Die PISA-Ergebnisse zeigten etwa, dass auch Kinder aus sozial benachteiligten Familien gute Leistungen erbringen können: So schneiden die ärmsten zehn Prozent der Schüler in Vietnam und Estland bei PISA besser ab als die reichsten zehn Prozent in den meisten lateinamerikanischen Ländern.«

Es gibt nur etwas, das schlimmer ist als eine schlechte Schule: gar keine Schule. Ich habe viele Entwicklungsländer gesehen, wo die einzige Hoffnung für die Zukunft die neue Dorfschule ist, oft nicht einmal mit Tischen und Stühlen ausgestattet, aber erfüllt von der Neugier der Kinder. Schulen sind in vielen Teilen der Welt leider noch nichts Selbstverständliches, vor allem, dass auch Mädchen sie besuchen dürfen. In Österreich war die Einführung der allgemeinen Schulpflicht unter Maria Theresia eine historische Leistung des 18. Jahrhunderts. Im 21. Jahrhundert stehen wir vor dem nächsten Meilenstein: von der Pflicht zur Kür. Das heißt, aus autoritären Belehrungsschulen Orte zu machen, wo Kinder lernen, sich selbst und die Welt zu verstehen. Schulen zu schaffen, in die alle gerne gehen. Dafür benötigen wir Lehrer, die Schüler begeistern können, und Direktoren, die ihre Schulen mit natürlicher Autorität führen. Und eine Gesellschaft wie in Kanada, die ihnen das zutraut und sie dabei unterstützt.

Die digitale Revolution erreicht das Klassenzimmer – Warum wir nicht Handys verbieten, sondern die Chancen des neuen Lernens nutzen sollten

Die Idee, Smartphones an Schulen generell zu verbieten, hat in etwa die gleiche Erfolgswahrscheinlichkeit, wie ausgedrückte Zahnpasta wieder in die Tube zurückzubekommen. Vor allem wenn Kinder erleben, wie ihre Eltern und Lehrer selbst in jeder freien Minute auf ihr Handy schauen. Statt uns in fundamentalistische Stellungskriege über die Frage zu verstricken, ob Smartphones in der Schule Teufelszeug oder pädagogische Allzweckwaffen sind, sollten wir uns einfache Fragen stellen:

Glauben wir wirklich, dass in zehn Jahren Lehrer noch immer mit dem Rücken zu ihren Schülern vor einer Tafel stehen werden, um mit Kreide Formeln draufzuschreiben, die sie dann wieder löschen, sobald die Tafel voll ist, um dieses Ritual nach der Pause in der Nachbarklasse zu wiederholen?

Glauben wir wirklich, dass es sich die Regierungen angesichts immer knapperer Budgets noch lange werden leisten können, mit aufgeblähten Schulverwaltungen ein System zu erhalten, das immer mehr Lehrer benötigt und trotzdem die Kosten der Eltern für Nachhilfestunden explodieren lässt?

Glauben wir wirklich, dass im 21. Jahrhundert eine Institution, deren Hauptzweck das Lernen ist, überleben kann, deren Mitarbeiter nicht alle zumindest über einen eigenen Computer und zeitgemäßen Arbeitsplatz verfügen, in Teams arbeiten, modernste Technologien nutzen und sich ständig weiterbilden?

Oder noch provokanter:

Was ist, wenn unser Bildungssystem komplett falsch ist, weil das Wissen, welches es unseren Kindern in den 9 bis 13 Schuljahren vermittelt, zu 95 Prozent veraltet sein wird, wenn sie es später im Leben brauchen werden?

Was ist, wenn unser Smartphone bald smarter ist als wir? Wenn wir unseren Blick nicht vom Smartphone wenden können, wer dient dann wem?

Was wird aus uns Menschen, wenn hochintelligente Algorithmen uns besser kennen als wir uns selbst?

Die Digitalisierung wird auch vor unseren Schulen nicht Halt machen. Die Art, wie, wann und wo wir lernen, wird sich radikal verändern. Wer heute in einem kleinen Dorf in Asien oder Afrika über ein Smartphone verfügt, könnte mehrere Leben damit verbringen, kostenlose Online-Kurse an den besten Universitäten zu absolvieren. Oder denken wir an Wikipedia, das Sterbehilfe für den guten alten Brockhaus geleistet hat, der in der Realität schon jahrzehntelang in Bibliotheken verstaubte. Dafür hat Wikipedia bei aller Kritik mehr zur Demokratisierung des Wissens auf der Welt beigetragen als viele milliardenteure Regierungsinitiativen zur Bildung. Schulen, die sich wie in der Vergangenheit primär auf sture Wissensvermittlung konzentrieren, wird es so ergehen wie dem Brockhaus.

Künstliche Intelligenz schlägt menschliche Dummheit

Ein Beispiel lässt uns erahnen, wie radikal allein künstliche Intelligenz unser Bildungssystem beeinflussen wird. Die japanische Wissenschaftlerin Noriko H. Arai wollte testen, wie nahe künstliche Intelligenz dem Menschen schon kommen kann. Sie entwickelte den sogenannten Todai-Roboter und ließ ihn anonymisiert zu der extrem selektiven schriftlichen Aufnahmeprüfung für die Universität von Tokio antreten. Der Roboter lag in Mathematik unter den besten ein

Prozent aller Bewerber. Viel überraschender schrieb er in Englisch sogar einen der besten Essays. Trotzdem schaffte ihr Roboter den Aufnahmetest letztlich nicht, denn bei Aufgabenstellungen, die ein tiefes sprachliches und zwischenmenschliches Verständnis verlangten, scheiterte er oft kläglich, weil er die Fragen fehlinterpretierte. Genau dort liegt die große Chance eines Schulsystems, in dem Lehrer vertrauensvolle Beziehungen zu ihren Schülern aufbauen, ihnen tieferes Verständnis von Themen vermitteln und sie dabei unterstützen, komplexe Probleme eigenverantwortlich zu lösen.

Wie ein Vergleich zwischen einem Roboter und einem Studienbewerber in zehn Jahren ausgehen wird, weiß niemand. Die Grundschüler von heute, die dann zu studieren oder zu arbeiten beginnen, werden zweifellos massiv betroffen sein. Eines scheint sicher: Künstliche Intelligenz schlägt menschliche Dummheit. Kinder, die komplexe Texte nicht sinnerfassend lesen können, werden sowohl bei Aufnahmetests für Universitäten als auch für qualifizierte Jobs chancenlos gegen künstliche Computerintelligenz sein.

Idealerweise wird menschliche aber nicht mit künstlicher Intelligenz konkurrieren, sondern kooperieren. Ein Beispiel: Bei der Diagnose von Krankheiten auf Ultraschallbildern bringt die Kombination von Computeranalyse und menschlicher Urteilskraft die besten Ergebnisse.

Wo, wenn nicht in der Schule, soll Schülern eine breite Medienkompetenz vermittelt werden, die Voraussetzung dafür ist, um sich in der digitalen Welt selbstverantwortlich und risikobewusst bewegen zu können. Kindern und Jugendlichen digitale Geräte zu geben und sie damit allein zu lassen ist gefährlich, sie total zu verbieten ist, wie wir eingangs gesehen haben, nicht realistisch. Daher sollen die Chancen und die Gefahren von Social Media von kompetenten Lehrern aus unterschiedlichen Perspektiven aufgezeigt werden. Schüler sollten früh den kritischen, reflektierten Umgang mit Inhalten im Web lernen, zum Beispiel wie Informationen überprüft werden können, oder die Auswirkungen von Postings und Chats sowie von Algorithmen und Chatbots[1] einschätzen können. Untersuchungen zeigen, dass ohne Begleitung das Smartphone für niedrige soziale Schichten negative Wirkungen hat, für höhere soziale Schichten positive. Die Schere geht also auseinander, wenn wir uns in der Schule nicht mit Kindern und ihren digitalen Geräten aktiv auseinandersetzen.

Jene, die glauben, man sollte Schulen möglichst komplett von der Digitalisierung abschotten, quasi die heile analoge Welt schützen, mögen bedenken, dass gerade kritisches und aufgeschlossenes Verhalten in der digitalen Welt gelernt sein will. Vor allem für Mädchen ist das eine dringende Notwendigkeit. Ein Beispiel: Carolina bringt ihrer zwölfjährigen Cousine Nina aus den USA einen programmierbaren Spielzeugroboter mit. Die Mutter freut sich und unternimmt mehrere Anläufe, um ihre Tochter Nina dabei zu unterstützen, die faszinierenden Möglichkeiten auszuprobieren, die der Roboter bietet. Nina ist aber nicht sonderlich motiviert und empfindet das eher als Pflichtübung. Die Mutter gibt nicht auf und meldet ihre Tochter beim CoderDojo-Club (*https://wien.coderdojo.net*) an. Dort lernen Kinder, unterstützt von engagierten Experten, spielerisch den Umgang mit Robotern sowie einfache Programmierübungen. Nina ist das einzige Mädchen im Kurs. Sonst sind dort nur Buben, die begeistert stundenlang spielen und ausprobieren. Dieses Beispiel steht symptomatisch für die Gefahr, dass Mädchen bei der Nutzung von technologischen Anwendungen in eine digitale Kluft (*digital gap*) fallen, die ihre Zukunftschancen einschränkt.

Wir brauchen daher Schulen, die das Potenzial der digitalen Bildung für Schüler und Schülerinnen altersadäquat nutzen, statt wie das Kaninchen auf die Schlange zu schauen. Diese Schulen gibt es glücklicherweise schon.

---

1 Ein Chatbot ist ein textbasiertes Dialogsystem, welches das Chatten mit einem technischen System erlaubt. Mit der steigenden Computerleistung können Chatbots daher auch intelligente Dialoge für den Nutzer bieten, die es oft nicht mehr möglich machen, zu erkennen, dass es sich um einen Computer und nicht um einen Menschen handelt, mit dem man kommuniziert.

So funktioniert Lernen mit »Hightech und Hightouch«[2]

Die Summit Everest School in Redwood City in Kalifornien steht für ein pädagogisches Konzept, das versucht, digitale Unterrichtsformen mit individuellem Coaching zu kombinieren. Jeder Schüler soll dabei unterstützt werden, sein Talentpotenzial mit Freude zu nutzen.

Die Schule hat ein klares Leitmotiv, auf das sich die gesamte Arbeit ausrichtet: »Wir machen unsere Schüler collegetauglich.« Die Erfolge sprechen für sich: 96 Prozent der Absolventen werden in einem College oder an einer Universität aufgenommen. Nur 0,5 Prozent der Schüler fallen durch und auch die Drop-out-Rate ist extrem niedrig. Diese herausragenden Ergebnisse erzielt die Schule, obwohl der Großteil der Schüler aus sozial schwachen Elternhäusern kommt.

Was ist die pädagogische Zauberformel dieser Schule? Am Anfang definiert jeder Schüler sein großes Berufsziel, das er im Leben erreichen möchte, zum Beispiel Tierarzt, Raumfahrtingenieur, Forscher oder Journalist. Dieses Ziel wird dann auf individuelle Lernpakete für das Schuljahr und die jeweilige Woche heruntergebrochen. Jeder Schüler hat einen Laptop, auf dem er mittels einer eigens entwickelten Software selbst jederzeit die Fortschritte in den einzelnen Gegenständen und die Abweichungen zu den Zielen erkennen kann. Seine Eltern und alle Lehrer haben ebenfalls Zugang zu den Daten. Diese Transparenz macht »Frühwarnungen« über negative Noten überflüssig und schließt böse Überraschungen am Jahresende aus. Ganz entscheidend, zusätzlich hat jeder Schüler einen Coach, der ein

2 Im Zuge seiner Recherchen zum Thema Digitalisierung nahm der Autor an der größten US-Konferenz für digitales Lernen, dem ASU GSV Summit in San Diego mit Bill Gates, Salman Khan und Jim Collins teil. Er interviewte den Apple-Vizepräsidenten für Bildung John Couch und untersuchte innovative Unternehmen wie Cisco, Google und IDEO sowie innovative Schulen im Bereich digitales Lernen wie die »Summit Schools«. Es gab Meetings mit Professoren der Stanford-Universität sowie den neuen digitalen Bildungsanbietern wie der Singularity-Universität, Coursera, Udacity oder Bettermarks. So nicht andere Quellen angegeben werden, bezieht sich der Autor auf diese Recherchen.

dafür ausgebildeter Lehrer ist und ihm wöchentlich mindestens zehn Minuten für Vieraugengespräche zur Verfügung steht. Die Schüler werden von ihren Coaches zum eigenverantwortlichen Lernen angeregt und ihre intrinsische Motivation wird gefördert, genauso wie die Gründe für Leistungsabfälle vertraulich besprochen werden. Dorothea erzählt, dass sie an ihrer vorigen Schule immer sehr schlecht in Mathematik war. Daher war ihr erstes Jahr an der Summit School sehr hart. »Es wurde mir klar, dass ich nur dann eine Chance habe, an einem College aufgenommen zu werden, wenn ich Mathematik wirklich verstehe. Ich habe mich mit Mathematik dann erstmals intensiv beschäftigt. Heute habe ich ein ›Sehr gut‹ und unterstütze Mitschüler in Mathematik.«

Projekte werden so ausgewählt, dass diese in Verbindung zu aktuellen Problemstellungen der Schüler selbst oder des kommunalen Umfeldes stehen. Die Schüler lösen Aufgabenstellungen, die in der Realität tatsächlich existieren. Zum Beispiel, dass an einer bestimmten Straße große Mengen von Fröschen durch den Autoverkehr getötet werden und wie man das lösen könnte. Dadurch wird der Sinn des Lernens immer wieder bewusst gemacht. Die selbstbestimmte Arbeit an Projekten dauert zwei Wochen, in denen sonst kein Unterricht im Klassenzimmer stattfindet.

Ist dieser Aufwand nicht extrem teuer? Bei 400 Schülern gibt es zwei Schulleiter, 25 Lehrer, Coaches und Mentoren, was im Vergleich zu den Ressourcen im öffentlichen Schulsystem eher wenig ist. Die schulinterne Weiterbildung der Lehrer beträgt allerdings vier Wochen – jedes Jahr. Trotz der sehr unterstützenden Kultur der Schule und dem klaren pädagogischen Konzept tendieren die Lehrer kurz vor den Prüfungen dazu, in alte Muster zurückzufallen, wenn sie erkennen, dass einige Schüler hinter die vorgegebenen Ziele zurückfallen. Es hat sich daher als hilfreich erwiesen, Lehrer von der Verantwortung zu befreien, dass sie den gesamten Stoff unbedingt vortragen müssen, meist zulasten des tieferen Verständnisses der Schüler. Lehrer ermutigen sich wechselseitig, ihren Schülern die grundlegenden

Konzepte ihrer Gegenstände begreiflich zu machen, statt möglichst viel Stoff in sie hineinzustopfen.

Die Revolution des Lernens hat begonnen und lässt sich nicht mehr aufhalten

Einer der großen Visionäre des digitalen Lernens ist Salman Khan, der 10 000 Video-Lektionen in derzeit 26 Sprachen von jeweils zehn Minuten Länge auf seiner Website *www.khanacademy.org* gestaltet hat. Diese führen auf einfache Weise in Mathematik, Naturwissenschaften und Geschichte ein. Zehn Minuten deshalb, weil das aufgrund von Forschungen die maximale Aufmerksamkeitsspanne für die meisten Schüler – und Erwachsenen – ist. In Summe wurden bisher Hunderte Millionen Lektionen absolviert. Dafür hätte man bei durchschnittlich 25 Schülern pro Klasse und 50 Minuten Unterricht einige Millionen Lehrer benötigt. Nur wenige davon wären in der Lage, didaktisch mit der genial einfachen Lernmethode von Salman Khan mitzuhalten. Wenn Sie Salman Khan noch nie gesehen haben, sollten Sie sich zumindest einmal einen seiner YouTube-Vorträge ansehen und Ihre Mathematikkenntnisse auf seiner Website auffrischen. Vom TIME-Magazin wurde er mit Recht als eine der 100 einflussreichsten Persönlichkeiten gewertet.

Das digitale Klassenzimmer wird durch die Khan Academy erlebbare Realität. Schüler und Lehrer können auf der Website der Khan Academy sowohl individuelle als auch Klassenprofile anlegen, die die Lernfortschritte zeigen. So ließe sich das zuvor vorgestellte Konzept der Summit Schools für alle Schulen umsetzen. Viele Schüler, die an einem bestimmten Punkt in Mathematik nicht weiterkommen und deutlich hinter ihre Klasse zurückfallen, sind deshalb nicht einfach zu dumm, sondern brauchen mehr Zeit und Hilfe, diese Hürde zu nehmen. Die Khan Academy hat aufgrund ihres gesammelten Datenmaterials herausgefunden, dass es oft gerade diese Schüler sind, die dann sogar den Rest der Klasse überholen können, sobald ihnen »der Knopf aufgegangen ist«. Im traditionellen Schulsystem werden solche Kinder aussortiert und fallen durch. Das Beispiel zeigt das enorme humanistische Potenzial. Fehlurteile könnten vermieden und dadurch Talente von vielen Kindern gerettet werden.

Wer sich intensiver mit der digitalen Bildung auseinandersetzen möchte, dem sei das Buch *Die digitale Bildungsrevolution: Der radikale Wandel des Lernens und wie wir ihn gestalten können* von Jörg Dräger und Ralph Müller-Eiselt empfohlen. Es gibt einen umfassenden Einblick in die Gegenwart und einen faszinierenden Ausblick in die Zukunft des digitalen Lernens. Es sollte Pflichtlektüre für alle EU-Minister und Bildungspolitiker sein.

»Gott Kupfer« aus Torbergs »Schüler Gerber« lebt

Warum sollte sich ein in Mathematik schwacher Schüler weiterhin mit einem pädagogisch noch schwächeren Mathematiklehrer plagen, wenn er einmal entdeckt hat, dass er von Salman Khan alles von den Grundrechnungsarten bis zur Integralrechnung in seiner Geschwindigkeit lernen kann? Wenn er etwas nicht verstanden hat, kann er sich die Passage dreimal anhören, ohne zynische Bemerkungen ertragen oder sich vor der ganzen Klasse blamieren zu müssen. Irgendwann wird der Schüler sich fragen, warum er überhaupt noch den schlechten Unterricht besuchen soll, wenn er alle Mathematikschularbeiten positiv besteht. Wenn das aber nicht nur ein Schüler in einer Klasse machen wird, sondern Zehntausende, dann wird man sie wohl nicht alle durchfallen lassen können, nur weil sie sich weigern, weiterhin ihre Zeit zu verschwenden.

Mathematik ist deshalb hier angeführt, weil die teilweise katastrophalen Ergebnisse der Zentralmatura in Österreich die Dringlichkeit aufzeigen: 2018 scheiterte rund jeder fünfte Schüler bei der schriftlichen Mathematikklausur. An den AHS schrieben rund

22 Prozent ein »Nicht genügend«, an den berufsbildenden höheren Schulen (BHS) waren es 19 Prozent. »Gerettet« wurden viele bei der (mündlichen) Kompensationsprüfung. Würde man den Schülern nicht erlauben, die negativen Noten bei der schriftlichen Zentralmatura bei »ihrem« Lehrer mündlich auszubessern, so würde in vielen Klassen weit über die Hälfte durchfallen – nach vier bis fünf Jahren Oberstufe! Als Reaktion darauf änderte das Bildungsministerium die Gewichtung zwischen dem Grundlagenteil und den vertiefenden Aufgaben und reduzierte die vielfach kritisierte Textlastigkeit der Beispiele. Daraufhin verbesserten sich die Ergebnisse der Mathematik-Matura 2019 signifikant. Wurden Österreichs Schüler auf wundersame Weise innerhalb eines Jahres tatsächlich wesentlich kompetenter in Mathematik? Das möge jeder für sich selbst beurteilen …

Dieser Leidensdruck in Mathematik sollte dafür sorgen, dass man endlich die Chancen von guten Mathematik-Lernprogrammen nutzt. So findet die Geometriesoftware GeoGebra (Wortkombination aus Geometrie und Algebra), mit der geometrische Objekte nicht nur gezeichnet, sondern auch durch die Angabe von Gleichungen verändert werden können, immer stärkeren Eingang in den Mathematikunterricht. GeoGebra wurde übrigens vom Österreicher Markus Hohenwarter entwickelt, der als Pionier der Mathematikdidaktik viele internationale Auszeichnungen erhielt. Es gibt somit durchaus Hoffnung, dass Mathematik ihren Schrecken für zukünftige Generationen von Schülern verlieren könnte. Warum setzt man die didaktischen Konzepte von Salman Khan, Markus Hohenwarter und vieler anderer engagierter Lehrer, die ihr Wissen auf YouTube-How-to-Videos kostenlos anbieten, nicht endlich flächendeckend in unseren Schulen um?

Im deutschsprachigen Raum boomen die Anbieter von digitalen Lehrinhalten für Mathematik, wie zum Beispiel Bettermarks (*www.bettermarks.de*) oder die Lernvideos auf Sofatutor (*www.sofatutor.de*). Diese sind im Gegensatz zur Khan Academy kostenpflichtig, aber wenn Eltern ihre Kinder motivieren, damit zu lernen, können sie sich aus ihrer Rolle als unfreiwillige Nachhilfelehrer befreien.

Um nicht missverstanden zu werden: Gute Lehrer wissen, dass sie unersetzbar sind. Sie könnten sich aber von der Notwendigkeit langer Frontalvorträge befreien und ihre Rolle neu definieren. Sie motivieren ihre Schüler, die nächste Lektion zu Hause vorzubereiten, um in der Klasse dann mit ihnen zu üben, wie das Flipped-Classroom-Konzepte[3] ermöglichen. In Österreich erklären zum Beispiel Stefan Schmid und Josef Buchner das Konzept von Flipped Classroom anschaulich auf ihrer Website *www.flipped-classroom-austria.at*. Damit gewinnen Lehrer viel Zeit, sich tatsächlich individuell um Schüler kümmern zu können und sich nicht wie im klassischen Unterricht unbewusst immer auf die besten oder schlechtesten zu konzentrieren.

Es gibt nicht mehr den Lehrstoff für alle

Das für individuelles Lernen ideale Verhältnis zwischen Schülern und Lehrern wäre eins zu eins, wie das früher Adelige und Reiche mit dem System des Hauslehrers für ihre Kinder praktiziert haben. Bekanntes Beispiel dafür war Philipp II. von Makedonien, der Aristoteles beauftragte, seinen Sohn Alexander in Philosophie, Kunst und Mathematik zu unterrichten. Die einen lernten somit äußerst individualisiert, der große Rest der Masse blieb unwissend. Daran änderte sich im Prinzip bis zur Einführung der allgemeinen Schulpflicht durch Wilhelm von Humboldt in Deutschland und Maria Theresia in Österreich nichts.

Im Regelschulsystem ist der Privatlehrer für jeden Schüler natürlich nicht möglich, wenngleich Eltern heutzutage oft unfreiwillig zum Privatlehrer für ihre Kinder werden oder diese in Form von Nach-

3 Flipped Classroom bezeichnet eine Unterrichtsmethode des integrierten Lernens, in der die Hausaufgaben und die Stoffvermittlung insofern vertauscht werden, als die Lerninhalte zu Hause von den Schülern unterstützt von Lernvideos erarbeitet werden und tieferes Verständnis dann in der Schule vom Lehrer gezielt vermittelt wird.

hilfelehrern bezahlen. Das verschärft die ohnehin schon große Kluft zwischen den verschiedenen Bildungsschichten. Die Frage lautet daher: Ist es möglich, mit der Digitalisierung Lernfreude und Leistungen der Schüler zu steigern?

Frank Fischer von der Ludwig-Maximilians-Universität München hat basierend auf einer Vielzahl von Studien vier Qualitätsstufen des Einsatzes digitaler Medien auf ihre Wirksamkeit untersucht:

Stufe 1: Passive Lernaktivitäten – der Lehrer verwendet PowerPoint oder eine interaktive Tafel, seine Didaktik bleibt aber beim frontalen Vortrag von Lehrstoff.

Stufe 2: Aktive Lernaktivitäten – Präsentationsmittel wie auf Stufe 1, aber der Lehrer stellt Fragen und die Schüler werden angehalten, sich Inhalte zu notieren.

Stufe 3: Konstruktive Lernaktivitäten – Schüler nutzen eigene digitale Geräte wie Laptops, lernen selbstbestimmt und gehen auch über den vorgegebenen inhaltlichen Rahmen hinaus, hinterfragen Thesen und bringen Kritikpunkte ein.

Stufe 4: Interaktive Lernaktivitäten – wie Stufe 3, wobei die Schüler nun gemeinsam in Gruppen zum Beispiel Erklärvideos gestalten und der Lehrer eine Unterstützungsrolle übernimmt und primär als Ressource zur Verfügung steht.

Die Studien zeigen, dass die positiven Effekte gering und wenig nachhaltig sind, wenn sie nur die Stufe 1 (Passive Lernaktivitäten) oder 2 (Aktive Lernaktivitäten) erreichen. Das ist insofern eine wichtige Erkenntnis, weil das genau jene Lernformen sind, die derzeit noch immer in der Lehrerausbildung forciert werden, also PowerPoint statt Tafel. Wirklich positive Effekte sowohl auf die Lernergebnisse als auch auf die Schülermotivation lassen sich aber erst ab Stufe 3 (Konstruktive Lernaktivitäten) zeigen. Auf der Stufe 4 (Interaktive Lernaktivitäten) sind diese Effekte am stärksten.

Die Analyse von Frank Fischer bestätigt exemplarisch eine Erkenntnis, die von fast allen Experten der digitalen Bildung geteilt wird. Das Verteilen von Gratis-Laptops oder Tablets ohne pädagogisches Konzept, ohne intensive Schulung der Lehrer und ohne funktionierende Technologie ist bei Politikern zwar populär – aber sinnlos und teuer.

Erst durch die konsequente Verknüpfung der drei Faktoren »Pädagogische Konzepte«, »Kompetenzen und Motivation der Lehrenden« sowie »Funktionierende und benutzerfreundliche Technologie« können die Potenziale der Digitalisierung für das Schulwesen genutzt werden. Digitalisierung in diesem Verständnis versteht sich als Veränderungstreiber für neues Lernen und nie als Selbstzweck. Lebendiges Lernen lebt von Abwechslung der vielen didaktischen Möglichkeiten. Zu viele PowerPoint-Präsentationen oder digitale Medien werden genauso schnell langweilig wie der ausschließliche Einsatz der Tafel.

Wenn ein Schlüsselfaktor laut der schon mehrmals zitierten John-Hattie-Studie die wertschätzenden Beziehungen zwischen Lehrern und Schülern sind, dann müssen wir uns fragen: Wie kann die Digitalisierung den Lehrer von unproduktiven Tätigkeiten befreien, um Zeit für die Beziehungsarbeit zu gewinnen? Anzustreben ist eine Verschiebung der Gewichtung der Rolle des Lehrers vom Wissensvermittler zum Lernbegleiter. Motto: *From the sage on the stage to the guide at your side* (Vom Weisen auf der Bühne zum Lernbegleiter an deiner Seite). Dadurch kann der Lehrer den klassischen Lehrvortrag reduzieren, weil Schüler beim richtigen Einsatz von Technologie sich Stoffgebiete selbst oder in der Kleingruppe erarbeiten können. Dafür brauchen Lehrpläne und Schulbücher mehr Freiräume für projektorientierte, selbstbestimmte Lernerfahrungen. Eine Anknüpfung von Lehrinhalten an die Lebenswelt der Schüler führt zu höherer Motivation und Lernfreude. Eine nicht zu unterschätzende Herausforderung für Lehrer und Schüler besteht darin, die Prüfungskultur an die Lernkultur anzupassen. Das heißt, solange Teamleistungen nicht berücksichtigt werden oder Prüfungen nur eingelerntes Wissen, aber nicht tieferes Verständnis beziehungsweise Anwendungsfähigkeit fordern, kommt es zu inneren Widersprüchen.

Grenzen und Gefahren des digitalen Klassenzimmers

Skepsis gegenüber der Digitalisierung aller Bereiche unserer Gesellschaft ist durchaus angebracht, besonders sensibel sollten wir bei unseren Kindern sein. Der Gehirnforscher Manfred Spitzer malt in seinen Büchern *Die Smartphone-Epidemie: Gefahren für Gesundheit, Bildung und Gesellschaft* und *Digitale Demenz – Wie wir uns und unsere Kinder um den Verstand bringen* den digitalen Teufel furchterregend an die Wand. Wie immer man zu Spitzers Thesen steht, wie eingangs erwähnt: Die digitale Zahnpasta werden wir nicht mehr zurück in die analoge Tube drücken können.

Bis vor 20 Jahren wurde befürchtet, dass unsere Kinder »fernsehsüchtig« werden und dabei vertrotteln würden. Eine Befürchtung, die sich als überholt erweist, heute sehen Eltern besorgt, wie bereits Dreijährige selbstständig ihre Lieblings-YouTube-Videos auf ihren Smartphones finden und anschauen. Es sind also nicht bestimmte Medien, es sind offenbar bewegte Bilder, die Kinder faszinieren. Kluge Eltern reagieren auf diese Herausforderung weder mit Totalverboten, die den Reiz des Verbotenen nur erhöhen, noch mit einer Laissez-faire-Haltung, die Kinder völlig überfordert. Verantwortungsbewusste Eltern stellen klare Regeln auf, die sie konsequent durchsetzen. Das ist auch meine Empfehlung für den Umgang mit digitalen Geräten und Medien in der Schule. Diese Regeln legen zum Beispiel klar fest, dass Smartphones im Unterricht nur auf ausdrückliche Aufforderung des Lehrers für gemeinsame Lernaufgaben verwendet werden dürfen.

Die Nutzung des in diesem Kapitel beschriebenen Potenzials der Digitalisierung erfordert von allen Beteiligten ein Gespür für Balance, ständige Selbstreflexion und gesunden Menschenverstand. Eine sehr engagierte junge Volksschuldirektorin, die zusätzlich stundenweise eine Klasse unterrichtet, hat mir erzählt, dass ihr vorgesetzter Schulinspektor von ihr verlangte, auch während des Unterrichts für ihn ständig am Handy erreichbar zu sein. Er rief die Direktorin dann tatsächlich genau zu Zeitpunkten an, von denen er wissen musste, dass sie gerade Schüler unterrichtete. Wenn man die Digitalisierung als Kontrollinstrument missbraucht, dann zerstört man jede vertrauensbasierte Kultur. Um zu zeigen, wohin das führen kann, ein kurzer Blick nach China.

Die höhere Schule Guangdong Guangya schaffte für ihre Schüler 3500 digitale Armbänder an, um sie ständig überwachen zu können. Mit den Armbändern sollten die Herzfrequenz und körperliche Aktivitäten aufgezeichnet werden, aber auch, wie oft Schüler im Unterricht die Hand heben und sich zu Wort melden. Zusätzlich verfügten die Armbänder über eine Ortungs- und Anwesenheitsfunktion. Der Aufschrei im sozialen Netzwerk Weibo war selbst im autoritären China massiv. »Was ist der Unterschied zwischen dem da und Fußfesseln von Gefangenen oder Ortungschips für Hunde? Schüler sind keine Gefangenen«, schrieb ein User. Die Empörung war so groß, dass die Schule vorläufig Abstand von der Einführung nehmen musste. Die Guangdong-Guangya-Schule ist kein Einzelfall. An einer anderen südchinesischen Bildungsanstalt sollen Schülerinnen und Schüler ab sofort Hightech-Uniformen tragen, um sie vom Schulschwänzen abzuhalten. Wie staatliche Medien unter Berufung auf den Hersteller der Kontrollgeräte berichteten, registrieren Chips in den Uniformen das Hereingehen in die, beziehungsweise das Herausgehen aus der Schule.[4]

4 APA/AFP/Philippe Lopez und ORF online am 9. März 2019.

Fazit

Österreich und Deutschland liegen bei der Nutzung der digitalen Möglichkeiten im Bildungssystem im Vergleich mit den skandinavischen und baltischen Ländern oder mit Singapur deutlich zurück. Immerhin hat das österreichische Bildungsministerium einen ambitionierten »Masterplan Digitalisierung in der Bildung« erarbeitet. Jetzt gilt es, die personellen, pädagogischen und technischen Voraussetzungen dafür zu schaffen, dass die angestrebten Ziele flächendeckend umgesetzt werden können. Deutschland hat ein Tabu gebrochen und sogar das Grundgesetz geändert, damit der Bund endlich zumindest fünf Milliarden Euro in die digitale Bildung in den Schulen investieren kann.

Es gibt viel aufzuholen. Eine vergleichbar konsequente Umsetzung von »Hightech und Hightouch« wie in den Summit-Schulen in den USA habe ich bei meinen Besuchen von »Leuchtturmschulen« in Österreich und Deutschland nicht gefunden. Sehr wohl aber eine Vielzahl von engagierten Einzelkämpfern, die sich im Mikrokosmos ihres Klassenzimmers täglich bemühen, die Lernfreude und Leistung ihrer Schüler deutlich zu steigern. Und das mit durchaus erkennbaren Erfolgen.

Einige wenige digitale Leuchtturmschulen reichen nicht aus. Wir brauchen eine kritische Masse von Lehrern, die alle technischen Möglichkeiten sinnvoll nützen, um individuelles Lernen zu ermöglichen, und starke Direktoren, die sie dabei unterstützen. Das würde allerdings eine völlige Neu- und Umorientierung der Lehrerausbildung, ein massives Investment in die innere Schulentwicklung und vor allem den Mut, die in diesem Buch beschriebenen Tabus anzugreifen, bedeuten. Mit dem Wunschdenken »Wasch mir den Pelz, aber mache mich nicht nass« wird die Digitalisierung genauso am ausgeprägten Immunsystem unseres Schulsystems gegen jede Veränderung scheitern wie alle bisherigen gut gemeinten Reformversuche. Das können wir uns aber nicht leisten.

Tafel und Kreide, veraltetes Schulwissen, das in Frontalvorträgen vermittelt wird, sind keine gute Vorbereitung auf eine Welt, in der Kreativität, emotionale Kompetenzen und Problemlösungsfähigkeit gefordert sein werden.

Die Macht der Torheit – Absurdes und Kurioses in unserem Schulsystem

Eine Vorbemerkung aus Gründen der Fairness: Kostenexplosionen, schlechter Service und fehlende Kundenorientierung können in privaten Unternehmen genauso wie in der öffentlichen Verwaltung immer vorkommen. Dann verzögert sich die Fertigstellung von Flughäfen wie in Berlin oder Krankenhäusern wie in Wien trotz doppelter Kosten endlos oder einst hoffnungsvolle Firmen wie Kodak oder Blackberry werden gegen die Wand gefahren. In Folge werden Schuldige gesucht, Manager, Stadträte oder Minister müssen gehen und man versucht idealerweise, aus den Fehlern zu lernen und es das nächste Mal besser zu machen.

Das Besondere an den Fehlentwicklungen in vielen Schulsystemen auf der Welt ist, dass sie systemimmanent sind und sich trotz aller Reformversuche eher verschärft als verbessert haben. Österreichspezifisch ist die verhängnisvolle Kombination von parteipolitischem Einfluss auf allen Ebenen, dem Machtkampf zwischen dem Bund, den Ländern und den Gemeinden sowie veränderungsresistenten Lehrergewerkschaften. Das funktioniert nur in einem Quasi-Monopol ohne Wettbewerb, in dem sich selbst der Großteil der Privatschulen den anachronistischen Schulgesetzen unterwerfen muss. So bekommen sogar die schlechtesten Schulen ihre Schüler zwangszugeteilt und die ständig steigenden Kosten zahlt ungefragt der Steuerzahler. Im Folgenden Zahlen, Daten und Fakten, die diese harte Analyse rechtfertigen. Keine Sorge, es wird keineswegs langweilig.

Wird unser Schulsystem kaputtgespart?

Jede Diskussion um das Bildungsbudget dreht sich ausschließlich um die Frage, wie viel zusätzliches Geld, die sogenannten Ressourcen, wir ausgeben, aber nie um den Output, also die messbaren Leistungen der Schüler und Lehrer. Entgegen allen Behauptungen vom Kaputtsparen hat sich das österreichische Bildungsbudget in den letzten zehn Jahren immer nur nach oben entwickelt: von 6,73 Milliarden im Jahr 2008 auf 8,821 Milliarden Euro im Jahr 2018. Das sind mit über drei Prozent jährlichen Steigerungen deutlich mehr als jene des Bruttoinlandsproduktes (BIP). Wir haben bei den Ausgaben pro Schüler das zweitteuerste Schulsystem innerhalb der EU und das vierttteuerste der Welt.

Nun hätte wohl niemand etwas dagegen, selbst wenn es das teuerste Schulsystem wäre, nur sollte es dann auch das beste sein. Davon ist Österreich weit entfernt, wie in den entsprechenden Kapiteln in diesem Buch dokumentiert wird.

Im Kapitel »Eine einfache Wahrheit« wurde nachgewiesen, dass es keinen positiven Zusammenhang zwischen den Kosten und der Qualität eines nationalen Schulsystems gibt. Der beste Beweis dafür sind die USA, deren öffentliche Schulen die teuersten der Welt sind und sich vor allem in den sozialen Gettos in einem katastrophalen Zustand befinden. Jeder, der es sich irgendwie leisten kann, zieht in eine Gegend mit guten öffentlichen Schulen oder gibt sein Kind in eine Privatschule. Das Problem ist daher nicht zu wenig Geld, sondern dass unsere vielen Steuermilliarden nie dort ankommen, wo sie eigentlich hinsollten, nämlich in die Klassenzimmer, sondern auf dem Weg dorthin sinnlos verbrannt werden.

Die wundersame Verdoppelung der Lehrer trotz sinkender Schülerzahlen

Im Schuljahr 1971/72 gab es in Österreich 1 241 536 Schüler und 68 342 Lehrer. Im Schuljahr 2017/18 gab es in Österreich 1 132 367 Schüler und 129 458 Lehrer.[1] Einfach formuliert: Die Zahl der Schüler ist in den letzten 40 Jahren mit kleinen Schwankungen um knapp neun Prozent gesunken, die Zahl der Lehrer hat sich fast verdoppelt.

Dividiert man die 1 132 367 Schüler durch die Anzahl der 129 458 Lehrer, so kommt man auf ein Betreuungsverhältnis von 8,7 Schülern pro Lehrer. Das wäre besser als in den teuersten Privatschulen der Welt, zumindest theoretisch. Jetzt werden Sie sich fragen, wohin verschwinden all die vielen Lehrer?

Ein Teil dieses Widerspruchs lässt sich objektiv schnell aufklären. Es gibt Kinder mit besonderen Bedürfnissen, die in kleinsten Gruppen von Sonderpädagogen betreut werden, und wie in jeder großen Organisation Teilzeit, Krankenstände und Karenzzeiten. Kalkuliert man alle diese Umstände äußerst großzügig, kommt man aber noch immer auf ein Lehrer-Schüler-Verhältnis von eins zu zehn. Alle anderen Faktoren sind Ausfluss eines verrückten Systems, das seit 40 Jahren trotz sinkender Schülerzahlen immer mehr Lehrer benötigt.

Dabei geht es nicht nur um die Kosten, sondern auch um die Qualität. Die Zahl der guten Lehrer lässt sich nicht beliebig steigern. An manchen Pädagogischen Hochschulen scheitert fast die Hälfte der Bewerber als zukünftige Volksschullehrer am Rechtschreibtest. An Universitäten gibt es nach wie vor kein selektives Aufnahmeverfahren, jeder, der will, kann das Lehramtsstudium beginnen. Fragt man Lehramtsstudenten über die Motivation und Qualifikation vieler ihrer Kollegen, dann lachen die nur über die Parole »Nur die besten dürfen Lehrer werden«.

1 Zahlen der Statistik Austria.

Klein- und Kleinstschulen – lieb, aber sauteuer

Es gibt circa 5700 Schulen in Österreich. Davon sind geschätzte 1500 Klein- und Kleinstschulen. Das hört sich idyllisch an, macht unser Schulsystem aber extrem teuer. So haben 72 Schulen weniger als zehn Schüler. Nur damit verständlich wird, wie absurd die Aufrechterhaltung von manchen Kleinschulen ist: In Tirol bestehen Schulen – nicht Klassen – mit drei Schülern, in Vorarlberg Schulen mit fünf Schülern!

Klein- und Kleinstschulen gibt es keineswegs nur in abgelegenen Bergdörfern, sondern mit Ausnahme von Wien in allen Bundesländern. So ist im Burgenland, das nicht sehr von Bergbauern geprägt ist, fast jede dritte Schule eine Kleinschule. Ein burgenländischer Bürgermeister wurde sogar wegen der Fälschung der Zahlen der Kinder an seiner Kleinschule wegen Amtsmissbrauchs verurteilt. In seiner Gemeinde galt er als Held. Das System der Klein- und Kleinstschulen wird von den Ländern mit Zähnen und Klauen verteidigt.

Lokalpatriotismus wider alle Fakten war in Österreich schon immer populär. Dabei wird verdrängt: Je besser die Klassen gefüllt wären, desto mehr finanzieller Spielraum bestünde dann für zusätzliche pädagogische Angebote, Wahlfächer, Coaches für Schüler, schulpsychologische Betreuung und anderes mehr. Die Frage, wie es gelingen soll, 5700 Schulen pädagogisch auf ein hohes Niveau zu führen, genug geeignete Direktoren und Lehrer zu finden und gleichzeitig in den wachsenden städtischen Ballungsräumen ständig neue Schulen zu schaffen, bleibt unbeantwortet.

In Südtirol löst man dieses Problem mit Schulverbänden, in denen ein Direktor für mehrere Schulen verantwortlich ist. Ein Plan, den es mit dem Autonomiepaket auf dem Papier jetzt auch in Form der heftig bekämpften Bildungscluster in Österreich gibt.[2] Dabei

2 Das sogenannte Schulautonomiepaket wurde am 28. Juni 2017 im Nationalrat beschlossen.

würde es einen Bruchteil kosten, alle Schüler täglich wie in anderen Ländern üblich mit einem Schulbus von zu Hause abzuholen und wieder heimzubringen. Selbst die Abholung mit einer Limousine mit Chauffeur wäre deutlich billiger.

Warum die Lehrer im kleinen Vorarlberg gleich viele Überstunden leisten wie in Wien

Trotz fast 14 Wochen Ferien, ohne die gesetzlichen Feiertage mitzurechnen, und einem Halbtagsschulsystem haben Österreichs Lehrer 2016/17 insgesamt rund 5,3 Millionen bezahlte Überstunden geleistet.[3] Das hat knapp 300 Millionen Euro gekostet. Während aber die Zahl der bezahlten Überstunden gegenüber dem Schuljahr davor (5,4 Millionen) sogar geringfügig gesunken ist, sind die Ausgaben dafür um rund 20 Prozent gestiegen.

Besonders auffällig: Im Pflichtschulbereich wurden in Vorarlberg mit 365 000 in absoluten Zahlen fast gleich viele bezahlte Lehrer-Überstunden abgerechnet wie im ungleich größeren Wien mit 375 000. Wie geht das? Weil sich offenbar die Vorarlberger zusätzliche Ressourcen für ihre Kleinstschulen über Lehrer-Überstunden holen. Wer schaut sich das an? Niemand.

Alles ist auf Ausgabenmaximierung programmiert. Über ein zeitgemäßes Pädagogengesetz mit einem fairen Jahresarbeitszeitmodell wird seit Elisabeth Gehrer, Bildungsministerin von 1995 bis 2007, geredet. Motto: Nur nicht hudeln.

---

3 Das zeigt die Beantwortung einer parlamentarischen Anfrage der NEOS durch Bildungsminister Heinz Faßmann.

Zurück in die Zukunft – Wie sich Zeugnisse seit 80 Jahren verändert haben

Hier zum Vergleich zwei Jahreszeugnisse von Gymnasien – eines aus dem Jahr 1935, das andere aus dem Jahr 2015:

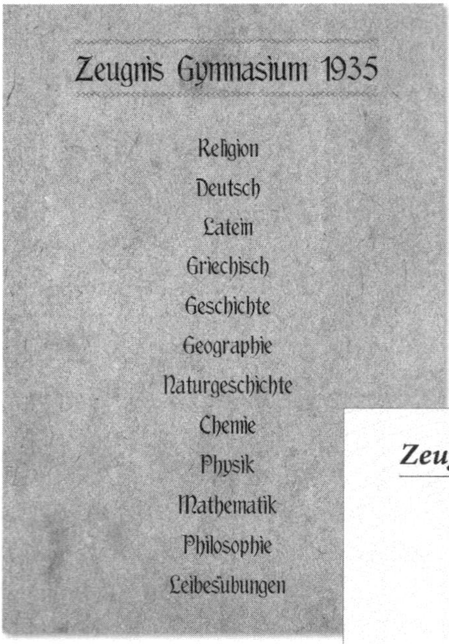

Zeugnis Gymnasium 1935

Religion
Deutsch
Latein
Griechisch
Geschichte
Geographie
Naturgeschichte
Chemie
Physik
Mathematik
Philosophie
Leibesübungen

Zeugnis Gymnasium 2015

Religion
Deutsch
Englisch
Latein
Griechisch
Geschichte
Mathematik
Geografie
Physik
Chemie
Psychologie und Philosophie
Bildnerische Erziehung
Bewegung und Sport

Die genau abgegrenzten Gegenstände, die man in Kinderköpfe hineinzustopfen versucht, sind fast identisch, sogar die Reihenfolge ist fast gleich geblieben. Ganz oben steht die Religion, am Schluss der Körper. In Wahrheit haben sich die Gegenstände seit fast 80 Jahren nicht verändert. Das Festhalten am klassischen Fächerkanon mit absurden Abgrenzungen entspricht eindeutig nicht den Bedürfnissen der Schüler, sondern der Verteidigung von pädagogischen Herrschaftsgebieten. Daher stößt jeder gut gemeinte Versuch, den im 21. Jahrhundert wichtigen sozialen, ethischen oder digitalen Kompetenzen Raum zu schaffen, auf erbitterten Widerstand.

Lehrer müssen eben nicht Experten ihres Faches sein. Die rasante Entwicklung auf allen Wissenschaftsgebieten macht das sogar unmöglich. Es zeigt sich im Gegenteil, dass Lehrer Inhalte, die sie sich selbst neu erwerben müssen, ihren Schülern viel besser beibringen können. Natürlich sollte man keinen Lehrer, der schon in seiner eigenen Schulzeit wenig begabt in Physik war, dazu zwingen, Physik zu unterrichten. Genau das ist aber die gesetzlich gedeckte Praxis in unseren Mittelschulen.

Würden wir unsere Schulen neu gründen, käme wohl niemand auf den Gedanken, Schüler in 50-Minuten-Einheiten in 14 bis 22 Fächern zu unterrichten, die seit 80 Jahren quasi unverändert sind.

Warum die notwendige Schulautonomie eine Fata Morgana ist

Gute Schulsysteme zeichnen sich durch ein schlankes, effizientes Bildungsministerium aus, das strategische Ziele vorgibt, die Ressourcen bedarfsgerecht verteilt und die Erreichung der Ziele genau kontrolliert. Alle anderen Entscheidungen werden möglichst autonom am Schulstandort getroffen. Die Direktoren können sich ihre Lehrer aussuchen und mit diesen gemeinsam ein Profil der Schule definieren und umsetzen. Dieses bewährte Modell auch in Österreich umzusetzen, war das ambitionierte Ziel des Schulautonomiepakets.

Eher geht aber ein Kamel durchs Nadelöhr als eine grundlegende Bildungsreform durch die befestigten Mauern der Bundesländer und der Lehrergewerkschaft. So haben die Länder durchgesetzt, dass sich Österreich mit seinen 8,7 Millionen Einwohnern weiterhin neun Schulverwaltungen leistet. Dafür bleibt das riesige Bildungsministerium unangetastet. Im Vergleich dazu kommt der Freistaat Bayern mit seinen 12,6 Millionen Einwohnern mit einer Schulverwaltung aus. In Österreich müssen statt der bisherigen neun Landesschulratspräsidenten in Zukunft wenig beneidenswerte Bildungsdirektoren das Machtspiel zwischen dem Bildungsminister und den Landeshauptleuten ausbalancieren. Zusätzlich hat bereits die Mehrheit der Landeshauptleute ihre Bildungslandesräte als Präsidenten der Behörde bestellt.

Was »erlaubt« die Schulautonomie in Zukunft? Die 50-Minuten-Stunde darf unter sehr restriktiven Auflagen aufgelöst werden. Es gibt weiterhin für einen Direktor keine realistische Möglichkeit, sich von einem Lehrer zu trennen. Diese heilige Kuh bleibt unangetastet.

Schulautonomie und das derzeitige Lehrerdienstrecht sind aber ein Widerspruch in sich selbst. Damit prolongiert man das menschenunwürdige System, mit dem ungeeignete Lehrer von Schule zu Schule als »Wanderpokale« weitergereicht werden. Es werden auch die Pflichtschulinspektoren, die ein Gegensatz zu Schulautonomie sind, entgegen allen Ankündigungen nicht abgeschafft, sondern sollen zu »Qualitätsexperten« umgeschult werden.

Liest man die umfangreichen Gesetze zur Schulautonomie, gewinnt man den Eindruck, die Führung einer Schule sei ähnlich gefährlich wie die eines Atomkraftwerkes. Die Anzahl der neuen Paragrafen übertrifft eher die Anzahl der abgeschafften. Mit der Schulautonomie verhält es sich so wie mit der Demokratie – ein bisschen funktioniert nicht.

PISA und »Bildung auf einen Blick« – die ganze Wahrheit oder eine Verschwörung der OECD gegen Österreich?

Mit der PISA-Studie (Programme for International Student Assessment) wurde der Geist des internationalen Wettbewerbs um Bildungskompetenz aus der Flasche gelassen – und das ist gut so. Dieser Geist wird sich auch nicht mehr zurück in die Flasche verbannen lassen. Im Gegensatz zur »bezaubernden Jeannie« aus der berühmten, 1965 erstmals ausgestrahlten Fernsehserie gehorcht er auch nicht demjenigen, der die Flasche als Erster öffnet. Diese schlimme Erfahrung mussten vor allem deutsche und österreichische Bildungspolitiker machen.

Den Initiatoren von PISA ist es jedenfalls schon mit ihrer ersten Studie 2000 gelungen, die Bildungspolitiker der OECD-Länder aus ihrer Bequemlichkeit zu reißen und sich endlich einem in der Wirtschaft völlig üblichen internationalen Vergleich zu stellen. Die OECD hat mit der PISA-Studie eine historisch ganz wichtige Tat gesetzt, und dafür gebührt ihr Achtung. Der Stein, den die PISA-Studie ins Rollen gebracht hat, lässt sich von niemandem mehr stoppen. Es besteht nur die Gefahr, dass dieser durch PISA ausgelöste Stein in die falsche Richtung rollt und PISA auf einmal selbst zum Götzen wird, den alle anbeten. PISA gleicht eher einer klassischen Schularbeit, die vor allem nicht den Zuwachs der Fähigkeiten im Verlauf der Schulzeit, sondern allein den Istzustand in einer bestimmten Altersgruppe an einem ganz bestimmten Tag misst. Dieser Istzustand der kognitiven Fähigkeiten in Lesen, Mathematik und Naturwissenschaften ist für Österreich allerdings mehr als traurig und bestätigt nur die schlechten Resultate unserer eigenen nationalen Bildungsstandards.

Die Ergebnisse von PISA 2018 werden erst nach dem Erscheinen dieses Buches im Dezember 2019 veröffentlicht. Wer die österreichischen Ergebnisse von PISA 2015 schon verdrängt hat, möge sich bloß zwei Zahlen in Erinnerung rufen: In den Naturwissenschaften lagen unsere Schüler auf dem 26., im Lesen gar auf dem 33. Platz. Kommentar erübrigt sich.

Breiter und substanzieller ist die jährliche OECD-Studie »Bildung auf einen Blick« (Education at a Glance). Sie vergleicht akribisch die nationalen Bildungssysteme von Australien bis zu den USA. Viele der Fakten in diesem Buch sind jener OECD-Studie entnommen. Sie dokumentiert, wie teuer Österreichs Schulsystem tatsächlich ist. Sie offenbart, dass Österreichs Lehrer zu den bestbezahlten der Welt gehören und dafür im Vergleich wenige Stunden im Klassenzimmer unterrichten. Wenn ich diese Fakten in TV-Diskussionen einbringe, führt das regelmäßig zu Wutausbrüchen des mitdiskutierenden Lehrergewerkschafters. Ist die OECD eine Verschwörung gegen Österreichs Schulen und Lehrer?

Jeder, der sich bei den heftigen Schuldiskussionen nicht länger Sand in die Augen streuen lassen will, kann sich »auf einen Blick« selbst informieren. Sie brauchen nur »OECD 2018 Bildung auf einen Blick« bei Google einzugeben und es werden Ihnen einige kostenlose Download-Möglichkeiten angeboten.

Hier als Einstiegsmotivation ein besonders emotionsgeladenes Thema: Wie hoch sind die Gehälter der Lehrer und Schulleiter im internationalen Vergleich?

Österreichs Volksschullehrer liegen nur leicht über dem OECD-Schnitt, während Lehrer der Mittel- und der Oberstufe im absoluten Spitzenfeld zu finden sind. Die mit Abstand höchsten Lehrergehälter zahlt Luxemburg, dann folgt in fast allen Kategorien schon Österreich.

Auffallend ist, dass Kanada, aus meiner Sicht eines der besten Schulsysteme der Welt, seine Grundschullehrer genauso gut bezahlt wie die Lehrer der Mittel- und Oberstufe. In Österreich ist die Kluft zwischen Volksschul-, Mittelstufen- und »höheren« Lehrern dagegen enorm.

Besonders schlecht schneiden die Elementarpädagogen ab, deren Einkommen nur geschätzt werden können, weil Österreich dazu nicht einmal Zahlen liefert.

Die Behauptung, wir müssten Lehrer nur besser bezahlen, ist im internationalen Vergleich jedenfalls nicht haltbar, weil Lehrer in Ländern, die bei den Vergleichsstudien deutlich besser abschneiden, weniger verdienen als in Österreich. So erhält ein Lehrer der Mittelstufe (Sekundarbereich I allgemeinbildend) im viel gelobten Finnland ein Höchstgehalt von 54.010 Euro, in Österreich dagegen von 78.495 Euro. Trotz der großen Gehaltsunterschiede der Lehrer im Ländervergleich gibt es eine Gemeinsamkeit, die zeigt, wie fair und nicht lehrerfeindlich die OECD-Studie angelegt ist: Lehrer, die in den meisten Ländern über einen Universitätsabschluss verfügen, verdienen deutlich weniger als Akademiker in anderen Berufen. Geld ist also definitiv nicht die primäre Motivation, Lehrer zu werden.

Einige andere Fragen, auf die Sie in »Bildung auf einen Blick« ausführliche Antworten finden werden:

Wie chancengerecht ist unser Bildungssystem?
Wie hoch sind die Kosten pro Schüler oder Student?
Wie ist die Schüler-Lehrer-Relation und wie groß sind die Klassen?
Wie viel Zeit unterrichten Lehrer in der Klasse?

Für diejenigen, die sich nicht durch eine detaillierte Studie arbeiten wollen, habe ich die wesentlichen Erkenntnisse in einen bildhaften Vergleich gebracht: die UEFA Champions League. Stellen wir uns vor, dass es so wie im Fußball (Barcelona, Real Madrid, Bayern München, Juventus Turin oder Liverpool) auch unter den Bildungsnationen Champions geben würde. Diese wären dann zum Beispiel Singapur, Kanada und Finnland.

Die Champions-League-Bildungsnationen im Vergleich mit Österreich

Champions-League-Nationen bilden ihre Kinderpädagogen akademisch aus, die Gruppengrößen sind im Kleinkinderbereich vier und für größere Kinder höchstens acht. In Kanada verdienen Kindergartenpädagogen gleich viel wie höhere Lehrer.

In Österreich erhalten Kinderpädagogen keine akademische Ausbildung, wissen daher wenig über Erkenntnisse der frühkindlichen Entwicklung. Die Gruppengrößen liegen bei 20. Es gab bisher keine verbindlichen Qualitätsstandards. Die Bezahlung ist schlecht, außerdem je nach Gemeinde unterschiedlich.

Champions-League-Nationen: Über die gesamte Volksschulzeit verteilt werden Kinder im EU-Schnitt 953 Stunden in Lesen und 670 Stunden in Mathematik unterrichtet.

In Österreich werden die Fächer Lesen 840 Stunden und Mathematik 480 Stunden während der gesamten Volksschulzeit unterrichtet.

Champions-League-Nationen: Die verschränkte Ganztagsschule ist selbstverständlich.

In Österreich werden nur acht Prozent aller Schulen als echte Ganztagsschulen geführt, im Rest gibt es entweder überhaupt keine Nachmittagsbetreuung oder nur eine durch pädagogische Hilfskräfte.

Champions-League-Nationen: Lehramtsstudenten werden in einem selektiven Verfahren ausgewählt, so wird in Finnland einer von zehn Bewerbern zugelassen. Die verpflichtende Lehrerfortbildung beträgt zum Beispiel in England fünf Tage, in Singapur mindestens 100 Stunden pro Jahr.

In Österreich gibt es für Lehramtsstudenten eine »Selbstevaluierung«. De facto wird aufgrund des systemimmanenten Lehrermangels jeder genommen. Pflichtschullehrer müssen sich 15 Stunden ohne jede inhaltliche

Vorgabe fortbilden. Für »höhere« Lehrer gab es bisher keine verpflichtende Fortbildung. Im Zeitraum 2014/15 bis zum Schuljahr 2018/19 konnten neue Lehrer zwischen dem Dienstrecht ALT und dem Dienstrecht NEU wählen. Über 90 Prozent der AHS-Lehrer haben sich für das Dienstrecht ALT entschieden und damit gegen verpflichtende Fortbildung. Erst ab 2019 gilt für alle neuen Lehrer das neue Dienstrecht mit verpflichtender Fortbildung. Für alle, die bis dahin schon im System sind, ändert sich nichts.

Diese großen Unterschiede manifestieren sich wenig überraschend in Leistungsunterschieden der Schüler, die durchaus mit jenen zwischen dem FC Barcelona und dem FC Rapid vergleichbar sind.

Der Tor kennt die Fakten und handelt aber trotzdem falsch

Studien der Bertelsmann-Stiftung zeigen, dass sich Schulsysteme am schnellsten verbessern, wenn mit Ergebnissen von Schulen transparent umgegangen wird. Eltern sollten wissen, wie vergleichbare Schulen abschneiden. Die unterschiedlichen Rahmenbedingungen müssen dabei natürlich berücksichtigt werden. Die Daten, wie unterschiedlich durchaus vergleichbare Schulen abschneiden, werden aber wie Staatsgeheimnisse gehütet. In Österreich und Deutschland bricht immer nur alle drei Jahre eine Hysterie aus, sobald die PISA-Ergebnisse veröffentlicht werden.

Gerade im Zeitalter des Postfaktischen und von Fake News sollten wir uns mit Fakten beschäftigen. Sind die Verantwortlichen zu dumm, um die Fakten zu kennen? Nein, sicher nicht. Es herrscht nicht die Dummheit, sondern die Torheit. Der Dumme weiß es nicht besser, daher handelt er falsch. Torheit ist dagegen das starre Festhalten an einem Vorgehen, das den eigenen Interessen zuwiderläuft. Barbara Tuchman analysierte dieses zutiefst menschliche Verhalten in ihrem Klassiker *Die Torheit der Regierenden*. Ingeborg Bachmann hat die Torheit so beschrieben: »Die Geschichte lehrt dauernd, aber sie findet keine Schüler.«

Frontberichterstattung: Von Kleinkriegen und ideologischen Schlachten

Tatort Schule – Meine merkwürdigsten Fälle als Schüleranwalt

Im März 2008 erschien *Der talentierte Schüler und seine Feinde*. Innerhalb von vier Wochen wurde ich von mehr als 2500 E-Mails und Briefen überschwemmt, in denen mir Schüler, Eltern und auch Lehrer detailgenau ihr Leid klagten. Als die Welle an teils verzweifelten Hilferufen nicht abklang, wurde mir klar, dass ich das nicht alleine bewältigen konnte. Ich pilgerte zum damaligen *Kurier*-Chefredakteur Christoph Kotanko und schlug ihm einen unabhängigen Schüleranwalt im *Kurier* vor. Christoph Kotanko war sofort begeistert und Conny Bischofberger half in der Anfangsphase, den *Kurier*-Schüleranwalt professionell zu positionieren. Die Idee war, gemeinsam mit den Verantwortlichen in den Schulbehörden, Lösungen für die Betroffenen durchzusetzen und, falls erforderlich, durch Veröffentlichung für den notwendigen Druck zu sorgen. Kurze Zeit später gewannen wir auch den ORF, wo ich regelmäßig die spannendsten Fälle in der Sendung »Konkret« präsentierte.

Das Echo war riesig, der Schüleranwalt wurde zu so etwas wie einem inoffiziellen Volksanwalt für Schulprobleme. Interessanterweise kamen 15 Prozent aller Beschwerden von Lehrern. Sie beklagten sich bitter über unfähige Direktoren und diktatorische Schulinspektoren oder die rechtlichen Tücken, denen sie sich ohnmächtig ausgeliefert fühlten. Den Landesschulräten sei hoch angerechnet, dass sie nach anfänglicher Skepsis schnell erkannten, dass wir ein kompetenter und vertrauenswürdiger Partner waren. Besonders bedanken möchte ich mich beim ehemaligen niederösterreichischen Landesschulratspräsidenten Hermann Helm, der als früherer Chef der Lehrergewerkschaft die Schwächen des Schulsystems genau kannte und sich nicht scheute, hart durchzugreifen, wenn es im Interesse von Schülern notwendig war. Der Schüleranwalt zeigte übrigens keineswegs nur die Schattenseiten unserer Schulen, sondern berichtete ausführlich über innovative pädagogische Initiativen. Wir stellten die »Teacher of the Year«, die von der WBS[1] ausgezeichnet wurden, sogar einmal auf der *Kurier*-Titelseite vor.

Was ich am Anfang völlig unterschätzte, war, wie sehr der Schüleranwalt mein eigenes Leben veränderte. Mein ehrenamtliches Engagement wurde so aufwendig, dass ich meine anderen Aufgaben nicht mehr mit dem Anspruch erfüllen konnte, den ich selbst an meine Arbeit legte. Bücher zu schreiben verlangt den totalen Rückzug und die volle Konzentration über viele Monate hinweg. Vor allem die sehr fordernde Arbeit an dem Buch *Meine letzte Stunde* zeigte mir, dass ich es emotional nicht mehr bewältigen konnte, fast täglich von Hilfesuchenden bestürmt zu werden und gleichzeitig Bücher zu schreiben. Fast drei Jahre lang engagierte ich mich mit viel Herzblut als Schüleranwalt. Ich habe nie einen Cent bekommen, dafür ungemein viel Wertschätzung. Als ich daher im Februar 2011 den Eindruck hatte, dass der Schüleranwalt gut etabliert war und er sich auch ohne mich als »Aushängeschild« gut weiterentwickeln würde, zog ich mich zurück. Bei der von Anfang an verantwortlichen Redakteurin Ute Brühl, wusste ich den Schüleranwalt in besten Händen.

Im Folgenden möchte ich einige der besonders spannenden, teilweise kuriosen Fälle präsentieren, die ein gutes Sittenbild über die Merkwürdigkeiten des österreichischen Schulsystems abgeben.[2]

1 Die vom langjährigen Vizepräsidenten des Wiener Stadtschulrats Walter Strobl gegründete WBS (Wiener Gesellschaft für Bildungspolitik und Schulmanagement) zeichnete jedes Jahr besonders engagierte Lehrer nach einer Juryentscheidung aus.

2 Zum Schutz der Betroffenen sind alle Fälle anonymisiert. Im *Kurier*-Archiv sind alle Fälle genau dokumentiert. Sie unterliegen dem Redaktionsgeheimnis.

Mobbing gegen Schüler

Der Umgang eines Volksschullehrers mit den ihm anvertrauten Kindern war alles andere als liebevoll. »Er schreit oft«, berichtete die kleine Lisa. »Einmal habe ich einen Fehler gemacht. Da hat er mir einen Schnuller auf den Tisch gelegt«, sagte sie. Sein Kommentar sei gewesen: »Gehst halt wieder in den Kindergarten, wenn du das nicht kannst.« Auch Buben waren vor seinen Demütigungen nicht sicher: Eines Tages bemerkte ein Bub, dass er seine Turnsachen im Klassenzimmer vergessen hatte. Als er diese holen wollte, versperrte ihm der Volksschullehrer die Klassentüre. Zur Strafe musste er im Ersatzgewand turnen, in einem Minirock, der dauernd rutschte, unter dem Gelächter seiner Mitschüler. Schwache Schüler litten besonders unter dem »Pädagogen«. »Meine Tochter hatte Durchfall, Bauchschmerzen und konnte kaum schlafen, als sie diesen Herrn zum Lehrer hatte«, erzählte eine Mutter. »Wir sind jetzt zum Glück weggezogen. Seit meine Tochter eine neue Lehrerin hat, geht es ihr viel besser.« Der Lehrer selbst war für den Schüleranwalt nicht erreichbar, dafür seine Frau: »Es hat wohl früher einmal Probleme gegeben, aber jetzt ist alles in Ordnung«, meinte sie. »Er ist zwar etwas streng und vielleicht auch mal ein bisschen laut, doch er ist ein guter Lehrer«, sagte sie. Viele Vorwürfe würden eh nicht stimmen: »Da steht Aussage gegen Aussage.« Beim zuständigen Landesschulrat kannte man den Fall: »Ich habe noch nie eine Schule so oft besucht wie diese«, gab der zuständige Landesschulinspektor zu. Warum noch keine Konsequenzen gezogen wurden? »Wir sind an der Sache dran und gehen Schritt für Schritt vor. Der Lehrer hat jetzt Auflagen von uns bekommen. Es gibt laufend Kontrollen.« Der Schüleranwalt machte die Proteste öffentlich und irgendwann wurde der Volksschullehrer nicht etwa gekündigt, sondern an eine andere Schule versetzt.

»Du bist so dumm, du wirst einmal Straßenkehrer«, schrieb eine Volksschullehrerin einem Mädchen, Tochter von Migranten, in roter

Schrift unter eine Hausaufgabe. Derartige Kommentare auch bei anderen Kindern waren bei ihr System. Entsprechend gab es einen öffentlichen Aufschrei, sogar eine Anfrage im Wiener Gemeinderat, als wir den Skandal publik machten.

Die Lehrerin Frau G. verstand sich offenbar ebenfalls als Meisterin der »schwarzen Pädagogik«. Sie verhöhnte ein Kind mit Läusen vor der Klasse als Lausmädchen. Ein anderes Kind, das beim Anziehen nach dem Turnunterricht als Letztes fertig war, wurde von ihr vor der ganzen Klasse als »Eselskind« beschimpft und auf ihre Anleitung hin von den anderen Kindern verspottet.

Angsterfüllt und nur unter der Zusicherung absoluter Anonymität berichtete Frau E., dass sie mit ihrer Tochter regelmäßig den Psychologen und Homöopathen aufsuche, nur damit das Kind bereit war, wegen der Lehrerin K. überhaupt in die Schule zu gehen. Jeder noch so diplomatische Versuch, mit der Lehrerin zu reden, würde mit massivem Mobbing gegen die betreffende Schülerin geahndet. Frau E. lernte ständig mit ihrer Tochter, weil nur beste Schularbeiten gegen die Angriffe der Lehrerin schützten. Diese hatte ihrer Tochter bereits in der ersten Klasse gesagt, »sie sei dumm wie Stroh«.

Solche erschreckenden Beispiele aus Volksschulen waren keineswegs Einzelfälle, mit denen ich als Schüleranwalt konfrontiert wurde. Besonders Kindern aus den sogenannten bildungsfernen Schichten wurde oft schon in der Volksschule dieses »Du bist einfach dumm« eingebrannt. Aber auch an Fällen aus der AHS und NMS gab es keinen Mangel.

Schüler Klaus lieferte in einer AHS-Unterstufe statt der verlangten einen Seite Aufsatz gleich fünf Seiten ab und wurde dafür vom Lehrer vor der Klasse für seine »Schreiberei« getadelt.

Dass Klaus daheim Bücher verschlang und daher den Schriftstellern nacheifern wollte, interessierte niemanden. Seitdem weigerte er sich, auch nur eine Zeile freiwillig zu schreiben – ein »Supererfolg« für das Schulsystem. In einem anderen Fall akzeptierte der Herr Professor bei den Prüfungen nur Antworten, wenn sie wortwörtlich dem

Text im Heft entsprachen. Für abweichende Formulierungen, die aber sinngemäß stimmten, gab es trotzdem ein »Minus«.

Wo kämen wir denn hin, wenn Schüler versuchten, Antworten mit ihren eigenen Worten zu formulieren, anstatt sie einfach stur auswendig zu lernen?

Eher skurril erschien dagegen ein Deutschlehrer an einem angeblich begabungsorientierten Gymnasium, der darauf bestand, dass seine Schüler »Klapprechner« statt »Laptop« in Aufsätzen schrieben. Das erinnert an Zeiten, in denen man treudeutsch Krad (Kraftrad) statt Motorrad sagen musste.

Auch acht Jahre nach meinem Ausscheiden als Schüleranwalt gibt es offenbar immer noch Mobbing, wie der Fall einer Wiener AHS-Lehrerin zeigt, die ihre Schüler mit Aussagen wie »Wenn ihr euch umbringt, macht das wenigstens nicht in der Schule« oder »Liegt Dummheit in eurer Familie?« erniedrigt haben soll. Der Fall war dem Wiener Stadtschulrat seit Jahren bekannt, doch erst als mutige Eltern im März 2019 an die Öffentlichkeit gingen, wurde die Lehrerin suspendiert, eine Kündigung lässt das System wie beschrieben nicht zu.

Wenn Noten als Waffen eingesetzt werden

Eine Schülerin an einer Handelsakademie erhielt mehrere »Nicht genügend« im Jahreszeugnis. Der Vater erhob Einspruch und begann professionell zu recherchieren. Er war nämlich von Beruf Kriminalpolizist. So konnte er nachweisen, dass einige Mitschriften von Lehrern bei Beurteilungen im Nachhinein gefälscht wurden, seine Tochter an Tagen, an denen sie gar nicht in der Schule war, negative Mitarbeitsnoten erhalten hatte usw. Trotz dieser akribischen Beweisführung wies der Landesschulrat die Beschwerde ab. Erst das Bildungsministerium hob die negativen Benotungen auf und ordnete kommissionelle Prüfungen der Schülerin in allen negativ beurteilten Gegenständen an. Sie bestand alle. Die Pointe der Geschichte: Die

Schülerin wechselte danach die Schule, schaffte die Matura an der neuen Schule mit Auszeichnung und wurde wie ihr Vater Kriminalpolizistin.

Einsprüche gegen Noten gehörten generell zu den häufigsten Beschwerden. Das vom Schüler als ungerecht empfundene einzige »Befriedigend« im Zeugnis verdirbt oft die Sommerferien ebenso wie das gerechtfertigte »Nicht genügend«, das ein anderer Schüler trotz ehrlichen Bemühens erhalten hat. Umso verständlicher ist der Wunsch aller Schüler nach Transparenz und Gerechtigkeit. Davon ist unser Schulsystem noch weit entfernt. Immer wieder erlebte ich Fälle, wo ein Schüler nach einem Lehrerwechsel im selben Gegenstand auf einmal von »Sehr gut« auf »Genügend« abstürzte. Merkwürdig waren auch Fremdsprachenlehrer, die Schularbeiten von Kindern, die zweisprachig aufgewachsen waren, eindeutig falsch korrigierten und dann selbst gegenüber den muttersprachigen Eltern darauf beharrten.

Die Bewertung des Verhältnisses von Rechtschreibfehlern zur Qualität des Inhalts bei Deutschschularbeiten hing stark vom beurteilenden Lehrer ab. Das zwang viele sprachlich sehr begabte Schüler oft zu kurzen fantasielosen, dafür wenig riskanten Aufsätzen. Ganz schlimm wurde es, wenn schwache Lehrerpersönlichkeiten die Noten als Disziplinierungsmittel einsetzten. Dagegen kann und soll man sich wehren. Trotz vieler negativer Erfahrungen gibt es nur wenige Schüler, die Noten prinzipiell ablehnen. Ganz im Gegenteil: Der Wunsch nach Bestätigung von guten Leistungen und auch das schmerzhafte Feedback, das Ziel noch nicht erreicht zu haben, schaffen erst die Motivation, sich mehr anzustrengen.

Berufen oder wie es jetzt heißt »Widerspruch einlegen« kann man in Österreich nur gegen ein »Nicht genügend«, welches das Aufsteigen in die nächste Klasse gefährdet. In einem Drittel der Berufungen bekam der Schüler recht, ein Drittel wurde wegen Formfehler und ein Drittel inhaltlich abgewiesen. Schaltete sich der Schüleranwalt ein, stieg der Prozentsatz der anerkannten Berufungen auf 50 Prozent.

Unkündbarkeit von Katastrophenlehrern

Einen Chirurgen, der mehrmals Patienten bei Operationen verletzt hat, wird man nicht ermahnen oder nachschulen, sondern kündigen. Flugzeugpiloten oder Busfahrer, die betrunken zum Dienst erscheinen, wird man entlassen. Hoffentlich bevor sie starten. Bei Lehrern ist das leider anders. Damit meine ich nicht Lehrer, die wie in allen Berufen üblich unter dem Durchschnitt liegen, sondern echte Katastrophenlehrer. Niemand streitet ab, dass es diese gibt, fast jeder von uns hat zumindest einen in seiner Schulzeit erlebt. Sie sind cholerische Schreihälse, sie üben extremen psychischen Druck auf Kinder aus, sie gehen wochenlang in den Krankenstand, um sich bei vollen Bezügen für Sportwettbewerbe vorbereiten zu können, oder sie verwechseln das Klassenzimmer mit einem paramilitärischen Ausbildungslager. Es gibt auch schwere Alkoholiker, die in Behandlung, aber nicht in Klassenzimmer gehören.

Das Problem ist die Hilflosigkeit, mit der die Schulbehörden selbst bei gravierenden Vorfällen agieren. Hier einige Beispiele.

Der Fall eines Direktors mit einem eindeutig riechbaren Alkoholproblem beschäftigte die Eltern jahrelang. Es wäre die Aufgabe des Schulinspektors gewesen, den Direktor in seine Schranken zu weisen, der vertröstete und beschwichtigte aber ständig. Erst auf öffentliches Drängen des Schüleranwalts und der Eltern wurde der Direktor suspendiert. Daraufhin wurden die Eltern vom Direktor verklagt. Sie mussten sich um 5.000 Euro einen Anwalt nehmen, um die Klage abzuwehren. Viel Geld dafür, dass ihre Kinder endlich wieder gerne in die Schule gehen konnten, weil sie keine Angst mehr vor dem Direktor haben mussten.

In Kärnten meldete sich eine Lehrerin wochenlang krank und trainierte in dieser Zeit für den Landesmarathon. Sie war dann noch so präpotent, sich als Vize-Landesmeisterin in den sozialen Medien zu posten, was sogar ihre Kolleginnen an der Schule empörte. Daraufhin wurde sie suspendiert und erhielt eine geringe Geldstrafe. Sie berief dagegen und ging mit Schulbeginn im Herbst sofort wieder in den Krankenstand … Ein Einzelfall? Keineswegs, ein burgenländischer Lehrer einer Sonderschule gewann während seines Krankenstandes einen Duathlon, das ist eine Ausdauermehrkampfsportart, bei der die Einzeldisziplinen in der Reihenfolge Laufen, Radfahren, Laufen absolviert werden. Ein Disziplinarverfahren wurde eingeleitet. Auf Beschwerde des Lehrers wurde der Einleitungsbeschluss vom Landesverwaltungsgericht aber aufgehoben. Es gebe keinen Hinweis auf ein Verschulden des Lehrers. Der Lehrer hätte nur schuldhaft gehandelt, wenn er gewusst hätte, dass seine Teilnahme an dem Wettkampf während des Krankenstandes seiner Genesung schade, begründete das Landesverwaltungsgericht die Entscheidung! Die Disziplinarkommission schaltete daraufhin den Verwaltungsgerichtshof ein. Der stellte wiederum fest, dass die Entscheidung des Landesverwaltungsgerichts nicht ausreichend begründet und damit rechtswidrig sei. So ging es weiter …

»Um den Zug nicht zu verpassen«, führten vier Volksschullehrerinnen die 83 ihnen anvertrauten Kinder unter den geschlossenen Schranken über die Schienen eines Bahnüberganges. Kurz danach brauste ein Regionalzug in hohem Tempo durch den Bahnhof. Schlimmer geht es eigentlich nicht – möchte man meinen. Als der Vorfall bekannt wurde, entließ der Wiener Stadtschulrat die drei Vertragslehrerinnen, gegen die vierte, eine beamtete Lehrerin, leitete er ein Disziplinarverfahren ein. Alle vier wehrten sich rechtlich. Nach Beendigung des Disziplinarverfahrens und der Arbeitsgerichtsprozesse mussten alle wiederbeschäftigt werden. »Jetzt ist bestätigt worden, dass sie nichts falsch gemacht hat«, freute sich der Anwalt einer der Betroffenen. »Sie hat versucht, die Kinder zu schützen und hat sich mit ausgebreiteten Armen auf den Bahnübergang gestellt.«

Die Kündigung von Katastrophenlehrern gibt es zwar theoretisch im Dienstrecht, de facto aber überhaupt nicht. Die gelebte Praxis des österreichischen Schulsystems sieht die Kündigung eines Lehrers nicht vor. Selbst bei physischer Gewalt oder sexuellem Missbrauch ist der juristisch haltbare Nachweis oft schwierig. Es haben sich eher absurde Lösungen eingebürgert: der »Wanderpokal«, der von Schule zu Schule weitergereicht wird, oder die mehrmalige Suspendierung bis zur Frühpensionierung. Dementsprechend selten sind die Fälle, wo schwarze Schafe tatsächlich den Schuldienst verlassen müssen. Offensichtlich untaugliche Mittel wie die Unterrichtsbeobachtung werden eingesetzt, wohl in der absurden Hoffnung, dass der Lehrer genau dann zuschlägt, wenn der Direktor oder Schulinspektor in der Klasse sitzt. Kündigungen von beamteten Lehrern sind im Lehrerdienstrecht nur mit Zustimmung der Personalvertreter möglich. Und diese erfolgt selbst in extremen Fällen nie.

Im Kampf um Ressourcen werden Kinder ungerechtfertigt zu »Sonderschülern«

Knapp 30 000 Kinder haben in Österreich sonderpädagogischen Förderbedarf (SPF). Dazu zählen Kinder mit körperlichen Einschränkungen, zum Beispiel schweren Sehstörungen, geistigen Behinderungen oder Verhaltensstörungen. Auffallend ist, dass der Anteil der Buben mit fünf Prozent deutlich höher liegt als der von Mädchen mit drei Prozent. Für die meisten Eltern stellt die Diagnose der Notwendigkeit eines SPF für ihr Kind eine große Belastung dar. Denn der Wechsel ins Regelschulsystem ist ganz schwierig, und das Stigma SPF reduziert Lebenschancen. Bei der Bewerbung um eine Lehrstelle bleibt dann oft nur das Wort »Sonderschüler« übrig. Schulen sammeln dagegen zusätzliche Ressourcen, sprich Lehrerstunden, je mehr Schüler SPF haben. Auffallend ist daher, dass in der Steiermark und in Tirol nur jeweils 3,9 Prozent Schüler einen SPF haben, während es in Vorarlberg mit sieben Prozent um 80 Prozent mehr sind!

Ein ressourcengieriges Schulsystem versucht offensichtlich immer wieder, Schülern ungerechtfertigterweise einen SPF »umzuhängen«, so auch im Fall einer alleinerziehenden Mutter, die wenig Erfahrungen mit Behörden hatte. Ihr Kind war sehr schüchtern und zurückgezogen, aber wäre intellektuell durchaus in der Lage gewesen, eine Regelschule zu besuchen, wie zwei Gutachten von Kinderpsychologen bestätigten. Erst als wir den Fall gemeinsam mit dem ORF öffentlich machten, reagierten die Schulbehörden und auf einmal fand sich doch ein Platz im Regelschulsystem.

Jedes Kind ist ein Einzelfall. Der Umgang mit SPF gehört zweifellos zu den heikelsten Bereichen im Schulsystem und bedarf daher besonderer Genauigkeit in jedem Einzelfall. Der humanitäre Fortschritt in einer Gesellschaft sollte immer daran gemessen werden, wie sie mit den Benachteiligten umgeht. Übrigens: Zwei meiner engen Freunde wurde in ihrer Kindheit Minderbegabung attestiert. Beide sind heute sehr erfolgreiche Unternehmer. Sie haben es nur ihren mutigen und energischen Müttern zu verdanken, dass sie nicht in der Sonderschule gelandet sind.

Gerade als scharfer Kritiker des Schulsystems anerkenne ich die großartigen Leistungen der Sonderpädagogen. In meiner ganzen Zeit als Schüleranwalt habe ich nie eine Beschwerde über einen Sonderpädagogen erhalten, das allein spricht für sich.

Die Ursachen: Kommunikationsverweigerung, Überforderung und Verrechtlichung

Aus Fairness muss gesagt werden, dass den beschriebenen Fällen, wo Lehrer Schüler mobbten, deutlich mehr gegenüberstanden, in denen Schüler von ihren Mitschülern gemobbt wurden. Es gab auch zahlreiche Mobbingfälle durch Schüler, Kollegen oder Direktoren, denen Lehrer ausgesetzt waren. Austauschschüler aus zum Beispiel skandinavischen Ländern zeigten sich immer wieder überrascht, wie verkrampft in Österreich das Schüler-Lehrer-Verhältnis ist. »Warum mögt ihr einander nicht?«, fragten sie dann.

Es gibt immer einen, der mobbt. Es gibt immer einen, der einsteckt. Die Mehrheit zählt weder zu den Tätern noch zu den Opfern. Es sind die, die zuschauen. Und diese fügen den Opfern die größte Demütigung zu, nämlich erleben zu müssen, wie die anderen scheinbar unbeteiligt zusehen, wenn man körperlich oder seelisch verletzt wird. Vor einem Publikum, in dem keiner für einen einsteht, ausgelacht zu werden, trägt dazu bei, dass sich die Opfer auch noch schuldig fühlen.

Früher gab es ein verhaltensauffälliges Kind in der ganzen Schule, heute sind es oft mehrere in einer Klasse. Wir reden nicht mehr von »Sozialfällen«, sondern von »verhaltensoriginellen« Kindern. Die Schule ist dabei selten die Ursache, sondern nur der Austragungsort von Konflikten. Das Nichtakzeptieren von einfachsten Verhaltensregeln und eine niedrige Hemmschwelle gegenüber Gewalt lassen sich fast immer auf das familiäre Umfeld zurückführen. Viele Lehrer fühlen sich diesen Herausforderungen, für die sie nicht entsprechend ausgebildet wurden, kaum gewachsen. Die Lösung liegt vor allem im Aufbau einer Kultur der Wertschätzung vom ersten Schultag an. Direktoren müssen sich für jedes ihrer Klassenzimmer verantwortlich fühlen, Beschwerden von Schülern, Lehrern und Eltern sofort nachgehen und die notwendigen Konsequenzen ziehen. Die Direktoren werden das nur tun, wenn sie die Schulaufsicht und die Jugendämter hinter sich wissen. Meine Erfahrungen als Schüleranwalt zeigten mir, dass selbst bei unhaltbaren Vorkommnissen noch immer viel zu oft die Opfer die Schule wechseln müssen und nicht die Täter.

Gesetze, Novellen und Verordnungen versuchen, den Schulalltag bis ins kleinste Detail zu regeln – und scheitern damit immer mehr. Nicht nur Eltern und Schüler, sondern auch Lehrer und Direktoren klagen über die massive Verrechtlichung des Schulwesens.

Volksschuldirektoren müssen ständig ihre eigenen Sekretärinnen spielen und kommen fast nicht mehr dazu, ihre pädagogische Verantwortung wahrzunehmen. Mangelnde Kommunikationsfähigkeit, strikter Dienstweg und rechtliche Detailregelungen anstelle von gesundem Menschenverstand zogen sich wie ein roter Faden durch viele Fälle des Schüleranwalts. Das Wegschauen bei Mobbing gegen Schüler oder Lehrer ist keine Lösung, sondern verstärkt die Eskalationsspirale weiter. Gegen Mobbing gibt es zwei Waffen, nämlich Wertschätzung und Zivilcourage. Beide Prinzipien stehen leider weder in den Lehrplänen der Schulen noch im Ausbildungsprogramm der Lehrerausbildung. Zivilcourage heißt in Situationen eingreifen, in denen die Grenzen von Schwächeren verletzt werden, unabhängig davon, wie nahe einem das Opfer steht oder ob es einem sympathisch ist.

Warum wir endlich echte Ganztagsschulen einführen müssen, statt uns über die Gesamtschule zu streiten

Seit der Diskussion über die Gefahren und Chancen der Atomenergie wurde keine Debatte mehr mit so viel Fanatismus, ideologischer Verblendung und widersprüchlichen Statistiken geführt wie die Frage, ob eine gemeinsame Schule aller 10- bis 14-Jährigen zu mehr Chancengerechtigkeit oder zu einer noch größeren Nivellierung nach unten führt.[1] Die einen glauben an sie, die anderen nicht. Die Fakten zur Gesamtschule sind erdrückend – dafür und dagegen. Je nachdem, was man beweisen will.

Pro: Die PISA-Siegerländer Finnland, Kanada, Südkorea und Hongkong haben alle ein Gesamtschulsystem. PISA-Koordinator Andreas Schleicher: »Am besten schneiden die Bildungssysteme ab, die allen Schülerinnen und Schülern gleiche Lernmöglichkeiten bieten.«

Kontra: Deutschland ist der einzige Staat, wo je nach Bundesland Gesamtschulen oder differenzierte Schulen miteinander verglichen werden können. Sowohl bei PISA als auch im nationalen Bildungsmonitor schneidet in Deutschland das differenzierte System in Sachsen, Thüringen und Bayern am besten ab, während die von Gesamtschulen geprägten Länder Nordrhein-Westfalen, Bremen und Berlin die Schlusslichter sind. Alle Versuche, die Gesamtschulen mit den

1 Mit Gesamtschule ist in diesem Kapitel ein Schulsystem gemeint, in dem nach der vierten Klasse Grundschule keine Trennung in Gymnasium (oder Realgymnasium) und Mittelschule (früher Hauptschule, Neue Mittelschule) erfolgt, sondern die Schüler zwischen 10 bis 14 Jahren gemeinsam in einem Schultyp unterrichtet werden. Ob und wie eine innere Differenzierung nach Leistung innerhalb von Gesamtschulen erfolgt, hängt sehr vom Modell ab.

unterschiedlichsten Namen wie Sekundarschule, Oberschule, Mittelschule, Stadtteilschule, Regelschule oder Realschule plus attraktiver zu machen, änderten nichts an dieser Tatsache.

Pro: Fast alle Schulen, die aufgrund ihrer herausragenden Pädagogik in der Mittelstufe den deutschen Schulpreis der Robert Bosch Stiftung gewonnen haben, sind Gesamtschulen und nicht Gymnasien.

Kontra: In vielen Ländern mit einem Gesamtschulsystem, etwa in den USA oder Großbritannien, existiert eine florierende Landschaft an teuren exklusiven Privatschulen, die erst recht eine Zweiklassengesellschaft schaffen, die nicht begabte Kinder, sondern jene mit reichen und gut vernetzten Eltern besonders begünstigt.

Pro: Die frühe Trennung der Zehnjährigen in Österreich in Mittelschüler (früher Hauptschüler) und in AHS-Schüler verstärkt die Vererbung von Bildung, weil die Auswahl nicht durch objektive Leistungsunterschiede, sondern stark durch das soziale Umfeld geprägt ist.

Erschwert wird eine objektive Debatte über die Gesamtschule in Österreich durch die ideologische Selbstfesselung der ÖVP und der SPÖ. Die ÖVP ist aus tief verwurzelten ideologischen Gründen gegen die Gesamtschule. Sie verteidigt die Zukunftschancen der Kinder aus den Bildungsschichten, verkennt aber, dass wir uns die systembedingte Diskriminierung von begabten Kindern aus Arbeiter- und Migrantenfamilien nicht länger werden leisten können, weil diese einen immer größeren Anteil der Schulpflichtigen ausmachen. Die ÖVP verteidigt nach wie vor die heile Welt, dass die Mittelschulen dem handwerklich talentierten Kind eine wunderbare Karriere als Facharbeiter oder gar Kleinunternehmer eröffnen. Ihre führenden Funktionäre denken nicht im Traum daran, ihre eigenen Kinder auf diesen Karriereweg zu schicken.

Die SPÖ ist aus tief verwurzelten ideologischen Gründen für die Gesamtschule. Sie hat noch immer eine innere Distanz zum Leistungsprinzip. Daher ist ihr die Chancengleichheit der Kinder aus bildungsfernen Schichten wichtiger als das Recht jedes begabten Kindes auf maximale individuelle Begabungsförderung. Sie erkennt aber nicht, dass soziale Benachteiligungen am besten vor dem Schuleintritt oder spätestens in der Volksschule ausgeglichen werden müssen, und nicht erst zwischen 10 und 14 Jahren. Die SPÖ stellt die Gesamtschule als ein Paradies dar, in dem die individuellen Begabungen maximal gefördert werden. Ihre führenden Funktionäre denken nicht im Traum daran, ihre eigenen Kinder in eine Mittelschule zu geben. Für einige sind nicht einmal öffentliche Gymnasien gut genug für ihre Kinder und sie schicken diese in Privatschulen.

Die Fakten sind widersprüchlich, die Standpunkte unverrückbar. Da eine deutliche Mehrheit der Journalisten in Österreich für die Gesamtschule und eine deutliche Mehrheit der Eltern dagegen ist, herrscht Waffengleichheit, um diese Schlacht endlos weiterzuführen. Es steht zu befürchten, dass sich die beiden Lager SPÖ, Grüne und NEOS auf der einen und ÖVP und FPÖ auf der anderen Seite auch in Zukunft begeistert weiter an der Nebenfront Gesamtschule bekämpfen werden. Die Einführung der Gesamtschule in Österreich wäre aber mit Sicherheit nicht der Zusammenbruch des christlichen Abendlandes. Genauso ist es eine Illusion, zu glauben, dass die Gesamtschule die tatsächlichen, unübersehbaren Probleme unseres Schulsystems lösen würde. Es wäre naiv, zu meinen, dass sich die Qualität des Unterrichts dramatisch verbessert, nur weil wir die Organisationsstruktur ändern, ohne aber die Tabuthemen des Schulsystems anzugreifen.

Die SPÖ muss über ihren Schatten springen und sich wesentlich mehr mit der individuellen Förderung gerade begabter Kinder beschäftigen, wissend, dass das am Ende des Tages die Leistungsunterschiede zwischen den Kindern eher vergrößern wird. Sie sollte auch nicht reflexartig jeden Versuch ablehnen, Kindern so schnell wie möglich Deutsch beizubringen. Verpflichtende Deutschklassen sind eine Reaktion auf die Versäumnisse der Vergangenheit, ob sie wirken, sollte objektiv wissenschaftlich evaluiert werden. Die ÖVP muss das Problem, dass derzeit jährlich Tausende Kinder aus sozial benachteiligten Familien in Bildungssackgassen landen, auf ihren Radarschirm der

Wahrnehmung bringen. Sie sollte sich endlich aus der Geiselhaft von Länderinteressen und Gewerkschaftsmacht befreien und die Kinderpädagogen massiv aufwerten. Die größte Hürde für die ÖVP ist, ihre traditionelle Abneigung gegen die echte Ganztagsschule aufzugeben.

Um den Druck auf die Politiker in allen Parteien zu erhöhen, die notwendigen Verbesserungen im Schulsystem umzusetzen, habe ich einmal vorgeschlagen, dass jeder Abgeordnete verpflichtet wird, sein Kind in die nächstgelegene öffentliche Schule zu geben. Das sorgte für große Aufregung – mit zum Großteil positiven Reaktionen. So twitterte zum Beispiel Peter Rabl, der meinen Vorschlag positiv kommentiert hatte: »Nach meiner Erinnerung ist noch nie ein Tweet von mir so oft geliked und retweetet worden.« Die Forderung war natürlich bewusst überspitzt. Das ist allerdings genau die Situation für alle Eltern, die durch die gesetzliche »Sprengelregelung« gezwungen werden, ihr Kind in die nächste öffentliche Volksschule zu schicken.

Fazit: Die politische Großwetterlage in Österreich lässt nicht erwarten, dass es in den nächsten Jahren eine parlamentarische Mehrheit für die Einführung der Gesamtschule geben wird. Und selbst sollte dieser unwahrscheinliche Fall eintreten, würde die Umsetzung weitere zehn Jahre dauern. Die Zeit haben wir nicht. Umso dringender wäre es daher, dafür zu sorgen, dass unser differenziertes Schulsystem sozial gerechter und leistungsorientierter wird.

Entscheidend dafür ist nicht die Gesamtschule, sondern die echte Ganztagsschule.

Warum fast alle guten Schulen auf der Welt ganztägig sind

Im Gegensatz zur Gesamtschule sind die Fakten für die Ganztagsschule eindeutig. Fast alle guten Schulen auf der Welt sind Ganztagsschulen. Das trifft auf die teuersten Privatschulen in Großbritannien und den USA genauso zu wie auf soziale Brennpunktschulen. Sachsen wurde zuvor beim Vergleich der deutschen Bundesländer als eindeutiger Bildungssieger dargestellt. Es kombiniert ein stark differenziertes Bildungssystem mit sehr guten Ganztagsschulen.

Kinder werden dort schon in den Kindergärten und Grundschulen ganztags betreut. Genau das wäre der Weg für Österreich. Auch in Kanada, einem Einwanderungsland, das die Integration von Migranten im Vergleich zu Deutschland und Österreich hervorragend bewältigt, endet der Unterricht meist erst um 15.30 Uhr. Schulpflicht besteht bis zum 16. Lebensjahr.

Die sehr teuren, dafür exzellenten internationalen Schulen in Österreich, die American International, die Vienna International und die Danube International School, sind selbstverständlich Ganztagsschulen. Die Vorteile sind eindeutig: Die Zeiteinteilung zwischen Lehrvortrag, echtem Projektunterricht, Sport, Reisen und Exkursionen, selbstbestimmtem Lernen sowie Erholungs-, Essens- und Reflexionszeiten wird vom Lehrerteam in Absprache mit dem Direktor autonom festgelegt. Dadurch wird individuelles Eingehen auf jeden Schüler strukturell überhaupt erst möglich. Die Hausaufgaben fallen zum Großteil weg und für Schüler, Lehrer und Eltern endet die Schule im Normalfall zwischen 16 bis 17 Uhr. Das beschriebene Modell der verschränkten Ganztagsschule ist nur mit einem schon zuvor beschriebenen neuen Lehrerbild möglich. Um neue Lernformen umsetzen zu können, brauchen Schulen die Möglichkeit für mehr Flexibilität bei den Klassengrößen und bei der internen Ressourcenverteilung.

Warum gute US-Highschools den österreichischen Schulen überlegen sind

Für Schüler, die im Zuge von Auslandsaufenthalten ihrer Eltern öffentliche Schulen in den USA oder Kanada besuchen, ist das meist eine sehr positive Erfahrung, vor allem was die Lernfreude und die positive Leistungskultur betrifft. Exemplarisch für viele mir bekannte Beispiele im Folgenden der Bericht von Michael Meyer, Leiter des

Instituts für Nonprofit-Management an der Wirtschaftsuniversität Wien. Während seiner Gastprofessuren an der Stanford University besuchten seine beiden Töchter öffentliche Schulen in den USA. Hier sein pointierter Vergleich:

1. *Wahlmöglichkeiten:* Wir hetzen die Schüler durch einen Parcours von 14 Fächern, von denen sie die Mehrheit nicht interessiert. In den USA kann man sechs bis acht Fächer aus einer Liste von über 25 auswählen. Unser paternalistisches System glaubt besser zu wissen als Schüler selbst und deren Eltern, was man lernen soll. Das reicht in Kontinentaleuropa bis an die Universitäten – auch dort haben wir viel weniger Wahlmöglichkeiten. Vor allem in deutschsprachigen Landen regiert der Bildungskanon, der ex cathedra festgelegt und in Curricula gegossen wird. In den USA herrscht Wahlfreiheit und der Glaube an die Kompetenz des Individuums.

2. *Leistungsorientierung:* In Österreich hat die Gesamtschule ein leistungsfeindliches Image. Dabei kann eine gemeinsame Schule der 10- bis 18-Jährigen sehr leistungsorientiert sein – im Silicon Valley sogar hochkompetitiv. Aber man muss nicht in jedem Fach in der Champions League spielen, sondern kann beispielsweise in Mathematik eine ganz schwierige Klasse nehmen, aber dafür in Spanisch oder Mandarin eine eher leichtere Klasse. Es gibt schon eine Empfehlung, was man in Summe in den vier Jahren Highschool machen sollte, wenn man in ein gutes College will. Aber man kann sich das einteilen – und man muss nicht überall der Beste sein.

3. *Interaktiver und projektorientierter Unterricht:* Weil es weniger Fächer gibt, hat jedes Fach viel mehr Stunden, meist fünf Stunden in der Woche. Dabei gibt es deutlich mehr Gruppenarbeiten und interaktiven Unterricht. Tischgruppen sind der Standard in allen Klassen. Die Gruppen arbeiten an

unterschiedlichen Projekten und Problemstellungen. Es gibt laufend mündliche Prüfungen (Quiz), es gibt mehr Hausaufgaben, in Summe ist es schwerer und anspruchsvoller, wenn man in den entsprechenden Klassen ist, weil man mehr selber lernen muss und weniger vorgebetet bekommt. Regelmäßig kommen Gäste aus der Wirtschaft und der Berufspraxis in die Stunden beziehungsweise gibt es Karriereevents für die Schüler.

4. *Schulorganisation:* In den US-Schulen gibt es ausreichend Verwaltungspersonal und speziell ausgebildete Schülerberater – und zwar an guten Highschools im Verhältnis zwei zu eins. Damit werden die Lehrer entlastet, sie müssen sich viel weniger um Administration kümmern. Im Unterschied zu Österreich gibt es eine gut funktionierende Entscheidungsstruktur mit hoher Autonomie der einzelnen Schulen und keinerlei parteipolitischem Einfluss.

5. *Motivierte und motivierende Lehrer:* Lehrer sind hoch motiviert – zumindest in den guten Highschools. Vielleicht hat das auch damit zu tun, dass sie mit den Schülern im Mittelpunkt stehen – auch symbolisch. Lehrer haben eine Klasse, Schüler wandern, sie kommen zu ihnen. Die Lehrer fördern die Schüler, die persönliche Beziehung und das Lernziel sind ganz anders als bei uns: Lehrer und Schüler gemeinsam möchten den Eltern zeigen, welche Fortschritte die Schüler machen – die Eltern sind quasi die Kunden. In Österreich kämpfen die Eltern mit den Schülern gegen die Lehrer. Hier motivieren Lehrer die Schüler, jeder ist irgendwo gut und spitze, und darauf konzentrieren sich die Lehrer auch in ihrer Kommunikation.

6. *Lehrplan:* Der Lehrplan ist viel akademischer und verknüpfter. Es geht um die großen Ideen und Zusammenhänge. Vor jeder

Stunde kommuniziert der Lehrer die »Ziele für den heutigen Tag«. Der Geschichtsunterricht ist wesentlich globaler angelegt, in den Science-Klassen (Naturwissenschaften) gibt es viel mehr Verknüpfung mit der Praxis. Zum Beispiel stellt man wirklich Biodiesel her und testet dann seinen Brennwert. Im Französischunterricht wird nur Französisch gesprochen, die Schüler müssen jeden Tag zu Hause französische Nachrichten anhören und zusammenfassen. Meine Tochter Katharina hatte in Österreich vier Jahre Spanisch und immer nur »Sehr gut« – und heuer im Dezember durfte ich dann entdecken, dass sie kein Wort Spanisch sprechen kann. Das wäre hier undenkbar.

7. *IT und sonstige Ressourcen:* Jeder Schüler bekommt leihweise ein Notebook – oder kann mit seinem eigenen arbeiten. Alle Klassen arbeiten mit der Software Google Classroom. Aufgaben geben und abgeben, Materialien verteilen, Schüler informieren – funktioniert alles in der Cloud. Die Notebooks sind mit der Office- beziehungsweise Google-Standardsoftware ausgestattet, zuzüglich Mathematik-Programmen (zum Beispiel Graphing Calculator). Die Beurteilungen der Schüler laufen wie auch die Anwesenheitsüberprüfung fast in Echtzeit über eine App. Die Eltern können das jederzeit kontrollieren – welche Noten und Beurteilungen in welchem Fach ihr Kind hat, ob und wann es in welche Klasse zu spät gekommen ist. Diese Transparenz wäre für österreichische und deutsche Schüler, Lehrer und Eltern derzeit unvorstellbar. Die Lehrbücher sind exzellent, bestens illustriert, anspruchsvoll und gut zu lesen. Man erhält sie leihweise, aber doppelt. Ein Satz bleibt in der Schule, dort in den jeweiligen Klassen, ein Satz kommt nach Hause. Die Sportanlagen sind großartig, gute Highschools haben umfangreiche Bibliotheken, moderne Veranstaltungsräume und attraktive Schulgelände.

Einschränkend zu jener positiven Erfahrung muss man an dieser Stelle anführen, dass die Unterschiede zwischen den guten und den schlechten öffentlichen Schulen in den USA enorm sind. Das hängt primär damit zusammen, dass sowohl die Finanzierung als auch die Zusammensetzung der Schüler stark vom Wohlstand des jeweiligen Bezirks abhängt.

Österreich hält als eines der wenigen Länder an der Halbtagsschule fest

Nur acht Prozent aller Schulen in Österreich sind echte Ganztagsschulen in der zuvor beschriebenen Qualität. Bei den restlichen »Schulen mit Nachmittagsbetreuung« findet der Unterricht lediglich am Vormittag statt. Die Nachmittagsbetreuung erfolgt durch pädagogische Hilfskräfte, die im Normalfall nur beaufsichtigen und im besten Fall bei den Hausaufgaben helfen. Mit echten Ganztagsschulen hat das nichts zu tun. Die Eltern wollen eben nicht irgendeine Form der Betreuung, sie haben ja auch nicht irgendwelche Kinder.

Die OECD sieht im Festhalten an einem Halbtagsschulsystem einen der wesentlichen Gründe für die schlechten Leistungen von Schülern aus bildungsfernen Schichten.

Pädagogisch spricht alles für die Ganztagsschule. Woher kommt dann der große Widerstand? Die Schüler befürchten, dass der oft lähmende Unterricht, den sie am Vormittag erleben, sich dann auch noch am Nachmittag wiederholt und sie um ihre Freizeitaktivitäten umfallen. Viele Eltern, vor allem im ländlichen Raum, wollen sich selbst um ihre Kinder kümmern. Lehrer beklagen zu Recht die meist unzumutbaren Arbeitsbedingungen im Lehrerzimmer und einige wollen schlicht und einfach lieber um 14 Uhr zu Hause sein. Diese Abwehrhaltung wird wohl wesentlich davon beeinflusst, dass aufgrund der geringen Dichte von nur acht Prozent echten Ganztagsschulen ganz wenige Schüler, Lehrer oder Eltern überhaupt je eine solche Schulform tatsächlich erlebt haben. Redet man nämlich mit Schülern, Eltern und Lehrern der wenigen öffentlichen echten Ganztagsschulen, herrscht bei allen hohe Zufriedenheit. Voraussetzung dafür sind moderne Arbeitsplätze für die Lehrer, Infrastruktur für ein gemeinsames Mittagessen und ausreichende Erholungszeiten. Dann endet die Schule für alle Beteiligten um circa 16 Uhr. Die Kosten für Nachhilfe sinken deutlich und die Eltern müssen nicht jeden Tag mit ihren Kindern nachlernen.

Unser Schulsystem wird sich weiter differenzieren, weil es nur so den individuellen Anforderungen der Schüler gerecht werden kann und weil immer mehr Eltern zu Recht eine möglichst große Wahlmöglichkeit fordern. Wie die einzelnen Schulformen dann heißen, ist eine semantische Frage. So sind die gelobten Gesamtschulen in Finnland sehr begabungsorientiert und leistungsdifferenziert. Entscheidend ist, wie gut die einzelne Schule ihre Aufgabe erfüllt und wie gut der tägliche Unterricht im Klassenzimmer ist. Davon wird der Ruf der Schule abhängen. Gute Schulen werden eine starke Nachfrage bei Eltern und den besten Lehrern auslösen. Der Druck auf schlechte Schulen wird immer größer werden. Was daher getan werden muss:

1. Wenn das differenzierte Schulsystem ab dem zehnten Lebensjahr in Österreich noch lange Realität bleiben wird, dann sollten wir es jedenfalls sozial gerechter gestalten. Eine punktuelle Aufnahmeprüfung der Zehnjährigen für die AHS würde neue Ungerechtigkeiten schaffen. Eine objektivierte schulwissensunabhängige Potenzialanalyse und die zusätzliche Einbindung von Lehrern weiterführender Schulen wären sicher gerechter, als die Entscheidung über die AHS weiterhin ausschließlich von einer Volksschullehrerin treffen zu lassen. Es gibt durchaus vernünftige Konzepte, nach der Volksschule eine fließende Übergangsphase in andere, möglichst vielfältige Schulformen zu schaffen.

2. Die größte Herausforderung ist zweifellos, Bildungsnachteile aufgrund sozialer Herkunft schon vor dem Schuleintritt auszugleichen, im Zweifelsfall mit Anreizen, aber auch Druck auf unwillige Eltern. Das erfordert eine massive Aufwertung der Kinderpädagogen und Volksschullehrer wie in Kanada. Dort verdienen diese fast gleich viel wie die »höheren« Lehrer.

3. Die Begabungsförderung befindet sich leider in Österreich noch immer in einem Dornröschenschlaf, aus dem sie schnellstens geweckt werden müsste. Die Sir-Karl-Popper-Schule ist eine öffentliche Schule, die international zu den besten Begabungsschulen der Welt zählt. Sie ist nach wie vor die einzige derartige Schule in ganz Österreich. Mit dem Österreichischen Zentrum für Begabtenförderung und Begabungsforschung (ÖZBF) in Salzburg gibt es einen Know-how-Träger und in den Bundesländern eine Vielzahl von Begabungsförderungsinitiativen, die man mit überschaubarem Aufwand zu einem großen nationalen Projekt machen könnte. Das Ziel wäre die Gründung von mindestens einer Schule für besonders Begabte pro Bundesland und die Bündelung und Ausweitung der vielen lokalen Initiativen.

4. Direktoren nur mehr auf Zeit zu bestellen und ihnen dafür die Macht einzuräumen, über die Aufnahme ihrer Lehrer zu entscheiden und ihnen auch Verantwortung für den Einsatz des pädagogischen Budgets an ihrer Schule zu geben.

5. Nur in wenigen Ländern der OECD ist die Kluft zwischen Schulen mit guten Schülerleistungen und jenen mit schlechten so groß wie in Österreich. Daher ist dringend die Umsetzung eines Qualitätsmanagements notwendig, das es bisher nur auf dem Papier gibt. Ein faires Leistungs- und Wettbewerbsprinzip innerhalb und auch zwischen den

Schulen ist zu fördern, um das Diktat der Mittelmäßigkeit mit allen Mitteln zu verhindern.

6. Es ist sicherzustellen, dass die einzelnen Bildungsstufen vom Kindergarten über die Volksschule und Mittelstufe bis zur Matura wieder verlässlich ihre Ziele erreichen. Die so heftig kritisierten Bildungsstandards hat schon Ministerin Claudia Schmied eingeführt. Sie wurden aber, wie sich zeigt, zu spät angesetzt. Daher ist es richtig, die Standarderhebung in der dritten und siebten Schulstufe durchzuführen, um rechtzeitig am Schulstandort reagieren zu können.

Österreich ist seit vielen Jahren Weltklasse im alpinen Skilauf und Deutschland im Fußball. Niemand stellt im Sport infrage, dass die Förderung des Breitensports erst das notwendige Klima schafft, damit sich Ausnahmebegabungen in diesen Sportarten herauskristallisieren können, die dann wieder in eigens spezialisierten Ausbildungsstätten an die Spitze geführt werden. Es wäre politischer Selbstmord für jede Partei, sich im Sport einseitig nur der Förderung des Spitzensports oder dem Breitensport zu verschreiben. In der Frage, ob unser Schulsystem sozial gerecht oder leistungsorientiert sein soll, verbarrikadieren sich die politischen Lager mit ihrer Entweder-oder-Haltung in Sackgassen, statt ein Sowohl-als-auch zu ermöglichen. Schulsysteme, die sowohl die individuelle Begabungsförderung als auch die soziale Durchlässigkeit vereinbaren, sind sehr wohl machbar. Die Vorbilder im fernen Kanada und im nahen Sachsen beweisen das.

SPÖ und ÖVP haben seit dem Zweiten Weltkrieg schon mehrmals bewiesen, dass sie in der Lage sind, über ihre ideologischen Schatten zu springen, wenn sie erkannt haben, dass es um nationale Prioritäten geht. Das völlige Umkrempeln der verstaatlichten Industrie in den Neunzigerjahren, die durch Betriebsratskaisertum und Leistungsfeindlichkeit de facto bankrott war, ist ein vergleichbares Beispiel. Entgegen allen Voraussagen von Industriewüsten und Hunderttausenden Arbeitslosen ist die voestalpine AG heute ein international wettbewerbsfähiges Unternehmen, das Gewinne schreibt. Der Beitritt zur EU gegen massive innere Widerstände ist ein weiteres Beispiel für einen nationalen Konsens.

Einer ähnlichen Kraftanstrengung aller Parteien bedarf eine Schulreform, die wirklich etwas verändert. Das wissen die intelligenten Köpfe in allen Parteien durchaus. Ihnen sei ein Zitat von Erich Kästner ans Herz gelegt: »Es gibt nichts Gutes, außer: Man tut es.«

Schule der Zukunft

Die Zukunft hat schon begonnen – So kann Schule gelingen

»Wir sehen die Welt nicht, wie sie ist; wir sehen sie, wie wir sind!«
Talmud

Der schönste Tag für viele Lehrer und Schüler im Jahr ist nicht Weihnachten, sondern der Tag, an dem die Sommerferien beginnen und mit ihnen die Aussicht, neun Wochen lang endlich das tun zu können, was sie gerne tun: Reisen, lesen, Abenteuer bestehen, Neues ausprobieren, Sport treiben und möglichst viel Zeit gemeinsam mit interessanten Menschen verbringen – Dinge, die, wenn auch nicht offiziell verboten, in vielen Schulen nicht vorkommen. Welchen Zweck sollten Schulen heutzutage überhaupt erfüllen?

Wenn wir es als Hauptaufgabe der Schule sehen, unsere Kinder daran zu hindern, zwischen 8 und 14 Uhr ihre Zeit auf der Straße oder im Internet zu verbringen, dann gibt es einfachere und vor allem weitaus billigere Möglichkeiten, als sie in Gebäude zu stecken, die mehr Fabriken und Erziehungsanstalten gleichen als Orten des Lernens und der Freude.

Wenn wir an oberste Stelle unseres Bildungssystems das Ziel setzen, unsere Kinder mit möglichst viel Fachwissen vollzustopfen, dann schicken wir die Lehrer nach Hause und kaufen allen Kindern einen Laptop und ein Online-Lernprogramm – das ist kostengünstiger.

Wenn wir unter Bildungspolitik verstehen, dass unser Land möglichst gut beim PISA-Test abschneidet, dann privatisieren wir unser Schulsystem und beauftragen die Nachhilfelehrer und Lerninstitute damit, unsere Kinder professionell auf das von PISA verlangte Multiple-Choice-Wissen zu trainieren. Die Nachhilfeindustrie hat genau die richtige Lerntechnologie, damit Schüler bei Entscheidungsprüfungen Wissen vortäuschen können – ihr flächendeckender Einsatz ist daher effizienter.

Wenn wir Schulen dagegen zu Orten machen wollen, wo unsere Kinder mit Freude lernen, die Welt zu verstehen, und ihre individuellen Talente entdeckt werden, dann müssen wir schnell sehr vieles ganz anders machen. Klingt nach einer Revolution?

Revolutionen beginnen immer mit der Suche nach Schuldigen, und deswegen enden sie meist blutig und mit enttäuschten Hoffnungen. Die notwendigen Veränderungen in unserem Schulsystem sind nicht durch Revolutionen erreichbar. Unser Schulsystem ist glücklicherweise keine Diktatur, sondern es trägt nur nach wie vor den Geist Maria Theresias mit Weisungen, Verordnungen und vor allem einem strikten »Ober sticht Unter« in sich.

Jeder, der etwas ändern will, muss mit Widerstand rechnen. Widerstand kann überwunden werden. Wir brauchen nur den Mut, die Reset-Taste für einen Neustart zu drücken. Dafür würde sich zum Beispiel der Design-Thinking-Ansatz eignen.[1] Dieser gründet auf der Idee, dass Teams aus unterschiedlichen Disziplinen zusammenarbeiten und sich von Anfang an stark an den Bedürfnissen und Motivationen der Menschen inner- und außerhalb der Organisation orientieren.

Eine intelligente Schulreform beginnt nicht mit der Jagd nach Schuldigen, sondern mit der Suche nach Verstehen und der Frage nach dem Warum. Denn das System Schule funktioniert nicht deshalb so schlecht, weil Lehrer und Direktoren im Durchschnitt unfähiger sind als Verkäufer, Manager, Ingenieure oder Ärzte, sondern weil sich Schule völlig von der Welt, in der wir leben, abgekoppelt hat

---

1 Die Entwicklung des Design Thinkings wurde wesentlich von David Kelley, dem Gründer der Innovationsagentur IDEO, sowie dem Hasso Plattner Institute of Design an der Stanford University, der sogenannten »d.school«, beeinflusst.

oder eigentlich nie wirklich Teil unseres Lebens war. Genau deshalb können sich ungeeignete Lehrer und Direktoren in der Schule weit länger halten als unhöfliche Verkäufer, schlechte Manager, inkompetente Ingenieure oder unfähige Ärzte.

Das oberste Ziel der Schule der Zukunft ist die Wiederbelebung des Lernprozesses

Die erste und wichtigste Handlung, um die Schule der Zukunft zu öffnen, wäre nicht nur eine neue Architektur, die körperliche Bewegung und zwischenmenschliche Kommunikation ermöglicht, sondern das Niederreißen der unsichtbaren Mauern, die heute die Lehrer, die Direktoren, die Schulbehörden, die Eltern und die Schüler voneinander trennen. Die Grenze zwischen unseren Schulen und unserem Leben erinnert an den Palisadenzaun, den die Gallier Asterix und Obelix um ihr kleines Dorf errichtet haben, um es vor der Welt zu schützen. Die größte Sorge der Gallier, dass ihnen der Himmel einmal auf den Kopf fallen könnte, ist vergleichbar mit der Angst der Verantwortlichen, dass ihre fest gefügte Welt sofort einstürzen würde, sollten sich unsere Schulen endlich öffnen. Die kleine gallische Dorfschule, geschützt von einem Palisadenzaun gegen die globalisierte und vernetzte Welt, ist eine wunderbare Comicgeschichte, auf der wir aber weder in Deutschland noch in Österreich ein lebendiges Schulsystem aufbauen sollten. Denn dass der Kampf der Gallier gegen die Römer in der Geschichte anders ausgegangen ist als in Albert Uderzos und René Goscinnys reizender Geschichte über Asterix und Obelix, ist bekannt.

Goethe hat geschrieben: »Wenn du die Welt verstehen willst, dann musst du in dein Inneres gehen, wenn du dein Inneres verstehen willst, dann musst du in die Welt gehen.« Die Schule der Zukunft muss die Welt in ihr Inneres lassen und alles tun, um Teil dieser Welt zu werden. Die gute Nachricht: Der Kampf um die besten Schulen der Welt wird nicht in Parlamenten oder Schulbehörden entschieden, sondern in jedem einzelnen Klassenzimmer. Die Modelle von Schulen der Zukunft basieren auf drei Werten:

- *Wertschätzung:* Das Gefühl, dass man Teil einer Gemeinschaft ist, von der man geschätzt wird, und die innere Überzeugung, dass man Verantwortung für sich selbst und andere hat.
- *Leidenschaft:* Eine Schule, in der alle – vom Direktor über die Lehrer und Eltern bis zu den Schülern – leidenschaftlich gerne lernen, wird großartig werden.
- *Ehrliches Lob:* Es kann und muss nicht jeder überall der Beste sein. Bestärkung und ehrliches Lob für besondere Leistungen helfen aber, eigene Potenziale zu erkennen und sich anzustrengen, diese zu entwickeln.

Die alte Schule der Einzelkämpfer wird hoffentlich irgendwann aussterben. Das krampfhafte Festhalten an der Belehrungsschule kann die Revolution des Lernens im 21. Jahrhundert zwar verzögern, aber weder ignorieren noch verhindern. Lernen durch Erfahrung lässt sich nicht durch noch so viel Belehrung ersetzen. Schwimmen lernt man nur im Wasser, nicht im Physiksaal.

Victor Hugo: »Nichts ist mächtiger als eine Idee, deren Zeit gekommen ist«

Es gibt Tatsachen, wie dass »zur Ader lassen« kranke Menschen tötet und nicht heilt, die von den Vertretern der damals herrschenden Lehre jahrhundertelang bekämpft wurden.

Irgendwann hat sich in der Medizin die Wahrheit schließlich gegen den Irrglauben durchgesetzt. Auch das neue Lernen wird kommen. Punktuell ist es in manchen Klassenzimmern und an einzelnen Schulen schon erkennbar. Früher oder später wird sich das alte Schulsystem auflösen wie ein böser Traum. Schüler werden nicht mehr unter Frontalunterricht leiden, sondern selbstständig je nach ihrem Talent, in ihrem eigenen Tempo und ohne Langeweile lernen. Aufgaben, die ein Schüler nicht alleine lösen kann, werden erst in seiner Lerngruppe bearbeitet, und wenn diese dann noch immer nicht weiterkommt, kann sie auf die Kompetenz eines Lehrers zurückgreifen.

Lernen passiert über Beziehung, deshalb funktioniert es in der Volksschule noch am besten. Ab der Mittelstufe können bis zu 25 unterschiedliche Lehrer, die ihre Schüler oft nur ein bis zwei Jahre zwei Stunden pro Woche sehen, unmöglich persönliche Beziehungen zu diesen aufbauen. Daher bildet sich in Zukunft in der Mittelstufe um einen Meisterlehrer herum ein Team von idealerweise acht bis maximal zwölf Pädagogen, das die Bereiche Naturwissenschaften und Mathematik, Deutsch, Geschichte und Geografie, Fremdsprachen, Philosophie, Kunst, Persönlichkeitsbildung und Sport sowie zusätzliche Wahlfächer abdeckt. Dieses Team ist für ungefähr 100 Schüler eines Jahrgangs vier Jahre lang verantwortlich. Die Reduktion der bisher üblichen 12 bis 22 Fächer auf deutlich weniger, aber größere Lernfelder nimmt ungemein viel Stress von den Lehrern und Schülern. In der Oberstufe lässt sich dieses Modell zu einem Wahlfächersystem ausbauen, wo die Schüler wie an der Universität zu einem Lehrer gehen, dessen Klassenzimmer gleichzeitig sein Arbeitszimmer ist.

Dadurch entwickeln sich Schulen zu ganztägig geöffneten Orten des gemeinsamen Lernens von Schülern und Lehrern. Eltern müssen nicht mehr den veralteten Schulstoff ihrer eigenen Schulzeit nochmals mit ihren Kindern nachpauken, sondern sie lernen Neues von ihnen. »Schulfremde« Personen wie Künstler, Gärtner, Handwerker, Jungunternehmer, Entwicklungshelfer, Erfinder oder Sportler werden als gern gesehene Gäste eingeladen und einige Tage, Wochen oder sogar Monate einen Hauch der echten Welt mitbringen.

Sind das die Utopien eines realitätsfernen Theoretikers, der keine Ahnung von der Praxis hat? Oder gar die Visionen eines Verzweifelten, den seine Fieberträume plagen? Ich glaube das nicht, denn die Schule der Zukunft baut auf Wahrheiten auf. Jeder kann ihre Gültigkeit selbst überprüfen. So bin ich immer wieder auf die gleichen Prinzipien gestoßen, wenn ich die Meinungen der führenden Wissenschaftler und Fachleute eingeholt habe, wenn ich mich durch Unmengen von Studien gearbeitet und vor allem, wenn ich deren gelungene Umsetzung in die Praxis gesehen habe. Auf dem Weg zur Schule der Zukunft sollten wir uns auf folgende Ziele konzentrieren:

1. *Nur die Besten dürfen Lehrer werden.*
   Leider wird von Junglehrern vor allem Geduld, Demut und je nach Bundesland das richtige Parteibuch erwartet. Dass dieses Anforderungsprofil ambitionierte und idealistische junge Menschen besonders anspricht, ist zu bezweifeln. Gerade die besten Studenten haben auch andere Optionen, als sich der Zuteilungslotterie auszusetzen, um dann eventuell an mehreren Schulen ein paar Stunden zu ergattern, noch dazu manchmal in Gegenständen, für die sie gar nicht ausgebildet wurden. Die Qualität eines Schulsystems kann nie die Qualität seiner Lehrer übertreffen. Sorry für die Wiederholung dieser These, die im Kapitel »Eine einfache Wahrheit« ausführlich dargestellt wurde. Es ist die mit Abstand wichtigste Aufgabe eines Schulsystems, den Lehrerberuf zu einem der attraktivsten Berufe zu machen, dann die richtigen Menschen dafür zu gewinnen, sie selektiv auszuwählen und sie dafür ständig in ihren Fähigkeiten weiterzuentwickeln, um sie zu bestmöglichen Lehrern zu machen. Sie verdienen eine gute Bezahlung und Karrieremöglichkeiten, die von ihrer Leistung und nicht vom Dienstalter oder Parteibuch abhängig sind. Aus den besten Lehrern werden »Meisterlehrer«, die ihre Teams führen. Wir sollten sogar die besten Direktoren und Lehrer an die schlechtesten Schulen schicken.

2. *Das Entscheidende ist der Unterricht in der Klasse und nicht die Schulorganisation.*
   Da die Schüler in jeder Klasse so unterschiedlich sind, können alle Versuche, den Unterricht zentral von Schulbe-

hörden vorzugeben, nur zum Scheitern verurteilt sein. Die hundertste mit großem Aufwand betriebene Lehrplanreform ist daher ziemlich sinnlos, weil sie ganz geringen Einfluss auf die Qualität des Unterrichts in der Klasse hat. Solange der Schulalltag wie das tägliche Fernsehprogramm durch eine zusammenhanglose Abfolge von isolierten Gegenständen geprägt ist, werden Schüler und Lehrer diese über sich ergehen lassen.
Individuelle Talentförderung und die 50-Minuten-Stunde sind Gegensätze wie Feuer und Wasser. Lernformen und Lehrpläne haben sich den Schülern anzupassen und nicht umgekehrt. Das erfordert eine echte Schulautonomie, wobei jede Schule sehr genau bei der Erreichung ihrer Ziele überprüft und unterstützt werden muss.

3. *Alles orientiert sich an den langfristigen Bedürfnissen der Schüler.*
Auch in der Schule der Zukunft wird es immer wieder Interessenkonflikte zwischen Lehrern, Eltern und Schülern geben. Es werden heftige Diskussionen darüber geführt werden, welcher der vielen möglichen pädagogischen Wege der beste und klügste ist. Meist geht es nicht um eindeutige objektive Antworten, sondern um Werturteile. Zum Glück existiert eine eindeutige Orientierungsmarke. Alle Schulen der Zukunft haben eine Regel, mit Konflikten umzugehen. Wann immer unterschiedliche Meinungen in einer Grundsatzfrage aufeinanderprallen, gibt es ein oberstes Prinzip, dem sich alles unterzuordnen hat. Eine einfache Frage unterscheidet Schulen, die schon heute den Geist der Zukunft versprühen, von den mittelmäßigen: *Ist das gut für die Schüler?*

Wann immer Herausforderungen und Konflikte an einer Schule aus der Perspektive des Schülers diskutiert werden, ist man auf dem richtigen Weg. In der Schule der Zukunft steht der Schüler mit seinen langfristigen Interessen im Mittelpunkt – und alles andere ordnet sich diesen unter. Daher ist die gelebte Schulautonomie so wichtig, denn derzeit hindern oft Gesetze, Verordnungen und Vetorechte einen Direktor daran, das Beste für seine Schüler umzusetzen.

Wenn Sie in diesem Buch in bestimmten Punkten nicht meiner Meinung oder der eines von mir zitierten Experten sind, versuchen Sie, das gestellte Problem aus der Sicht des Schülers zu beantworten. Ist das, so wie es jetzt ist, gut für die Schüler, dann sollten wir es so lassen. Ist es nur deshalb so, weil es von einer der vielen Lobbys im Schulwesen verteidigt wird, dann sollten wir es hinterfragen – und zugunsten der Schüler ändern.

Ich habe die Frage »Ist das gut für die Schüler?« von Alan Guma, dem langjährigen Direktor der hervorragenden Dalton School in New York gelernt. Diese war eine der Vorbilder der Sir-Karl-Popper-Schule. Alan Guma war der Stargast einer der vielen Podiumsdiskussionen, die Bernhard Görg und ich vor der Gründung der Sir-Karl-Popper-Schule veranstaltet hatten, um öffentliches Interesse für unser Anliegen zu wecken. Fast 200 Teilnehmer, der Großteil davon Lehrer, waren gekommen und diskutierten heftig darüber, ob auch Österreich eine Schule für besonders begabte Kinder brauche oder ob man nicht wirklich dringendere Sorgen habe als eine »Sonderschule für Schwerstbegabte«, wie unsere Kritiker meinten.

Nachdem Alan Guma, der kein Wort Deutsch verstand, der hitzigen Debatte eine Stunde lang intensiv zugehört hatte, beugte er sich zu mir und flüsterte mir ins Ohr: »Andreas, ich kann in ihren Gesichtern genau lesen, was sie sagen. Es sind dieselben Gesichter wie bei mir in den USA. Stelle ihnen eine einzige Frage: Glaubt ihr, dass es gut für die begabten Schüler wäre, wenn es so eine Schule gäbe?«

»Ist das gut für die Schüler?« lautet die Zauberformel, mit der sich viele Probleme zwar nicht sofort lösen lassen, die aber hilft, die richtige Richtung aufzuzeigen. Die Schule der Zukunft folgt dieser Frage.

Wenn Sie meinen, das seien zwar durchaus erstrebenswerte Ziele, die jedoch schwer durchzusetzen sein werden, dann zeigen Sie zu

Recht auf den heiklen Punkt, warum die notwendigen Reformen in unserem Schulsystem, die noch dazu offensichtlich auf der Hand liegen, so schwer durchsetzbar sind. Denn zusätzlich zu den beschriebenen Feinden des talentierten Schülers gibt es einen blinden Fleck in unserem eigenen Denken. Wir geben dem wichtigsten Menschen, der uns sagen könnte, was im System Schule funktioniert und was nicht, keine Stimme und keine Macht, mit der er uns zwingen könnte, seine Sicht zu berücksichtigen. Dieser Mensch ist der Schüler.

»Ich habe die große Hoffnung, dass die tief greifende und nachhaltige Veränderung unserer Schulen von den Schülern selbst ausgehen wird. Sie sind viel stärker mit der Zukunft verbunden als die Erwachsenen. Und sie begehren auf, wollen gehört werden und wollen selbst Verantwortung für ihre eigene Umwelt übernehmen«, sagt MIT-Lernforscher Peter Senge.[2]

Was wollen eigentlich die Schüler? Jeden Tag ohne Angst und Langeweile in die Schule gehen. Und mit einem besseren Gefühl nach Hause kommen, als sie in der Früh aufgebrochen sind, weil sie Bestätigung erfahren haben für sich und ihr Talent. Die Schüler interessieren sich wenig für politische Reformdebatten oder wie ihr Schultyp gerade heißt. Sie bewerten ausschließlich das, was sie jeden Tag in ihrer Klasse erleben. Und das könnte besser sein.

Liebe Schülerin, lieber Schüler, du bist hier gemeint!

Ich möchte an dieser Stelle einige Zeilen an Schülerinnen und Schüler richten, denen dieses Buch in die Hände gefallen ist. Als ehemaliger Schülervertreter darf ich mit dir per Du sein: Wenn du dieses Buch liest, dann geht es um dich. Es geht aber auch um deine Lehrer. Bei jedem Einzelnen stellt sich die Frage, ob er überhaupt dein Lehrer sein kann. Um dein Lehrer sein zu können, bedarf es einer Grund-

---

2 Peter Senge: *Schools that Learn*. New York 2000.

voraussetzung. Das ist deine Akzeptanz. Wenn du versuchst, den Menschen in jedem deiner Lehrer ein bisschen genauer zu erkennen, dann kannst du davon ausgehen, dass er das ebenfalls tun wird. Das wird dir bei jenen Lehrern, die du magst, leichtfallen, bei anderen einer gewissen Anstrengung bedürfen und bei einigen unmöglich sein. Beginne daher mit einem Lehrer, bei dem schon ein gewisses Vertrauen da ist. Gib ihm und dir eine Chance, menschlich miteinander gut auszukommen. Dann wirst du herausfinden, was du wirklich von ihm lernen kannst. Das ist ein guter Deal für euch beide, keine Schleimerei, sondern Wertschätzung. In jeder Klasse muss es immer einen geben, der den Mut hat, damit anzufangen.

Der talentierte Schüler braucht Freunde und Verbündete

Wir haben wenig Einfluss darauf, dass manche Eltern, die ihre Kinder durchaus lieben, nicht das nötige Rüstzeug besitzen, um diesen das Beste bieten zu können, das ihre Kinder bräuchten. Elternführerscheine, kostenlose Kindergärten, Vorschulen, die Benachteiligungen ausgleichen, und ausgebildete Sozialarbeiter in den Schulen wären aber dringende Maßnahmen, an deren konsequenter Umsetzung uns niemand hindert. Genauso haben wir sehr wohl einen großen Einfluss darauf, die Besten für den Lehrerberuf zu gewinnen und diesen dann auch die hohe Wertschätzung zu geben, die jener wichtigste aller Berufe verdient. Wir haben die Verpflichtung, ein Schulsystem zu schaffen, das unsere Kinder auf die Verantwortung als Bewohner eines Planeten vorbereitet, auf dem bald neun Milliarden Menschen leben werden. Denn den größten Einfluss haben wir auf uns selbst – unser eigenes Denken und Handeln. Die größten Reformer der Welt waren immer jene, die bei sich selbst begonnen haben. Das Abschieben der Verantwortung für die Entdeckung und die Förderung der Talente auf den jeweils anderen ist das süße Gift, das viele junge Menschen langsam auffrisst.

Es lohnt sich, selbst Verantwortung für das Talent seines Kindes zu übernehmen und diesem beim Kampf gegen seine ewigen Feinde zu helfen. In einer Welt, die sich zu oft mit dem Mittelmäßigen zufriedengibt, ist es wert, für das Besondere in jedem Kind zu kämpfen. Die Freunde des talentierten Schülers unterstützen diesen dabei, seinen eigenen Weg zu gehen. Wenn er einmal stürzt, richten sie ihn wieder auf, wenn er aufgeben will, geben sie ihm Zuversicht, wenn er scheitert, helfen sie ihm dabei, neu anzufangen, und wenn er gerade einen großen Erfolg erreicht hat, sorgen sie dafür, dass ihm dieser nicht zu Kopfe steigt – denn er wird wieder fallen. Jeder kann ein Freund des talentierten Schülers werden, der ihn darin bestärkt, aufzubrechen, um den unerforschten Kontinent seiner Begabungen zu entdecken.

Das Michelangelo-Prinzip geht uns alle an

Die österreichischen und deutschen Schulen sind nicht Weltklasse. Damit unsere Schulen großartig werden können, muss das Schulthema höchste nationale Priorität bekommen. Die finanziellen Mittel dazu sind in zwei der reichsten Länder der Welt vorhanden. Wenn wir das Ziel, die besten Schulen der Welt zu schaffen, nicht erreichen, dann werden wir auch bald nicht mehr zu den reichsten Ländern der Welt gehören.

Das notwendige Wissen kann man von den besten Schulen im In- und Ausland holen. Die Schule der Zukunft lebt dort schon. Es gibt kein Konzeptdefizit, es besteht ein Handlungsdefizit. Und es herrscht viel Angst, die beschriebenen Tabus endlich anzugreifen. Die in diesem Buch präsentierten wissenschaftlichen Erkenntnisse zeigen klar, dass Lernen mit Freude und ausgezeichneten Lernleistungen möglich ist. Es gibt nicht ein richtiges Modell der Schule der Zukunft, genauso wenig wie es nur eine optimale Art gibt, ein Unternehmen zu führen oder ein Kind zu erziehen. Es existiert aber eine

Vielzahl von lebendigen Schulen, die zeigen, wie man das vorhandene Wissen erfolgreich umsetzen kann, zum Nutzen der talentierten Schüler, der engagierten Lehrer und der verantwortungsvollen Eltern. Viele Wege führen zur Schule der Zukunft, eines haben diese Wege gemeinsam: Es geht darum, die Kluft zwischen den Schulen, wie sie heute sind, und den Schulen, wie sie sein könnten, kleiner zu machen. Das bedeutet leidenschaftliches und hartnäckiges Engagement über lange Zeiträume. Auf diesem Weg finden sich weder Abkürzungen noch magische Erfolgsrezepte.

»Die größte Gefahr für die meisten von uns ist nicht, dass wir hohe Ziele anstreben und sie verfehlen, sondern dass wir uns zu niedrige setzen und sie erreichen.«
Michelangelo

Die richtige Schule für Ihr Kind – ein Kriterienkatalog

»Können Sie mir eine gute Schule empfehlen?« Diese Frage habe ich in den letzten Jahren Tausende Male gehört. Es gibt sogar Übereifrige, die sich schon nach dem ersten Ultraschallbild ihres noch ungeborenen Kindes im passenden Kindergarten anmelden wollen. Bei den meisten Eltern hat inzwischen ein Umdenken stattgefunden. Während sie früher ihre Kinder oft einfach in die nächstgelegene Schule schickten, ist Eltern heute bewusst, dass die Wahl der richtigen Schule zu den wichtigsten Zukunftsentscheidungen für ihre Kinder zählt.

Ich antworte Eltern immer, dass es die optimale Schule für alle nicht gibt, sehr wohl aber die richtige für ihr Kind. Für manche Kinder wird eine gute traditionelle Schule mit klaren Aufgaben und Strukturen durchaus passend sein, andere werden sich in einer reformpädagogischen Schule nach den Konzepten von Montessori, Steiner oder Waldorf wohler fühlen. Beginnen wir mit der Volksschule. Dort ist vor allem entscheidend, welche Lehrerin – mit 90-prozentiger Wahrscheinlichkeit wird es eine Frau sein – Ihr Kind unterrichten wird. Vier Jahre lang wird es von dieser Lehrerin abhängen, ob Ihr Kind gerne in die Schule geht, ob seine individuellen Talente gefördert werden oder Schule als Zwang und Langeweile empfunden wird. Bei den mittleren und höheren Schulen spielen die angebotenen Spezialisierungen und die Qualität des gesamten Lehrkörpers eine große Rolle. Wird ein Kind, das keine große Begabung in Mathematik hat, in ein Realgymnasium gepresst, weil es nur mehr dort einen Platz gibt, ist schon der Grundstein für Nachhilfestunden und Versagensangst gelegt. Die Eltern verlangen zu Recht, dass ihre Kinder als Kunden mit individuellen Bedürfnissen gesehen werden. Doch mit diesen gesteigerten Ansprüchen hat die Schulverwaltung noch sehr zu kämpfen. In fast allen Bundesländern herrscht in der Volksschule nach wie vor eine strenge Sprengelzuteilung. Diese lässt sich nur mit entsprechender Hartnäckigkeit der Eltern aufbrechen oder durch Flucht in eine Privatschule lösen.

Es gibt jede Menge Restaurant-, Bar- und Reiseführer, aber keinen Schulführer. Seit Jahren versuche ich, einen »Österreichischen Schulführer« herauszubringen, der Eltern eine gute Orientierung bei der Schulwahl geben könnte. Bei 5700 Schulen ist das allerdings eine gewaltige Herausforderung, wenn man das seriös angeht. Das bedeutet, dass man nicht nur Selbsteinschätzungen der jeweiligen Schulen erhebt, sondern diese dann von Schülern und Eltern der jeweiligen Schule überprüfen lässt. Trotz professioneller Konzepte und freundlicher Nasenlöcher von einigen Unternehmen und Institutionen ist es mir bisher nicht gelungen, die notwendige Finanzierung für dieses Projekt zu bewerkstelligen.

In diesem Buch möchte ich Eltern daher zumindest einige Kriterien als Entscheidungshilfe anbieten:

1. **Die Qualität der Lehrer,** das mit Abstand wichtigste Kriterium jeder guten Schule

Zehn Aussagen, mit denen Eltern die Qualität von Lehrern beurteilen können:

1. Mein Kind freut sich auf diesen Lehrer.
2. Ich würde selbst gerne bei diesem Lehrer nochmals in die Schule gehen.
3. Ich habe das Gefühl, dass mein Kind in guten Händen ist, wenn es mit diesem Lehrer zum Beispiel auf Skikurs fährt.
4. Dieser Lehrer nimmt jedes einzelne Kind im Unterricht ernst.

5. Dieser Lehrer kennt in der Sprechstunde mein Kind beim Namen, ohne nachschauen zu müssen, geht nicht nur auf seine Schwächen, sondern auch ausführlich auf die Stärken ein.
6. Dieser Lehrer hat mir Neues und Überraschendes über die menschlichen und fachlichen Qualitäten meines Kindes erzählt, die mir bisher selbst nicht aufgefallen sind.
7. Dieser Lehrer berücksichtigt nicht nur die objektive Leistung, sondern auch die subjektive Motivation meines Kindes und den Fortschritt, den es macht.
8. Dieser Lehrer versteht es, die Neugier der Kinder zu wecken und sie für seine Fächer zu begeistern.
9. Dieser Lehrer akzeptiert, dass er manchmal auch Schüler in der Klasse hat, die intelligenter sein können als er selbst.
10. Dieser Lehrer mag seine Schüler und sie mögen ihn.

2. Die Qualität des Schulleiters

Gute Direktoren führen ihre Schule, indem sie

1. möglichst alle ihre Schüler namentlich kennen und deren langfristige Interessen an die oberste Stelle setzen.
2. am Beginn jedes Schuljahrs alle neuen Schüler und Lehrer in einer Veranstaltung vorstellen und sie von der Schulgemeinschaft willkommen heißen lassen.
3. ein attraktives Arbeitsumfeld schaffen, das die besten Lehrer anzieht.
4. sich nicht scheuen, alle gegebenen Instrumente zu nutzen, um sich von ungeeigneten Lehrern zu trennen.
5. ehrgeizige Ziele für ihre Schule setzen und deren Erreichung regelmäßig überprüfen. Lehrer, Schüler und Eltern werden in die Qualitätsüberprüfung eingebunden und regelmäßig nach

ihrer Zufriedenheit mit der Schule gefragt. Die Ergebnisse werden transparent kommuniziert und notwendige Veränderungen offen diskutiert.

6. bei Konflikten zuerst ihre eigene Rolle hinterfragen, sich regelmäßig Feedback von allen Schulpartnern holen und auch zurückgeben.
7. die Lehrer nach ihren Stärken einsetzen und so motivieren, ihr tatsächliches Potenzial zu nutzen.
8. für Eltern schnell erreichbar sind und Probleme lösungsorientiert angehen, anstatt zu mauern und sich auf Gesetze zu berufen.
9. Schülermitbestimmung, Schülermedien und innovative Projekte fördern.
10. den Schulgemeinschaftsausschuss als echtes Mitbestimmungsforum nützen und nicht als notwendiges Übel sehen.

3. Fragen zu den pädagogischen Prinzipien der Schule

1. Arbeiten die Lehrer bei Projekten auch fächerübergreifend im Teamteaching?
2. Gibt es Mehrstufenklassen (nur bei Volksschulen)?
3. Wie ist das Angebot an Fremdsprachen?
4. Gibt es bilinguale Klassen?
5. Gibt es Lehrer mit Montessori- oder anderen besonderen Ausbildungen?
6. Werden individuelle Interessen und Begabungen der Schüler ausreichend gefördert? Gibt es spezielle Fördermaßnahmen für einseitig besonders Begabte, etwa im Sport, in der Musik oder in den Naturwissenschaften?
7. Gibt es Förderangebote für Teilleistungsstörungen, beispielsweise für Lese-Rechtschreibschwäche, Dyskalkulie etc.?

8. Wie breit ist das Angebot an freiwilligen Übungen wie Theaterspielen, Coding, Sportmöglichkeiten, Schachspielen usw.?
9. Gibt es einen Schulpsychologen?
10. Hat die Schule Partnerschaften mit anderen Schulen, mit Auslandsschulen, mit Unternehmen, mit Institutionen wie Bibliotheken?

4. Integrationsleistung der Schule

1. Wie hoch ist der Anteil von Schülern mit nichtdeutscher Muttersprache?
2. Kommen die Schüler mit Migrationshintergrund aus ganz wenigen oder vielen unterschiedlichen Herkunftsländern?
3. Werden Kinder mit besonderen Bedürfnissen aufgenommen und individuell gefördert?
4. Wie viele Betreuungslehrer gibt es und wie gut ist die Integrationsleistung?

5. Umfang und Qualität des Betreuungsangebots

- Handelt es sich um eine verschränkte Ganztagsschule, in der dieselben Lehrer wie am Vormittag auch am Nachmittag unterrichten?
- Bietet die Schule ganztägige Betreuung mit Aufgabenunterstützung, Förderangeboten und Freizeit am Nachmittag auf freiwilliger Basis an?
- Gibt es keinerlei Betreuung am Nachmittag?
- Wie wird bei den ganztägig geführten Schulen der Lern- und Freizeitbereich gestaltet (Aufgabenbetreuung, Förderung, Frühaufsicht, Kooperation mit außerschulischen Organisationen wie Sportvereinen, Musikschulen etc.)?

- Wie sieht die Mittagsverpflegung aus? Gibt es ein Schulbuffet und welche Lebensmittel werden dort angeboten?
- Gibt es Schulskikurse, Schullandwochen oder Auslandswochen?

6. Infrastruktur und Ausstattung

- Wie gut ist die WLAN-Anbindung im ganzen Schulgebäude?
- Gibt es Tablet- oder Laptop-Klassen?
- Wie ist der Bauzustand der Schule, wie modern ist sie ausgestattet?
- Wie gut sind die Sport- und Freizeitmöglichkeiten (Turnsaal, Sportplatz, Pausenräume)?
- Wie ist die Schule räumlich ausgestattet (Lehrerzimmer, Lernflächen außerhalb der Klassen, Spezialräume für EDV, Physik, Festsaal, Werken, individuelle Computerarbeitsplätze etc.)?

7. Kosten

- Handelt es sich um eine öffentliche oder eine Privatschule?
- Welche zusätzlichen Beiträge etwa für Lernmaterialien werden von den Eltern erwartet?
- Wie hoch ist der finanzielle Eigenanteil für zusätzliche Angebote am Nachmittag?

Wichtig für Ihre Entscheidung sollte auch Ihr eigener Eindruck sein. Wenn Sie das erste Mal eine Schule betreten, dann spüren Sie sofort die Atmosphäre, die dort herrscht – im Positiven wie im Negativen. Gespräche mit Eltern und Schülern (!) der Schule helfen Ihnen, sich schnell ein Bild von der Schule zu machen. Fragen Sie sich, was Ihr Kind braucht, was Ihnen wichtig ist, und beurteilen Sie danach die Schule und deren Angebot.

Noch ein Hinweis aus meiner Erfahrung als Schüleranwalt: Falsche Entscheidungen im Leben kann und soll man korrigieren. Manchmal stellt sich heraus, dass es doch die falsche Schule für Ihr Kind ist. Natürlich sollen Sie erst versuchen, Probleme durch pragmatische Lösungen mit dem Schulleiter oder dem betroffenen Lehrer zu beheben. Wenn allerdings erkennbar ist, dass das nicht möglich ist und Ihr Kind nur mehr mit Angst oder Unwillen in die Schule geht, so zögern Sie nicht, die Schule zu wechseln, auch wenn Ihr Kind dagegen ist. Kinder fürchten, selbst wenn sie sehr an einer Schule leiden, dass sie alle ihre Freunde verlieren. Die Praxis zeigt jedoch, dass eine neue Schule die Chance für einen unbelasteten Neuanfang bietet. Kinder finden meist schnell neue Freunde – und die Freude an der Schule wieder.

Die Schulwahl ist eine der wichtigsten Entscheidungen, die Sie für die Zukunft Ihres Kindes zu treffen haben, daher sollten Sie viel Zeit investieren.

Der Freund des talentierten Schülers

Der talentierte Schüler braucht weder gute Schulen noch weise Schulpolitik. Er braucht einfach nur ein bisschen Glück. Wenn ihm dieses Glück – und sei es im schlechtesten Schulsystem der Welt – einen einzigen guten Lehrer beschert, dann wird aus dem talentierten Schüler ein fähiger Mensch und vielleicht auch ein glücklicher.

Natürlich reden wir hier von einem ausnehmend guten Lehrer, das Fach spielt keine Rolle. Es reicht für den Anfang ein einziger Lehrer in irgendeinem Gegenstand. Der gute Lehrer verwandelt das Talent des Schülers in eine Quelle des Selbstvertrauens. Er entzündet das Feuer von Neugier, Widerspruch und Ehrgeiz. Er vermittelt die Freude an der Freude und das Vergnügen an der Disziplin. Er reizt die Lust am »anders« und am »mehr«. Er lehrt die Befriedigung, die vom »besser« kommt. Er weckt den Wunsch im talentierten Schüler, selbst einmal ein ausnehmend guter Lehrer zu sein.

Es gibt keinen Mangel an Menschen, die ausnehmend gute Lehrer sind. Nur sind wenige von ihnen Lehrer von Beruf.

Dabei ist Lehrersein der natürlichste Beruf der Welt. Es ist ein Trieb. Der Muttertrieb kann – im besten Fall – knapp mehr als die Hälfte aller Menschen bewegen. Der Lehrertrieb steckt in jedem geistig gesunden Homo sapiens. Wissen und Fähigkeiten weiterzugeben, Verhalten zu formen, Werte zu vermitteln, Anschauungen zu verbreiten – dieses triebhafte Handeln können wir bei jeder wachen Person jeden Alters beobachten.

Ständig lehren wir, ohne im Reisepass »Lehrer« stehen zu haben. Wir lehren unsere Kinder. Wenn wir keine haben, dann lehren wir Nichten und Neffen, Kollegen und Mitarbeiter. Wir lehren Freunde und, wenn wir keine haben, Fremde. Wir lehren Hunde das Vorstehen und Vögel das Nachsprechen. Kinder lehren Eltern den Umgang mit Handy und Computer.

Taschendiebe und Hedgefonds-Manager, Bäuerinnen und Nagelstudio-Besitzerinnen, Eisläufer und Eisverkäufer, Germanisten und Klatschjournalisten, Schwindler und Equilibristen – jeder wird hin und wieder vom Drang befallen, zu lehren oder zumindest zu belehren.

Lehrer zu sein gehört zu den vier ewigen Berufen.

Die vier ewigen Berufe sind Lehrer, Führer, Heiler und Priester. In absteigender Reihenfolge. Der einzig unverzichtbare ist der Lehrer. Nur wenn die Lehrer versagen, braucht man Führer. Wenn die Führer versagen, braucht man Heiler. Wenn die Heiler versagen, ist die Stunde der Priester gekommen.

Der erste Lehrer in der jüdisch-christlich-moslemischen Überlieferung ist die Schlange im »Paradies«. Sie hat die Menschen Neugier, Widerspruch und Selbstverantwortung gelehrt. In der Überlieferung von drei der vier wichtigsten Religionen der Welt kommt der Beruf des Lehrers vor allen anderen. Über die Bedeutung des Lehrers in der vierten großen Weltreligion, dem Buddhismus, brauchen wir wohl nicht lange zu diskutieren.

Der kleine Inuk sitzt frierend am Wasserloch und beobachtet konzentriert seinen Vater, der einer Robbe das Fell abzieht. Stundenlang lauscht er seiner Mutter, die die Wahrheit über das Entstehen der Welt als Sage erzählt. Mit derselben Geduld bringt er selbst seiner 14 Monate alten Schwester die ersten Worte bei.

In einer Lehmhütte in Mali heftet eine Aushilfslehrerin das Bild des Eiffelturms an die Tafel. Sie erzählt von Plätzen, an denen Hunderte Familien leben, vielleicht sogar Tausende. Mit einer Quelle sauberen Wassers in jeder Hütte. Sie erzählt von Kindern, in deren Heimat seit mehr als einer Generation kein Krieg mehr war.

Ungeduldig zappeln Volksschulkinder im Bus auf dem Weg zurück in ihre Landgemeinde außerhalb von Wien. Sie können es nicht erwarten, zu Hause von dem verrückten Mann zu erzählen, der die Musik neu erfunden hat, mit zwölf statt acht Tönen. Sie werden wochenlang im Unterricht immer wieder betteln, Zwölftonmusik machen zu dürfen, und manchmal wird ihre Lehrerin zweifeln, ob es wirklich eine so gute Idee war, den Ausflug in das Arnold Schönberg Center gemacht zu haben.

Ein Gettokind geht durch die Gettoschule in Pittsburgh mit nichts im Kopf als dem Wunsch, die Schule hinter sich zu lassen. Denn das Getto scheint unentrinnbar. Dann bleibt der Teenager bei einer offenen Klassentür stehen, sieht einen Kunstlehrer bei der Arbeit, betritt die Klasse, verlässt die Hoffnungslosigkeit und es beginnt das Märchen von einem Mann, der Schönheit als Grundlage für Hoffnung entdeckt und selbst eines Tages eine der ungewöhnlichsten Schulen der Welt errichtet und führt. Wer noch nicht zu alt für Märchen ist, googelt Bill Strickland und liest, wozu ich hier nicht abschweifen möchte.

Die ausnehmend guten Lehrer zeigen uns die Schönheit in der Grammatik. Sie nehmen uns auf Zeitreisen mit. Sie lassen uns die Musik in Bildern hören und schärfen unseren Blick für die unnachahmliche Eleganz guter Gesetze. Sie geben den Zahlen Farben und der Physik Poesie. Sie lassen Quanten springen und Hebel wirken. Sie machen uns empfindsam für den süßen Schmerz der Prüfung und sensibel für ernsthafte Ermutigung und angemessenes Lob. Sie machen uns vertraut mit der Liebe, die im Tadel liegt, und der Würde, die eine verdiente Auszeichnung adelt. Sie verlangen Antworten, um uns nach Fragen süchtig zu machen. Sie zeigen uns Zipfel der Wirklichkeit und der Fantasie, um die Sehnsucht nach mehr zu wecken.

Sie öffnen die Fenster und Türen unseres Lebens für die Welt. Und sie tun das alles auch an schlechten Schulen, umgeben von weniger guten Lehrern, in morschen Systemen, behindert von sinnlosen Vorschriften und ahnungslosen Vorgesetzten. Ihr Einfluss reicht, damit sich der talentierte Schüler auch gegen ein widriges System durchsetzt.

Es gibt genug Menschen, die alle Qualitäten haben, die einen ausnehmend guten Lehrer ausmachen. Warum arbeiten so wenige von ihnen an Schulen? Weil jede Gesellschaft nicht nur die Regierung hat, die sie verdient, sondern auch die Lehrer.

Weder die große Zahl an ungeeigneten Menschen im Lehrberuf noch die vielen von religiöser und politischer Beschränktheit strangulierten Schulen, noch der Mangel an Geld und der Überfluss an Lehrplan-Müll sind die größten Gefahren für den talentierten Schüler. Sonst gäbe es nicht so viele erfolgreiche Menschen, die später von einer Schule berichten, der zu trotzen sie imstande waren. Der wirklich talentierte Schüler wird mit vielen Feinden fertig. Nur die völlige Abwesenheit von besonders guten Lehrern kann ein Leben in die Leere gehen lassen.

In Literatur und Film sind Lehrer oft die heimlichen Helden der Geschichten. Selbst in kommerzieller Populärkultur werden Lehrer oft ikonisiert. Während es sich beim gerne zitierten *Club der toten Dichter* eher um einen subtilen Erotikthriller als um einen Lehrerfilm handelt, gibt es unzählige Beispiele für Filme, in denen Lehrer-Schüler-Beziehungen die Handlung tragen. *Karate Kid* ist ein reiner Lehrerfilm. *Kill Bill* handelt in zwei blutigen Teilen von nichts anderem als der tödlichen Eifersucht des (Ersatz-)Vaters auf den (Kriegskunst-)Lehrer. *Gottes Werk & Teufels Beitrag* ist ein Lehrer-Schüler-Film. *Good Will Hunting*, *School of Rock*, *Dangerous Minds*, *The Man Without a Face*, *An Officer and a Gentleman*, *Harry Potter* und so weiter und so fort.

In unserem kollektiven Bewusstsein ist der Lehrer als gestaltende Kraft für das Individuum und für die Gesellschaft fest verankert. Gerne wird der Lehrer und Meister mystifiziert, vielleicht befördert durch den Umstand, dass viele Schreibende und Filmende sich selbst in der Rolle des Lehrers sehen. Dummerweise strahlt dieser belletristische Glanz nicht auf das Bild, das unsere Gesellschaft im alltäglichen Leben von jenen hat, die an Schulen als Lehrer arbeiten. Sieht man sich an, welcher Tanz in den USA seit 9/11 um Feuerwehrleute aufgeführt wird und welchen Stellenwert bei uns Fußballtrainer und Theaterdirektoren haben, und vergleicht das mit dem Ansehen der Lehrer, dann verdient man sich als Kultur-Optimist Schwerarbeiterzulage.

Wir haben viele hervorragende Ärzte, weil dieser Beruf zu einem guten Einkommen vor allem auch hohes Ansehen verspricht. Wenn wir von Ärzten reden, dann denken wir selten an den geldgierigen Primar, der betrunken operiert, sondern meistens an gebildete, hingebungsvolle Menschen, die helfen, wenn es einem schlecht geht. Wenn wir an Lehrer denken, dann dürfen wir nicht nur verschrobene Besserwisser mit pedantischem Hang zum Irrelevanten vor unserem geistigen Auge haben, sondern vor allem leidenschaftliche, gebildete Persönlichkeiten, die wissen, was man machen kann, damit es einem besser geht. Anständige Menschen werden von einem Leben in Anstand angezogen. Viele talentierte Schüler könnten eines Tages zu guten Lehrern statt zu gut bezahlten Managern, Anwälten oder Bankern ausgebildet werden. Das Geld fehlte ihnen nicht, würden sie mit Respekt bezahlt werden.

Hätte unsere Gesellschaft mehr Respekt für die Lehrer, würden viel mehr unserer Besten Lehrer werden. Die guten Lehrer würden durch Anerkennung motiviert und hätten damit mehr und länger Kraft. Und dann bekämen alle Schüler die Lehrer, die sie verdienen, auch die talentierten.

Alexander Doepel

Persönliches und Dank des Autors

Schreiben ist ein kollektiver Prozess. Ich hatte das Glück, in den letzten Jahren Zugang zu den Herzen und Hirnen von vielen ungemein faszinierenden Menschen zu finden. Ihre Ideen und ihr Wissen haben mir ganz entscheidend geholfen, dieses Buch zu schreiben. Ich möchte ihnen allen an dieser Stelle herzlich danken, vor allem dafür, dass sie mir so viel von ihrem wertvollsten Gut, ihrer Zeit, geschenkt haben.

Beginnen möchte ich mit **Günter Blobel,** der im Jahr 2008 das ursprüngliche Vorwort zu meinem Buch zugeschrieben hat. Er war einer der bedeutendsten Wissenschaftler der Welt, der leider am 18. Februar 2018 verstorben ist. Mit meinem Freund **Thomas Plötzeneder,** Partner von Gehrer Plötzeneder DDWS Corporate Advisors, verbindet mich das Gedenken an meinen wichtigsten Mentor **Ernst Scholdan,** der im Februar 2014 von uns gegangen ist. Ernst Scholdans Feedback hat die Konzeption des Buches entscheidend – zum Besseren – beeinflusst.

Paulo Coelho, der brasilianische Autor von *Der Alchimist,* gab mir eine Vielzahl von Ratschlägen für mein Buch mit, vor allem war er schon vor elf Jahren von der wachsenden Bedeutung des Internets für das Lernen überzeugt. **Alan M. Webber,** der langjährige Chefredakteur der *Harvard Business Review* und mittlerweile Bürgermeister von Santa Fe, ist ein brillanter Intellektueller und großer Humanist, der mich immer wieder inspiriert hat.

Die wissenschaftlichen Erkenntnisse des Glücksforschers **Mihaly Csikszentmihalyi** und die Lehre der Dankbarkeit meines spirituellen Mentors **David Steindl-Rast** haben das Buch wesentlich bereichert. Meine persönlichen Begegnungen mit dem MIT-Lernforscher **Peter**

Senge in Washington D. C., im Stift Melk und in Boston haben mein Denken in Richtung des systemischen Ansatzes geprägt. Dem großen Leadership-Experten **Warren Bennis** (verstorben 2014) hatte ich den Kontakt zu dem Harvard-Professor **Howard Gardner** zu verdanken, dessen Konzept der multiplen Intelligenzen entscheidend für die Schulen der Zukunft sein wird. Bedanken möchte ich mich auch bei der Unternehmensberatung **McKinsey & Company** für ihr nachhaltiges Engagement für bessere Schulen und die vielen Unterlagen, die sie mir zur Verfügung gestellt hat.

Bernhard Görg war mein strengster Leser, der meine Argumente immer wieder nachdrücklich hinterfragt hat. Für das Schlusskapitel konnte ich den brillanten Schreiber und Denker **Alexander Doepel** gewinnen. Sein Beitrag »Der Freund des talentierten Schülers« eröffnet meinem so kritischen Buch am Ende eine optimistische Perspektive. Von der Lebensweisheit des Altabts des Benediktinerstifts Melk **Burkhard Ellegast** und von **Pater Martin** ist viel in dieses Buch eingeflossen. **Guido Reimitz** hat mir in intensiven Gesprächen neue Perspektiven über die Wichtigkeit des Körpers und die Kraft der Inspiration eröffnet.

Für das große Vertrauen und die professionelle Unterstützung möchte ich mich bei Ecowin-Verlagsleiter **Dirk Rumberg,** Cheflektorin **Bettina Stimeder** und dem gesamten Ecowin-Team bedanken. Ich danke meinem Lektor **Arnold Klaffenböck** für sein unbestechliches Urteil, mit dem er für Klarheit und Leserfreundlichkeit gekämpft hat. Mit viel Engagement und großer Kompetenz hat **Barbara Brunner** die gesamte Medienarbeit gestaltet. Dem Kreativteam **Thomas Kratky** und **Andreas Berger** ist ein aufregendes neues Cover gelungen.

Die Sir-Karl-Popper-Schule feiert heuer ihr 20-jähriges Jubiläum. Sie zählt in der Zwischenzeit zu den besten Begabtenschulen der Welt, darüber freue ich mich mit den Mitbegründern **Bernhard Görg, Walter Strobl** und **Kurt Scholz.** Diesen Erfolg hat die Schule dem Gründungsdirektor **Günter Schmid** und seinem Nachfolger **Edwin Scheiber** sowie dem gesamten Lehrerteam zu verdanken.

Ich möchte folgenden Autoren des Ecowin Verlages danken, die mir in langen Gesprächen mit ihrem Fachwissen sehr geholfen haben: **Ronald Barazon, Christine Bauer-Jelinek, Werner Gruber, Reinhard Haller, Markus Hengstschläger, Martina Leibovici-Mühlberger, Thomas Müller, Heinz Oberhummer** (verstorben 2015), **Johannes Steyrer** und **Rudolf Taschner.** Ich danke auch meinem damaligen Verleger **Hannes Steiner** dafür, dass er dem Buch im Jahr 2008 zum Durchbruch verholfen hat.

Unter den vielen Gesprächspartnern, die mir ihre Zeit geopfert haben, möchte ich mich besonders bei **Markus Benesch, Conny Bischofberger, Jörg Dräger, Ernst Gehmacher, Joey Guercio, Angelika Hagen, Boris Kuschnir, Christoph Leitl, Peter Michael Lingens, Alex Lonyay, Siegfried Meryn, Michael Meyer, Martina Rammer, Gerhard Riemer, Sonja Schärf-Stangl, Michael Schratz, Tatjana Schröder-Halek, Peter Simonischek, Michael Sörös, Christiane Spiel, Alexander Strohmer, Susanne Wiesinger** und **Renate Wustinger** bedanken.

Einen entscheidenden Einfluss auf dieses Buch hatten **Wolfgang Eigner, Vanja Haas, Astrid Kleinhanns, Tanja Machacek, Elham Pedram, Günter und Manuela Rattay, Claudia und Witold Szymanski** und **Oliver Zenz.**

Ihre Meinung ist mir wichtig.

Sie können mir gerne Ihre Meinung an meine persönliche E-Mail-Adresse andreas@salcher.co.at schreiben und mich auf meiner Website *www.andreassalcher.com* besuchen. Unter @SalcherAndreas lade ich Sie ein, mir auf Twitter zu folgen.

Auf *www.andreassalcher.com*, iTunes und auf YouTube können Sie meinen Podcast »Lebensbildung« mit Persönlichkeiten wie Thomas Müller, David Steindl-Rast, Sebastian Kurz, Alexander Wrabetz, Katia Wagner, Florian Gschwandtner, Eva Dichand oder Markus Hengstschläger anhören.

Andreas Salcher
Wien, im September 2019

Herzlich willkommen im Klub. Sie gehören zu jenen 17 Prozent Menschen, die gleich am Anfang wissen wollen, wie eine Geschichte ausgeht. Sie beginnen daher ein Buch von hinten zu lesen.

Meine Zusammenfassung dieses Buches für Sie in drei Sätzen:

In einer Welt, die sich zu oft mit dem Mittelmäßigen zufriedengibt, ist es wert, für das Besondere in jedem Kind zu kämpfen.

Ein Schulsystem kann nicht besser sein als die Summe seiner Lehrer.

Schüler freuen sich nicht auf Gegenstände, sondern auf Menschen, die für sie Vorbilder sind und sie inspirieren.

Drei Zitate aus dem Buch:

»Wann immer Sie einen hervorragenden Menschen gegen ein schlechtes System antreten lassen, wird immer das schlechte System gewinnen.«
Peter Drucker

»Die größte Leistung von Christoph Kolumbus war nicht, dass er in der neuen Welt angekommen ist und Amerika entdeckt hat – sondern dass er den Mut hatte aufzubrechen.«
Stefan Zweig

»Die Geschichte lehrt dauernd, aber sie findet keine Schüler.«
Ingeborg Bachmann

Jeder hat schon verletzt. Jeder wurde schon verletzt. Ein unbedachtes Wort kann eine Kindheit zerstören. Eine kleine Unachtsamkeit zu einem Wundbrand in der Seele des anderen führen. Manchmal verletzen wir uns auch selbst, indem wir uns aus mangelndem Mut oder falschem Stolz von unserem Ursprung und unseren eigenen Bedürfnissen trennen. Mit viel Einfühlsamkeit und ohne Scheu vor Tabus entfaltet Andreas Salcher eine Landkarte der verborgenen Verletzungen und fragt: Was unterscheidet Menschen, die an ihren Wunden zerbrechen, von jenen, die sogar daran wachsen? Wie können wir verhindern, dass die Angst vor weiteren Verletzungen unsere Sehnsucht nach Liebe erstickt?

Der verletzte Mensch
284 Seiten · 21,5 x 15 cm
Hardcover mit Schutzumschlag
ISBN: 978-3-902404-69-5 · € 19,95